KB268422

경남 창녕 지역의 언어와 생활

경남 창녕 지역의 언어와 생활

국립국어원 지역어조사추진위원회

이기갑 (위원장, 목포대학교 교수)
강영봉 (위원, 제주대학교 교수)
곽충구 (위원, 서강대학교 교수)
김무식 (위원, 경성대학교 교수)
김봉국 (위원, 부산교육대학교 교수)
김정대 (위원, 경남대학교 교수)
박경래 (위원, 세명대학교 교수)
소강춘 (위원, 전주대학교 교수)
최명옥 (위원, 서울대학교 교수)
한영목 (위원, 충남대학교 교수)

지역어 구술 자료 총서 8-2
경남 창녕 지역의 언어와 생활

초판 제1쇄 인쇄 2009년 3월 21일
초판 제1쇄 발행 2009년 3월 31일

지 은 이 ∥ 김정대
펴 낸 이 ∥ 국립국어원
펴 낸 곳 ∥ 태학사
　　　　　주소 ∣ 경기도 파주시 교하읍 문발리 파주출판도시 498-8
　　　　　전화 ∣ (031) 955-7580~2(마케팅부) · 955-7584~90(편집부)
　　　　　전송 ∣ (031) 955-0910
　　　　　홈페이지 ∣ www.thaehaksa.com
　　　　　전자우편 ∣ thaehak4@chol.com
　　　　　등록 ∣ 제 406-2006-00008호

ⓒ 국립국어원, 2009

값은 뒤표지에 있습니다.

ISBN 978-89-5966-356-9 94710
ISBN 978-89-5966-200-5 (세트)

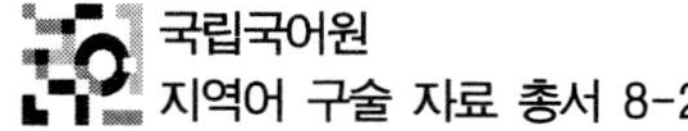
국립국어원
지역어 구술 자료 총서 8-2

경남 창녕 지역의 언어와 생활

김 정 대

태학사

■ 책을 내면서

2007년에 『경남 창원 지역의 언어와 생활』을 내고 난 뒤 1년여 만에 같은 형식으로 된 두 번째 책을 내게 되었다. 국립국어원에서 주관하는 지역어 조사와 관련되는 작업이다.

2006년 8월 초부터 12월 초까지 저자는 경남 창녕군 대지면 석리에서 2006년도 경남 방언 조사를 실시했다. 주어진 질문지에 따라 구술 발화, 어휘, 음운, 문법과 같은 네 부문에 걸쳐 자료를 모으는 방대한 일이었다. 이 모든 자료가 일정한 보고서 형식으로 국립국어원에 제출된 것은 두말할 필요가 없다.

이 책은 그 자료 가운데 구술 발화 부문만을 다룬 것이다. 그러나 보고서의 내용과 이 책의 내용은 동일한 것이 아니다. 애초에 제출된 음성 자료를 여러 차례 더 듣고, 잘못 전사된 부분들을 수정한 것은 그 가운데 기본에 속하는 문제일 것이다. 표준어 대역에도 신중을 기하여 수정할 것을 수정함은 물론, 제출 당시에는 그 의미를 제대로 파악할 수 없었던 부분에 대해서는 확인 조사를 통하여 상당 부분 그 뜻을 밝혀 놓았다. 그러나 여전히 몇 부분은 구멍이 나 있음이 못내 아쉽다.

방언 자료에 대해 주석을 단 일은 가장 특기할 사항일 터이다. 주석을 달 때, 어느 선까지를 달까 하는 망설임을 가졌던 그 순간순간을 저자는 잊을 수 없다. 독자를 배려한다는 차원에서, 하나하나 꼼꼼하게 주석을 달 수 있었을 때 저자는 참으로 행복했다. 그러나 시간에 쫓기게 되어, 나중에는 아쉽게도 하고 싶은 이야기를 다 하지 못했을 때는 참담한 심정이 되기도 했다. 주석의 길이가 들쭉날쭉한 것은, 설명의 중요도라는 측면에서 그렇기도 하지만, 시간에 쫓겼을 때와 쫓기지 않았을 때라는 차이 때문에 그렇게 된 것은 아닌지 의문스럽다. 그러나 주석의 대상이 된 말 모두에 성조를 붙여 둔 것은 아무리 생각해 보아도 잘 한 일이라고 자찬해 보기도 한다.

찾아보기 작업이 그렇게 힘든 일이라는 사실을 이번에 새삼스레 깨닫게 되었다. 방언을 다루는 책이 아니라면, 책 중간중간 해당 부분에 표시만 해 두면 되는 일이기에 찾아보기 작업은 그렇게 힘든 것이 아니다. 그러나 이 책은 방언을 대상으로 하고 있고, 또 음소적이고 음절적인 전사 방법을 취하고 있기 때문에 그 진행 과정은 피를 말리는 작업이었다. 대당 표준어를 표제어로 내세워 놓고 그 아래에 해당 방언을 하나하나씩 찾아가며 올려야 했기 때문이다. 아쉬운 부분이 없지는 않지만, 그래도 찾아보기를 문법 요소 부문과 어휘 부문으로 나누어 체계화한 것에 대해서도 조그마한 자부심을 느낀다.

창녕 지역어 구술 발화 자료를 제공해 주신 분은 이순조(李順祚. 1927년생) 할머니시다. 이 분은 저자의 대학 후배이면서 제자인, 시인 성기각 박사의 어머니시다. 여느 어머니처럼, 어려운 시절 시부모님 잘 모시고 남편과 함께 자녀들 뒷바라지를 위해 평생을 애쓰신 분이시다. 이 책이 독자 여러분들께 다가가는 부분이 있다면, 그것은 어려운 시절을 슬기롭게 살아오신 이순조 할머니의 삶에 대한 진솔한 이야기가 생생하게 살아 있기 때문일 것이다. 부디 건강하게 오래오래 사시길 빌어 마지않는다.

뜨거운 햇살 아래 무거운 녹음 장비 들고 다닌 것에서부터, 초벌 전사, 보고서 작성 보조 등 궂은일을 마다하지 않은 제자 박근배 군의 고마움 또한 잊을 수 없다. 지금 중국 길림화교외국어대학에 교환교수로 가 있는 박 선생의 앞날 또한 부디 창창하기를!

제때 출간할 약속 날짜를 어기고 또 어겼는데도 끝까지 원고를 기다려 준 국립국어원 박민규·김덕호 님께, 그리고 태학사 관계자 여러분께 감사의 말씀을 드린다.

2009년 3월 1일
서재 창문으로 들어오는 따뜻한 봄 기운을 느끼며 김정대 적다

■ 조사 과정

1. 조사 지점 개관

2006년도 경상남도 조사 지점은 창녕군 대지면 석리 석동마을(昌寧郡 大池面 石里 石洞마을)이다.

창녕군은 경상남도 중북부의 한 군으로 북으로 경상북도(대구광역시)와 접경해 있다. 따라서 이 군은 경남 방언 가운데서도 경북 방언의 영향을 적지 않게 받은 지역의 하나로 분류된다. 전통적으로 교통권이 경남의 도시보다도 대구권으로 발달했던 것도 이런 사정 때문이다. 창녕군은 화왕산·낙동강·우포늪 등 빼어난 경치 및 가치 있는 자연 환경으로, 옛 가야의 고분군·진흥왕 척경비 등 역사적 유적·유물로, 또 부곡 온천·관룡사 등 관광 명소로도 유명하다.

대지면은 일제시대인 1914년에, 이전의 대초면(大招面)과 지포면(池浦面)이 통합하여 생긴 명칭이다. 동쪽으로 고암면·창녕읍, 서쪽으로 유어면, 남쪽으로 장마면, 북쪽으로 대합면에 둘러싸여 있는 대지면은 넓은 벌을 자랑하는 곳이고, 우포늪의 한 자락을 차지하는 곳이기도 하다.

석리는 대지면의 8개 법정리(法定里) 가운데 하나이고, 석리의 두 자연마을 중 하나인 석동은 이전에 석문동(石門洞) 등으로 불렸는데, 이는 마을 입구에 큰 돌이 서 있었다는 데서 유래하는 것이라 한다. 2006년 11월 말 현재 92가구 143명의 주민이 살고 있는 석동은 창녕 성씨(昌寧 成氏)

집성촌으로, 주민들은 마늘 농사를 특용 작물로 재배하여 높은 수익을 올리고 있고(이전에는 양파를 많이 재배했음), 넓은 들을 활용한 벼농사도 중요한 생업 기반의 하나이다. 마을 가운데 넓은 면적, 큰 규모의 고가(古家)가 있어 일부러 이곳을 둘러보기 위한 관광 투어도 인기가 있다.

이곳의 방언은 경남 방언 안에서도 몇 가지 면에서 두드러진 특징을 지닌다. 음운적으로 '에'와 '애', '으'와 '어'가 구별되지 않는 점, '외'와 '위' 단모음이 존재하지 않는 점은 경남 중·동부 지역의 일반적 특색을 반영하는 것이지만, 'ㅓ〉ㅔ〉ㅣ' 고모음화는 가장 현저한 음운 변화 현상의 하나라 하겠다. '해찌예(했지요), 무우써예(먹었어요)' 등 '예'로써 반말 높임을 나타내는 점, '감니더(갑니다), 아심니꺼(아십니까)' 등 '어'계 하이소체 종결 어미를 사용하는 점 등은 전형적인 경남 방언 문법 현상의 하나인데, 이곳은 아직도 이를 잘 보존하고 있음을 확인할 수 있다. 대부분의 경남 방언이 중앙어 '고삐'를 '꼬빼이' 아니면 '이까리' 가운데 하나로 나타내거나 둘 다가 혼용하는 데 반하여, 이곳은 두 표현이 서로 다른 의미를 나타낸다는 점, 중앙어 '칡'에 대응하는 일반적인 경남 방언인 '칠갱이'가 이 지역에서는 다른 덩굴 식물을 가리킨다는 점 등은 어휘·의미면에서의 한 특징이라 하지 않을 수 없다.

2. 제보자 소개

제보자 이순조(李順祚) 할머니는 1927년에 창녕군 대합면 합산리에서 태어나셨다. 대합면은 대지면의 북쪽에 있는 면이다. 그러니까 제보자 할머니는 이웃 면으로 시집을 오신 것이다. 공식적인 학력은 없지만, 언어 감각이 뛰어나고 독학으로 한글뿐만 아니라 한자를 이해하실 정도로 영민한 분이다.

제보자 이순조(李順祚) 할머니와 제보자의 막내아들인 시인 성기각 박사
(성기각 박사 서재에서)

창녕 '양파 시배지' 기념 탑

창녕에서 양파가 처음으로 재배된 것은 1909년, 이곳 대지면 석리에서였다. 1969년에는 창녕군 일원에 6천여 농가가 양파를 특용 작물로 재배해 전국에서 최고로 꼽히는 양파의 주산지가 되었다. 지금은 양파보다 마늘을 더 많이 심고 있다고 한다.

석동 마을의 모습

마을의 상당 부분은 고가(古家)가 차지하고 있다. 마을 앞 넓은 논에는 양파·마늘과 벼를 이모
작한다. 5월 초순에 찍은 위 사진에는 마늘(가운데)과 양파(앞쪽) 재배를 실감나게 보여 주고
있지만, 8월 말에 찍은 아래 사진에는 벼농사가 한창임을 잘 보여 주고 있다.

구술 발화 도중에 다소 표준어 발음이 들어가기도 하는데, 이는 이 지역의 방언이라기보다 제보자 할머니의 개인어에 속한다고 보는 것이 옳을 것이다. 어떤 어휘에 대해서는 표준어적인 것과 방언적인 것이 함께 발화되기도 하여, 이 시대의 방언은 어쨌건 간에 표준어의 간섭에서 자유로울 수 없다는 점을 적나라하게 보여주고 있다 하겠다. 찾아보기를 유심히 보면, 이런 재미있는 현상을 여럿 발견할 수 있을 것이다. 그러나 문법 요소는 전형적인 이 지역의 것이어서, 다른 것에 비해 문법 요소의 변화가 가장 현저하지 못하다는 언어학의 진리를 여기에서 충분히 발견할 수 있으리라 믿는다.

저자의 제자인 시인 성기각 박사의 도움으로 그 어머니를 제보자로 선정할 수 있었음을 덧붙여 둔다.

3. 부호 및 약속

① 본문 고딕체: 조사자의 발화
② 본문 ⁻ 명조체: 제보자(이순조 할머니)의 발화
③ 본문 ⁼ 명조체: 제2제보자(성기각 박사)의 발화
④ (제보자 보호): 제보자를 보호하기 위해 삭제된 부분
⑤ (조사자 보호): 조사자를 보호하기 위해 삭제된 부분
⑥ *** : 알아들을 수 없는 제보자의 발화 및 그 표준어 대역, 별표의 개수는 음절 수를 나타내는 것이다.
⑦ {X X} : 제보자와 조사자의 발화가 생략되었으나, 충분히 유추 가능한 부분

4. 전사 원칙

① '위'가 단모음 [y]로 실현되거나 상향 이중모음 [wi]로 실현되더라도 모두 '위'로 전사하였다.

② '외'가 단모음 [ø]로 실현되면 '외'로 전사하고, 이중모음 [we]로 실현되면 '웨'로 전사하였다.

③ '에(e)'와 '애(ε)'는 변별적 기능을 가지지 못하지만, 표준어 발음을 고려하여 '에'와 '애'를 구별하여 전사하였다. 그러나 조음 위치가 분명한 경우에는 표준어 발음과 관계없이 그대로 전사하였다.

④ '으(ɨ)'와 '어(ə)'도 변별적 기능을 가지지 못하지만, 표준어 발음을 고려하여 '으'와 '어'를 구별하여 전사하였다. 그러나 조음 위치가 분명한 경우에는 표준어 발음과 관계없이 그대로 전사하였다.

⑤ 비모음은 해당하는 음절 가운데에 물결표(~) 표시를 하였다.

⑥ 성조는 주석에서 밝혔는데, 고저 체계로 표시했다. 고조는 [H]로, 저조는 [L]로 나타내었고, 하강조는 [^]로, 상승조는 [ˇ]로 나타내었다.

⑦ 이 지역어에서 장음은 변별적 기능을 하지 않지만, 장음으로 발음되거나 인상적인 장음으로 소리날 때는 ':'을, 인상적인 장음의 경우 그 인상이 도드라질 경우에는 '∷'로 표시하였다.

⑧ 띄어쓰기는 어절 단위로 함을 원칙으로 하였다.

제1장

산나물, 들나물에 얽힌 사연

저: 사네인제 나물가틍거 안뜨더옴니까?

저 그런 철따라 사네서 나무를 뜨더오능거 여게대한검니다.

먼저: 이 지방에서는 주로 어떤 나물드리 남{X니까X}?

요쪽: 창녕: 요개:.

으~으 대지 그리고.

여개 석똥마을.

요쪼게 주로 어떤 나무리 나는지.

어머니 기억나시는대로 함문.

ᚆ 예.

쪽: 가지수로 말씀해주이소.

ᚆ 이 산중에 사는 사람드른: 사네서 산나무리 마~이[1]남니더.[2]

ᚆ 이런는데 우리는 야사네서 큰때미로.[3]

ᚆ 이 핑저네[4] 큰때미로:.

ᚆ 그런 나무리[5] 종:자르[6] 모루고.[7]

ᚆ 우리는 주루[8] 채소를[9] 키우고.[10]

ᚆ 어 머: 모든 이래머[11] 멍는[12] 풀리풀[13] 모더 나무를 해서.

ᚆ 말로하자만머: 나물이리미[14] 만슴니더.

예: 생각나시는대로 함.

ᚆ 예 드레나물도?

머 고사리 예.

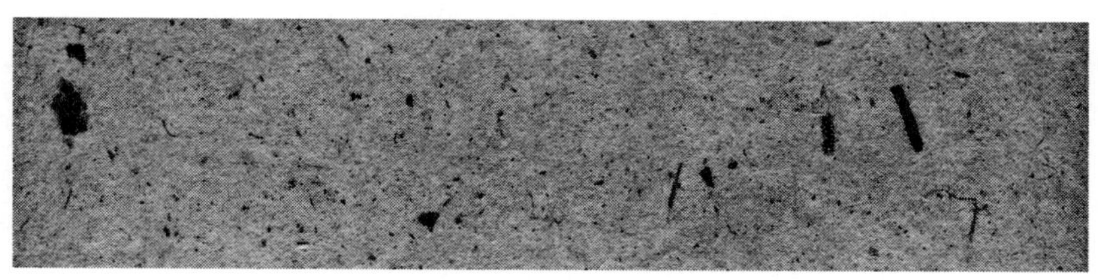

저 산에 인제 나물 같은 것 뜯어오잖습니까?

저 그런 철따라 산에서 나물을 뜯어 오던 것 여기에 대한 겁니다.

먼저 이 지방에서는 주로 어떤 나물들이 납니까?

요쪽 창녕 요기에.

어, 대지면 그리고.

여기 석동마을.

요쪽에 주로 어떤 나물이 나는지.

어머니 기억나시는 대로 한 번 (말씀해 주십시오).

˜ 예.

쭉 가지수로 말씀해 주십시오.

˜ 이 산중에 사는 사람들은 산에서 산나물이 많이 납니다.

˜ 이렇는데, 우리는 야산에서 컸기 때문에.

˜ 이 평지에서 컸기 때문에.

˜ 그런 나물의 종자를 모르고.

˜ 우리는 주로 채소를 키우고.

˜ 어 뭐 모든 이렇게 뭐 먹는 풀잎을 모두 나물을 해서.

˜ 말로 하자면 뭐 나물 이름이 많습니다.

예, 생각나시는 대로 한 번 (말씀해 주십시오).

˜ 예, 들에 나물도?

뭐 고사리, 예.

드레나물도 조코 사네나물조코.

머 쑥또 조코 꼬사리도 조코 머:든 조{X습니다X}. 예.

생각나시는대로.

가능하메넌자 보메는 요렁기 나고.

여르메는 어떵기.

하기야머나무리보통 봄나무리지마는.

나물 이름 종뉴를 말씀해주이소.

⁻ 예.

⁻ 봄나무를[15] 사네 주루 고사리가 나고.

⁻ 도래고사리[16]가 나고.

⁻ 머: 산중에는 그런 나무리 마~이 나는데.

⁻ 우리는 여: 야사네 큰때미로.

⁻ 여러가지 채:소로 그:마~이 심꼬.[17]

⁻ 또 여: 드레는 진달래[18]라커능기[19] 이씁니더.

⁻ 그걸또 사라미 머그멘 드기 데고.[20]

⁻ 예 모든 씬나무리라꼬.[21]

⁻ 노랑꼬치 피고.

⁻ 씬나무른다: 사랑게[22] 조슴니더.

⁻ 예 그래 씬나무른머: 가지가 만슴니더.

그: 머: 도래라든지 더덕가퉁이렁거는머: 숭구거나 머캐거나 이런:.

⁻ 예 우리는 그렁거 앙캐바슴니더.

⁻ 이런 야사네는 안나~이.[23]

⁻ 예.

⁻ 머: 엉구꾸[24]다 그렁거는 야사네도이쓰서 그렁거는캐:바찌예.[25]

⁻ 엉구꾸가 이 우:리 우웅막캉[26] 똑각꼬.

⁻ 꼬치 이래 둥굴기[27] 크:기[28] 피고 예.

들에 나물도 좋고 산에 나물(도) 좋고.

뭐 쑥도 좋고 고사리도 좋고 무엇이든 좋습니다. 예.

생각나시는 대로.

가능하면 인제 봄에는 이런 것이 나고.

여름에는 어떤 것이.

하기야 뭐 나물이 보통 봄나물이지만은.

나물 이름 종류를 말씀해 주십시오.

˙ 예.

˙ 봄나물은 산에 주로 고사리가 나고.

˙ 도라지, 고사리가 나고.

˙ 뭐 산중에는 그런 나물이 많이 나는데.

˙ 우리는 여기 야산에서 컸기 때문에.

˙ 여러 가지 채소를 그 많이 심고.

˙ 또 여기 들에는 진달래라고 하는 것이 있습니다.

˙ 그것도 사람이 먹으면 득이 되고.

˙ 예, 모든 쓴나물이라고.

˙ 노란꽃이 피고.

˙ 쓴나물은 다 사람에게 좋습니다.

˙ 예, 그래 쓴나물은 뭐 가짓수가 많습니다.

그 뭐 도라지라든지 더덕 같은 이런 것은 뭐 심거나 뭐 캐거나 이런.

˙ 예, 우리는 그런 것 안 캐 봤습니다.

˙ 이런 야산에는 안 나니.

˙ 예.

˙ 뭐 엉겅퀴다 그런 것은 야산에도 있어서 그런 것은 캐 봤지요.

˙ 엉겅퀴가 이 우리(가 먹는) 우엉 맛과 똑 같고.

˙ 꽃이 이렇게 둥글게 크게 피고, 예.

- 뿌리가 우웅뿌리매이로²⁹⁾ 이른능거.³⁰⁾

- 엔나레는 그걸: 캐:다가 남자들로³¹⁾ 이래뚜디리멈:³²⁾ 참: 조타캐:습니더.

- 그러타꼬 엔나레머슨 야기이심니꺼?

- 그래 뜨드다가 남자들로이래 뚜디리머기고:.³³⁾

- 또: 머 삽초³⁴⁾도나고.

- 삽초라커능거또 보메나고.

삽초가우뚱{X김니꺼X}?

- 삽초라커능거는.

- 이 그: 대이푸리³⁵⁾가치 생긴는데.³⁶⁾

- 저: 이 사네 삽초가 이래 마:~이남니더.

- 나마 그기: 그래또남자들게³⁷⁾ 그래보함니더 네.

- 머: 쌀므만³⁸⁾ 기럴가치³⁹⁾ 이럼 엔날 디들빼~아⁴⁰⁾다 찡어가주고.⁴¹⁾

- 쌀므메는⁴²⁾ 지르미⁴³⁾ 동동동동뜸니더.

- 그래 머: 우리 영감님드른 그링기나 해:서 디릳찌.⁴⁴⁾

- 머: 머슨 야기이심니꺼 예.

- 그렁걸:⁴⁵⁾ 그래머: 보하다꼬 하고.

- 그래멈:.

- 다: 이 나물 일 밍사근⁴⁶⁾ 백까지가다: 사랑기:⁴⁷⁾다조:웅김:니더⁴⁸⁾ 봄새르⁴⁹⁾나능거느:.⁵⁰⁾

- 다: 이 마:~이나물로⁵¹⁾ 마~이머거야 뎀니더 예.

- 머라캐도 사라미 이 나무를⁵²⁾마~이무거야⁵³⁾ 히믈씨고.

- 또: 쏙:또 든든하고.

- 나무를 안무구머 사라미 허함니더.

- 이런때미러⁵⁴⁾ 나무를 마:~이 무구야데고.

- 또 나물 멍는데 딘장⁵⁵⁾ 콩지름⁵⁶⁾ 창깨지름.

˝ 뿌리가 우엉 뿌리처럼 이런 것.

˝ 옛날에는 그것을 캐어다 남자들에게 이렇게 두드려 먹으면(먹이면) 참 좋다고 했습니다.

˝ 그렇다고 옛날에 무슨 약이 있습니까?

˝ 그래 뜯어다가 남자들에게 이렇게 두드려 먹이고.

˝ 또 뭐 삽주도 나고.

˝ 삽주라고 하는 것도 봄에 나고.

삽주가 어떤 것입니까?

˝ 삽주라고 하는 것은.

˝ 이 그 댓잎같이 생겼는데.

˝ 저, 이 산에 삽주가 이렇게 많이 납니다.

˝ 나면 그것이 그렇게 또 남자들에게 보합니다, 예.

˝ 뭐 삶으면 계란같이 이래, 옛날 디딜방아에다 찧어 가지고.

˝ 삶으면은 기름이 동동동동 뜹니다.

˝ 그래 뭐 우리 영감님들은(영감님들한테는) 그런 것이나 해서 드렸지.

˝ 뭐, 무슨 약이 있습니까? 예.

˝ 그런 것을 그래 뭐 보하다고 하고.

˝ 그래 뭐.

˝ 다 이 나물 이것 명색은 백 가지가 다 사람에게 다 좋은 것입니다, 봄 새 나는 것은.

˝ 다 이 많이 나물을 많이 먹어야 됩니다, 예.

˝ 뭐라고 해도 사람이 이 나물을 많이 먹어야 힘을 쓰고.

˝ 또 속도 든든하고.

˝ 나물을 안 먹으면 사람이 허합니다(약해집니다).

˝ 이렇기 때문에 나물을 많이 먹어야 되고(하고).

˝ 또 나물 먹는 데 된장, 콩기름, 참깨기름.

⁻ 이렁거로 써 썩꺼가미서 이래 나무를 마:~이 무야뎀니더.

⁻ 나물마~이안무움: 힘몬씸니더.

⁻ 사래미[57] 옌날예쩍버텅[58] 나무를묵꼬사란는데.

⁻ 저:: 드레도 천::치머: 몬뭉는나무리업슴니더.

⁻ 다:: 그래 뜨드서 남자드리:야 씬내~이라커는그거를 내~이를뜨드다가 나물로해서 이래 남자들로주메는.

⁻ 함:때: 피가 한숙까라써[59] 생긴다꼬 옌나레마리이심니더.

⁻ 이런는데 장:[60] 나무를자시이소.[61]

저 어무~이 그 말씀하신 그 나물 이르미예:.

꼬사리도 익꼬 진달래 익꼬 씬나물 익{X꼬X} 웅구꾸 익꼬 삽주 익꼬 콩지름 익꼬 참깨지름 익꼬 씬내~이 이렁거 마씀 하신는데예:.

음 그런나물드를예:.

그: 운제 머주로보미게슴니더마는.

우째 캐는지.

캐는 방뻐블 쫌 말씀{X해 주이소X}.

운제 우째캐는지 방뻐블.

⁻ 엉구꾸라커능 그거는.

⁻ 우북[62] 이럽 광이나게[63] 뎀니더.

⁻ 어: 뿌리~이[64]가 그 지피[65] 듬니더.

⁻ 그래 꿰~이[66]로가:[67] 대임:서 캐야데고.

⁻ 그: 다릉거는 언자[68] 나트로[69] 칼로 뜨드마데고.

⁻ 그러슴니더.

으~으 그럼 쪼끔저네언자 캘때 나트로 캐기도하고 칼로 캐:고 꿰~이로캐기도 한다고 말슴하선는데예.

쪼:끔 더 구체저그로예:.

나무를 캘때 사용하는 그: 연장에는 어떵거시인는지.

˚ 이런 것을 섞어 가면서 이렇게 나물을 많이 먹어야 됩니다.

˚ 나물 많이 안 먹으면 힘 못 씁니다.

˚ 사람이 옛날 옛적부터 나물을 먹고 살았는데.

˚ 저 들에도 전체(전부) 뭐 못 먹는 나물이 없습니다.

˚ 이 그렇게 뜯어서 남자들에게 쓴냉이라고 하는 그것을, 냉이를 뜯어다가 나물을 해서 이렇게 남자들에게 주면은.

˚ 한 때에(한 번에) 피가 한 숟가락씩 생긴다고 옛날에 말이 있습니다.

˚ 이렇는데(이러니까) 늘 나물을 잡수십시오.

저 어머니 그 말씀하신 나물 이름이요.

고사리도 있고, 진달래 있고, 쓴나물 있고, 엉겅퀴 있고, 삽주 있고, 콩기름 있고, 참깨기름 있고, 쓴냉이 이런 것 말씀하셨는데요.

음 그런 나물들을요.

그 언제 뭐 주로 봄이겠습니다마는.

어떻게 캐는지.

캐는 방법을 좀 말씀{X해 주십시오X}.

언제 어떻게 캐는지, 방법을.

˚ 엉겅퀴라고 하는 그것은.

˚ 제법 이렇게 ???? 됩니다.

˚ 어, 그 뿌리가 그 깊이 듭니다.

˚ 그래 괭이를 가지고 다니면서 캐야 되고.

˚ 그 다른 것은 인제 낫으로 칼로 뜯으면 되고.

˚ 그렇습니다.

음, 그럼 조금 전에 인제 캘 때 낫으로 캐기도 하고 칼로 캐고 괭이로 캐기도 한다고 말씀하셨는데요.

조금 더 구체적으로요.

나물을 캘 때 사용하는 그 연장에는 어떤 것이 있는지.

또 어떠케사용하는지.

생각나, 머: 칼거트머느 머: 어떵카리읻꼬 나시모 어떤낟치 읻꼬 머: 이렁기 안이껟슴니꺼?

생각나시는대로 짜:연스럽게 말씀해주이소.

￺ 엔나레는 여: 조선나치라꼬.

￺ 조선 씨라꼬[70] 조선봉씨[71]라꼬.

￺ 나치 이써심니더.

￺ 이기 성냥까네[72]가마 성냥깐도 모르실끼다.

아이구 아미더. 그: 뚜디리가지고 **하는 그으.

￺ 그래 핀수[73]해가:* 각 그걸*.

￺ 참 뚜디리서 맨드른[74] 그: 나틀 가주고.

￺ 그래 그그 그런 나무를 뜨드심니더 예.

￺ 쪼끔만키도 맨들고 크기도맨드른는데.

￺ 그래가 그름:각:꼬 뜩꼬.

￺ 또 칼로가주고 뜩꼬.

￺ 이래핸:는데.

￺ 요새:는 그렁거를 다 함니꺼데.[75]

아까 웅구꾸는: 깨~이각꼬한다꼬 ***.

￺ 예.

깨~이로 우째가:하시는지예?

￺ 그어는 언자 꿰~이르가주고 이 근방을 두리::시린자 뜨더노코[76] 지푸기[77]드기때미로.

￺ 그래가: 캐마:.

￺ 우붕뿌리거치이래 지다:~이 이래캐:짐니더.

￺ 그래인제 이래캐지능거 그거르 각:꼬[78]

￺ 매:: 곡끼[79] 따드머가주고.

또 어떻게 사용하는지.

생각나시는 대로, 뭐 칼 같으면 뭐 어떤 칼이 있고, 낫이면 어떤 낫이 있고, 뭐 이런 것이 있잖겠습니까?

생각나시는 대로 자연스럽게 말씀해 주십시오.

‾ 옛날에는 여기 조선낫이라고.

‾ 조선쇠라고, 조선봉쇠라고.

‾ 낫이 있었습니다.

‾ 이게 대장간에 가면, 대장간도 모르실 게다.

아이구 압니다. 그 두드려 가지고 **하는 거기.

‾ 그래 편수해 가지고(대장간에서 벼려 가지고) * 그것을.

‾ 참 두드려서 만든 그 낫을 가지고.

‾ 그래 그그 그런 나물을 뜯었습니다, 예.

‾ 조그만하게도 만들고 크게도 만들었는데.

‾ 그래 그놈을 가지고 뜯고.

‾ 또 칼을 가지고 뜯고.

‾ 이렇게 했는데.

‾ 요새는 그런 것을 다 합니까, 어디.

아까 엉겅퀴는 괭이 가지고 한다고 ***.

‾ 예.

괭이로 어떻게 해서 하시는지요?

‾ 그것은 인제 괭이를 가지고 이 근방을 둥글게 인제 뜯어 놓고 깊게 들기 때문에.

‾ 그래 가지고 캐면.

‾ 우엉뿌리처럼 이렇게 길다랗게 이렇게 캐집니다.

‾ 그래 인제 이렇게 캐지는 것 그것을 가지고.

‾ 매 곱게 다듬어 가지고.

‑ 그래가주고 그거르 꼬치안피:서.

‑ 끌피마 소양[80] 억꼬.[81]

‑ 끌 안피:서 그거르가주고.

‑ 장마내가주고.

‑ 지불 뚜디리내가이 뚜디리면 지끄믄 가라가주고 지비안남니꺼?

‑ 이린데 엔나레는[82] 그렁기업서서.

‑ 이기 저:게 씨: 씨:고:가익꼬.

‑ 이 여 호바기[83] 엔나레 쩌~어뭉는호바기 이슴니더.

‑ 그따다: 매:매 뚜디리가주고 이래짤마.[84]

‑ 무리 새::카마~이 떨떠러리[85]가주고 이래나옴니더.

‑ 헝거페다가 뽈::끈 짜라가주고.

‑ 남자들 미김니더.

‑ 그기: 그리 조탐니더.

우리성박사가 그: 웅구꾸뿌레~이무를 마~이.

마시 ***.

‑ 성박사[86]는 그렁거: 안무구 안미기받심니더.

그걸 마싣스먼 더 조았슬걸. (웃음)

‑ 그렁: 예 예 그렁거안미기받슴니더.

‑ 하이구 지금 더 조웅거 안쎄:심니꺼?[87]

‑ 머 그때그 답따버서[88] 그렁거무욷찌.[89]

‑ 언자 저거아부지는 그렁걸해:서 디리고.

‑ 이 삽초도 사기도 하고 캐기도 하고 이래가주고.

‑ 삽초로인자 마~이이래 잡샅:찌.[90]

‑ 머: 그렁거아이고[91] 머시이심니꺼?

저: 쪼끔저네 그저 어머니 말씀중에서 사리도하고 이러카신는데예.[92]

사리하능기 머엄니꺼?

˚ 그래 가지고 그것을 꽃이 안 펴서.

˚ 꽃 피면 소용없고.

˚ 꽃 안 펴서 그것을 가지고.

˚ 장만해 가지고.

˚ 즙을 두드려 내어서, 두드리면, 지금은 갈아 가지고 즙이 나잖습니까?

˚ 이렇는데 옛날에는 그런 것이 없어서.

˚ 이것이 저기 쇠 쇠 고(방앗고)가 있고.

˚ 이 여기 확이 옛날에 찧어 먹는 확이 있습니다.

˚ 거기다가 매매 두드려서 이렇게 짜면.

˚ 물이 새까맣게 진하게 어리어 가지고 이렇게 나옵니다.

˚ 헝겊에다 볼끈 짜 가지고.

˚ 남자들 먹입니다.

˚ 그것이 그렇게 좋답니다.

우리 성 박사가 그 엉겅퀴 뿌리 물을 많이.

마셔 ***.

˚ 성 박사는 그런 것 안 먹어 안 먹여 봤습니다.

그것을 마셨으면 더 좋았을 것을. (웃음)

˚ 그런, 예 예 그런 것 안 먹여 봤습니다.

˚ 아이구 지금 더 좋은 것 많잖습니까?

˚ 뭐 그때 그 답답해서 그런 것 먹었지.

˚ 인제 자기 아버지는 그런 것을 해서 드리고.

˚ 이 삽주도 사기도 하고 캐기도 하고 이래 가지고.

˚ 삽주를 인제 많이 이렇게 잡쳤지.

˚ 뭐 그런 것 아니고 뭣이 있습니까?

저 조금 전에 그 저 어머니 말씀 중에서 사리도 하고 이렇게 하셨는데요.

사리하는 것이 무엇입니까?

- 예?

그 삽초: 말씀하시다가 사리도하고 글카싱거거튼데 사리하능기 머엄미꺼?

- 모르겐심니더 내가 머르캔능고. (웃음)

예 예 댇습니다.

어: 나물캐시다가예.

혹시 그: 머: 큰사는업따고 아까말씀하신는데예.

야산이든 들파네서 나물캐시다가 머:.

벌로 맨 만낟뜬지 배미를 만낟뜬지 이런 머: 기억뜰안이슴니꺼?

나물캘때 추어기이스면.

- 그때는만:슴니더 그기:.

예 그렁거 나물캘때 특:뻬리 기엉나는 일 이스머 말쓰매주이소.

- 그래인자 그런 짐승녈[93] 만내면.[94]

- 엔나레는 큰:짐승도이슴니더.[95]

- 큰짐승또 마나슴니더.

- 지끄믄 이리키살기가 조온데.

- 그때는 짐승이마내서.

- 만나메는[96] 그런짐승을 만나미는.[97]

- 저리가거래이: 저리가거래이:.

- 꼬빠트로 가거래이:. (웃음)

- 너그잎슬때아이다 꼬빠트로가거래이 자여니 이이래 달개:서[98]보내고.

- 그렁거르 언자해 어: 소늘대고 해치르[99]하마.

- 그 짐승이 해치르함니더.

- 그런머리:.[100]

- 장: 달개:서보내고 그런짐승은 해치르안해고 보내야뎀니더.

- 이래 진짐승[101]은 참말로[102]무섭심니더.

⁻ 예?

그 삽주 말씀하시다가 사리도 하고 그렇게 하신 것 같은데 사리하는 것이 무엇입니까?

⁻ 모르겠습니다, 내가 뭐라고 했는지. (웃음)

예 예, 됐습니다.

어 나물 캐시다가요.

혹시 그 뭐 큰 산은 없다고 아까 말씀하셨는데요.

야산이든 들판에서 나물 캐시다가 뭐.

벌을 만 만났든지 뱀을 만났든지 이런 뭐 기억들 있잖습니까?

나물 캘 때 추억이 있으면.

⁻ 그때는 많(았)습니다, 그게.

예, 그런 것 나물 캘 때 특별히 기억나는 일 있으면 말씀해 주십시오.

⁻ 그래 인제 그런 짐승을 만나면.

⁻ 옛날에는 큰 짐승도 있습니다.

⁻ 큰 짐승도 많았습니다.

⁻ 지금은 이렇게 살기가 좋은데.

⁻ 그때는 짐승이 많아서.

⁻ 만나면은 그런 짐승을 만나면은.

⁻ 저리 가거라, 저리 가거라.

⁻ 꽃밭으로 가거라. (웃음)

⁻ 너희 있을 때 아니다, 꽃밭으로 가거라, 자연히 이 이렇게 달래서 보내고.

⁻ 그런 것을 인제 해(코지) 어 손을 대고 해코지를 하면.

⁻ 그 짐승이 해코지를 합니다.

⁻ 그렇기 때문에.

⁻ 늘 달래서 보내고 그런 짐승을 해코지를 안 하고 보내야 합니다.

⁻ 이렇게 긴 짐승은 정말로 무섭습니다.

˜ 엔나레 업서서모도 업시 살미.

˜ 보리바블해서 소구리다[103] 퍼노코 드레가서 이를하고오~이.

˜ 바블머글라꼬 소고리르[104] 드~이.

˜ 그소고리가 멀:찌해무구바예.[105]

˜ 무찍해~이[106] 무구바서 소고리르 지부[107] 떤지뿌잉께네.[108]

˜ 진짐시~이 그으서 나가여.

˜ 어 지지 엔나레 수[109] 그거 심햅슴니더.

진 짐승이랑게 배미미꺼?

˜ 구:리.

예.

˜ 예.

˜ 그래 지붇 떤지뿌잉께.

˜ 그래 짐승은어데러간는데.

˜ 또함바리[110]가 오더람니더.

˜ 이동네라 그래.

˜ 그 그래 와서[111] 마 이 정지:[112]쑥:드로더라[113]임니.

˜ 이짐승아 어짤라꼬[114] 완노?[115]

˜ 그해 그 짐승을 내가 떤징게 잘몬핸나?[116]

˜ 가서 이를하고 지베와서 모근마르고 배는고푸고.

˜ 정섬: 무울라고 소구리르드~이 그짐시~이드러서내가 놀래:서[117]떤질따.

˜ 내가 잘몬핸나?

˜ 그래 내다:시 앙그래꾸마.[118]

˜ 그래 달갱:게 이 짐스~이 도라가서 그짐승을 망물더람니더망.

˜ 마:: 이이러무러 저너믄 소리르 끽끽하고 이러더람니더.

˜ 엔나레 그 짐승 그거 함부두루 안해심니더.

˺ 옛날에 없어서 모두 없이 살며.

˺ 보리밥을 해서 소쿠리에다 퍼놓고 들에 가서 일을 하고 오니.

˺ 밥을 먹으려고 소쿠리를 드니.

˺ 그 소쿠리가 묵직해, 무거워요.

˺ 묵직하니 무거워서 소쿠리를 집어 던져 버리니까.

˺ 긴 짐승이 거기서 나가요.

˺ 어 저 저 옛날에 수 그것 심했습니다.

긴 짐승이라는 것이 뱀입니까?

˺ 구렁이.

예.

˺ 예.

˺ 그래 집어 던져 버리니까.

˺ 그래 짐승은 어디로 갔는데.

˺ 또 한 마리가 오더랍니다.

˺ 이 동네로 그래.

˺ 그 그래 와서 마 이 부엌에 쑥 들어오더랍니다.

˺ 이 짐승아, 어쩌려고 왔느냐?

˺ 그래 그 짐승을 내가 던진 것이 잘못했느냐?

˺ 가서 일을 하고 집에 와서 목은 마르고 배는 고프고.

˺ 점심 먹으려고 소쿠리를 드니까 그 짐승이 들어 있어서 내가 놀라서 던졌다.

˺ 내가 잘못했느냐?

˺ 그래 내 다시 안 그러마.

˺ 그렇게 달래니까 이 짐승이 돌아가서 그 짐승을 막 물더랍니다, 막.

˺ 막 이렇게 물어서 저 놈은 소리를 끽끽 하고 이러더랍니다.

˺ 옛날에 그 짐승 그것 함부로 안 했습니다.

예.

⁻ 예.

⁻ 뱜:[119]짐승이렁거는머 쪼깬석[120]항거는머 여사고.

⁻ 그렁거는 머 해치도아나고 머.

⁻ 무러바도 애차 독:뚜욱꼬.

⁻ 지일 인자 독사가[121] 무섭찌.

예.

⁻ 예.

⁻ 독사는 무럳따커마 크~일남니더.

⁻ 예 이런때미[122] 지끔 독사가 안심함니꺼?

⁻ 여게도[123] 이 디예여: 고~워네[124]여개:.[125]

⁻ 독사가 마:내심니더.

⁻ 마낸는데.

⁻ 이지베[126] 이 지부런자 지끔 수리르하고.

⁻ 이래 다 자알 가꾸잉까.

⁻ 푸:리 그러키우구짇떤푸리 업서지고.

⁻ 여개 다:: 도:자러[127]따까가주고 이래 반드시해노코.

⁻ 야글 자주 침니더.

⁻ 이래잉께네 그짐승이 밍사게도 업심니더.

⁻ 이 터예 여:[128]버글버글 해:습니더.

⁻ 귿 독새도[129]망코예 이랜는데.

⁻ 머: 이동네는 독새한데물린사래미 업서도.

⁻ 독새한테 물리마느 크닐남니더.

⁻ 그: 지일: 도:기 독새가 무섭심니더.

⁻ 이 이: 독새느 새끼를[130]노마.[131]

⁻ 저 아를안노코.

예.

˗ 예.

˗ 뱀 짐승 이런 것은 뭐 조그마한 것은 뭐 예사고.

˗ 그런 것은 뭐 해코지도 안 하고, 뭐.

˗ 물어 봐도 애초 독도 없고.

˗ 제일 인제 독사가 무섭지.

예.

˗ 예.

˗ 독사는 물었다고 하면 큰일 납니다.

˗ 예, 이렇기 때문에 지금 독사가 심하잖습니까?

˗ 여기도 이 뒤에 여기 공원에 여기에.

˗ 독사가 많았습니다.

˗ 많았는데.

˗ 이 집에 이 집을 인제 지금 수리를 하고.

˗ 이렇게 다 잘 가꾸니까.

˗ 풀이 그렇게 우거졌던 풀이 없어지고.

˗ 여기에 다 불도저로 닦아서 이렇게 반듯이 해 놓고.

˗ 약을 자주 칩니다.

˗ 이러니까 그 짐승이 명색에도 없습니다.

˗ 이 터에 여기에 버글버글했습니다.

˗ 그 독사도 많고요, 이랬는데.

˗ 뭐 이 동네는 독사한테 물린 사람이 없어도.

˗ 독사에게 물리면은 큰일납니다.

˗ 그 제일 독이 독사가 무섭습니다.

˗ 이 이 독사는 새끼를 낳으면.

˗ 저 알을 안 낳고.

- 진대[132)]는 아를노코.

- 독사는 새끼를노마.

- 나무우에서 논는다하네.[133)]

- 그럼 새끼를 막 바로 그 바로 새끼를 논:담니더.

- 이렁기 그기: 한배:[134)]새끼르마~이 논는담니더.

- 근:지[135)]지끄믄 하:더야글처사서 업슴니더.

- 야글마~이 처사앙께네 그짐시~이 업서그러치.

- 이 터예 마:내슴니더.

- 이 부잗찝 이:무카노코[136)]이슬쩨:는.

- 참: 마낸데 지끔 참:조슴니더.

- 그러모 우리지베도 이리너머오고.

- 이래심:더.[137)]

- 우리이사람 드러오고도 그기: 더돠사:서 미느리[138)]가 놀래사코[139)] 이사띠.[140)]

- 지끄믄 우리지베도 야글치고.

- 저집또 자:꾸 야글안침니꺼?

- 그래하잉께네 머 진짐스~이 엄슴니더.

- 그 진대라커능거는 멩삭또억꼬.

- 그으는 다나오고 우찌댇뿐능고[141)] 업써예.

엔나레 진대라능게 그: 담 우게하고 지붕에 인능거 그거 ***.

그:진대말씀 쫌해주이소 그러먼.

언자는 먼냐하먼네.

그런자 나무리나 채소와 가틍걸 가:꼬.

어자: 지베서 믿반차늘 만드능거에 대한 김니더.

(웃음)

이 마으레서 주로 해멍는 음시그로.

¯ 진대는 알을 낳고.

¯ 독사는 새끼를 낳으면.

¯ 나무 위에서 낳는다 하네.

¯ 그럼 새끼를 막 바로 그 바로 새끼를 낳는답니다.

¯ 이런 게 그것이 한배에 새끼를 많이 낳는답니다.

¯ 그런데 지금은 하도 약을 쳐 쌓아서 없습니다.

¯ 약을 많이 쳐 쌓으니까 그 짐승이 없어서 그렇지.

¯ 이 터에 많았습니다.

¯ 이 부잣집 이것 묵혀 놓고 있을 적에는.

¯ 참 많았는데 지금 참 좋습니다.

¯ 그러면 우리 집에도 이리 넘어오고.

¯ 이랬습니다.

¯ 우리 이 사람 들어오고도 그것이 들어오곤 해서 며느리가 놀라곤 이
렇게 해 쌓더니.

¯ 지금은 우리 집에도 약을 치고.

¯ 저 집도 자꾸 약을 치잖습니까?

¯ 그렇게 하니까 뭐 긴 짐승이 없습니다.

¯ 그 진대라고 하는 것은 명색도 없고.

¯ 그것은 다 나오고 어떻게 돼 버렸는지 없어요.

옛날에 진대라고 하는 것이 그 담 위에하고 지붕에 있는 것 그것 ***.

그 진대 말씀 좀 해 주십시오, 그러면.

이제는 뭐냐 하면요.

그것을 인제 나물이나 채소와 같은 것을 가지고.

인제 집에서 밑반찬을 만드는 것에 대한 것입니다.

(웃음)

이 마을에서 주로 해 먹는 음식으로.

그러니까 밑반찬뿐만아니라 여러 가지도인는데.

밥또 이렁거 주식또 드러가고 다 드러감니더.

이 마으레서주로해멍는 음식으로는 어떵기: 이슴니까?

˜ 엔나레 그게 음서김니꺼 머:.

˜ 엔나레야머.

˜ 그기주루머.

˜ 꼬추하고[142] 깨하고 머:그렁거 머해가지고 머나물문치고.[143]

˜ 귀지쌍꼬.[144]

˜ 모다그래가:묵꼬사랕찌만 지끄믄 옹:가조웅거 다안함니꺼?

˜ 이런머리[145] 엔날 이 노인들 여사렁거는 만:탕 이 헨니림니더.[146]

˜ 그래도묵꼬: 살고.

˜ 그래도: 다: 잘: 크고.

˜ 지끄믄 옹::가 소리르 다해삭코.

˜ 머: 옹:가 병이 다읻따캐도.

˜ 엔나레 그래무운사람드른 오래살고.

그래 우리가 언자 바블 어 멈니까?

파늘 바다아써 뭉능거트메넌:자.

바비라든지 주기라든 이 주시기 익꼬.

그다멘자: 또 부시기 익꼬 머 여러가지가 안잊슴니까?

주시그론 어떵기 이서슴니까?

˜ 머: 머 짬도[147]업심니더.

˜ 엔나레느 주루 자실께 업스~이.

˜ 이를 마~이하고: 이래 모기마르고 이래마:.

˜ 주루: 드레다가 미를 마~이 심:가주고.

˜ 그엔자 그 미를 기게에다 가라가주고.

˜ 참:: 누루굴 마~이 디디심니더.

그러니까 밑반찬뿐만 아니라 여러 가지도 있는데.

밥도 이런 것 주식도 들어가고 다 들어갑니다.

이 마을에서 주로 해 먹는 음식으로는 어떤 것이 있습니까?

˹ 옛날에 그것이 음식입니까, 뭐.

˹ 옛날에야, 뭐.

˹ 그게 주로, 뭐.

˹ 고추하고 깨하고 뭐 그런 것 뭐 해 가지고 뭐 나물 무치고.

˹ ?? 삶고.

˹ 모두 다 그렇게 해서 먹고 살았지만 지금은 온갖 좋은 것 다 하잖습니까?

˹ 이렇게 때문에 옛날 이 노인들 여기 산 것은 전부 헛일입니다.

˹ 그래도 먹고 살고.

˹ 그래도 다 잘 크고.

˹ 지금은 온갖 소리를 다 해 쌓고.

˹ 뭐 온갖 병이 다 있다고 해도.

˹ 옛날에 그렇게 먹은 사람들은 오래 살고.

그래 우리가 인제 밥을 어 뭡니까?

상을 받아 와서 먹는 것 같으면 인제.

밥이라든지 죽이라든지 이 주식이 있고.

그 다음에 인제 또 부식이 있고 뭐 여러 가지가 있잖습니까?

주식으로는 어떤 것이 있었습니까?

˹ 뭐 뭐 정해진 것도 없습니다.

˹ 옛날에는 주로 자실 것이 없으니.

˹ 일을 많이 하고 이렇게 목이 마르고 이러면.

˹ 주로 들에다 밀을 많이 심어 가지고.

˹ 그 인제 그 밀을 기계에 갈아 가지고.

˹ 참 누룩을 많이 디뎠습니다.

⌐ 디디가주고 이: 송끄치달걸꺼[148]거트머 다달간찌예.

⌐ * 술 내가 마::~이 햅습니더.

고고 말씀좀해주이소.

⌐ 예 수를: 그래 누루굴 디디가주고.[149]

⌐ 엔나레는 보릳때를 타자글 보리타자글해가주고.

⌐ 보릳때르 저리 재:노:마.

⌐ 그 아네다가 누루글 마::~이 디디가주고.

⌐ 그래언자 그으사 띠알습니더.

⌐ 띠아마 뜨시:가주고.

⌐ 후꾼후꾼 뜨서 그래보:하~이[150]뜨마.

⌐ 그: 누루굴 가주고 곡서걸[151] 쩌서 수를 하마.

⌐ 아:주 설미리[152] 잘 댑습니더.

⌐ 이러잉께 일꾼 마~이대:고.

⌐ 주인 양반하고 술마:~이 햅심니더.

⌐ 그럼 또 디비러안옴니꺼?

⌐ 세무소서 디비러오사:서.

⌐ 흐윽 크 맘:대러 해묵또[153]몬하고예.

⌐ 아이구그래 맘:대로해묵끼러 몬하구루[154]하는데.

⌐ 그 수룰[155] 무거야이를하지.

⌐ 이래 한:: 독썩해노마 미칠[156]몬감니더.

⌐ 또 그 술 더리무거서 내가 또해: 또해:대고 또해:대고.

⌐ 참:: 머이 이 송끄치[157] 달걸꺼트머다달간심니더.

⌐ 이래 곡서글 삭카가주고 이래 수를 해:내는데.

⌐ 그래 또 우리 큰아드리 저: 부산서.

예 말씀하시소.

⌐ 저: 그 요 요리 노마 뎀니더. 부산서 여리 저:.

﹋ 디뎌 가지고 이 손끝이 닳을 것 같으면(닳으려고 했으면) 다 닳았지요.

﹋ * 술을 내가 많이 했습니다.

그것 말씀 좀 해 주십시오.

﹋ 예 술을, 그렇게 누룩을 디뎌 가지고.

﹋ 옛날에는 보릿대를 타작을, 보리타작을 해 가지고.

﹋ 보릿대를 저렇게 재어 놓으면.

﹋ 그 안에다 누룩을 많이 디뎌 가지고.

﹋ 그래 인제 거기서 띄웠습니다.

﹋ 띄우면 따뜻해 가지고.

﹋ 후끈후끈 떠서 그렇게 뽀얗게 뜨면.

﹋ 그 누룩을 가지고 곡식을 쪄서 술을 하면.

﹋ 아주 맛이 좋게 잘 됐습니다.

﹋ 이러니까 일꾼 많이 대고.

﹋ 주인 양반하고 술 많이 했습니다.

﹋ 그러면 또 뒤지러 오잖습니까?

﹋ 세무서에서 뒤지러 와 쌓아서.

﹋ 허, 그 마음대로 해 먹지도 못하고요.

﹋ 아이구 그래 마음대로 해 먹기를 못 하게 하는데.

﹋ 그 술을 먹어야 일을 하지.

﹋ 이렇게 한 독씩 해 놓으면 며칠 못 갑니다.

﹋ 또 그 술 덜 먹어서 내가 또 해, 또 해 대고 또 해 대고.

﹋ 참 뭐 이 손끝이 닳을 것 같으면 다 닳았습니다.

﹋ 이렇게 곡식을 삭혀 가지고 이렇게 술을 해 내는데.

﹋ 그래 또 우리 큰아들이 저 부산에서.

예, 말씀하십시오.

﹋ 저, 그 이 이리 놓으면 됩니다. 부산에서 이리 저.

- 그때는 사범고등가:?[158]

- 그래 나와가주고.

- 그래 배치:런:자이리로 창녕을해가주고.

- 명덕학꾜다 처으메 배치르해가주고.

- 그래언자 저: 성산멘 낸 냉천이라커는데로.

- 이 아:가 이 크은덱 학꾜 큰데 벌한:한데[159]는 앙갈라쿠고.

- 냉천궁민학꾜라컨데 산중에 이심니더.

- 그리 갈라캐:.

- 그러~이 저는[160] 구구가[161] 익끼로.

- 그런 학꾜서 내가 성생을[162] 하멘서.

- 기어믈[163]어더가주고내가 대하글간다 이기던모애이지예.

- 그래 우리 아드리 성산민 냉천궁민학꾜 그:가서 선생을[164]하는데.

- 어 지베서 농사르안지심니꺼?

- 농사르지잉께.

- 하이구 누루글해가주구 마:.[165]

- 숭칸:다[166]커능기 농에도숭카고.

- 야:: 이런데다 숭카노오마.

- 와서 다디빔미더.[167]

- 디비가주고 드러냄니더.

- 그래마 처으:므로 그래들킨는데머.

- 우리 할머~이[168]도기식꼬[169] 우리따라:들도익꼬.

- 하:이구인자는 이거르들키마 자석들 치적또[170]몬씨긴다쿠고.

- 막:: 그러키 벌금도 마~이한다쿠고 이캐산는데다 들킨는데.

- 그래언자 우리아드리 오능기라.[171]

- 그래 이잉 오더~이마느 어 스 술 들킨이얘기르항게.

- 언자내 치적다핻다 이캐:.

˝ 그때는 고등사범학교이던가?

˝ 그래 나와 가지고(졸업해서).

˝ 그래 배치를 인제 이리로 창녕을(으로) 해 가지고.

˝ 명덕학교에다 처음에 배치를 해 가지고(발령를 받아서).

˝ 그래 인제 저 성산면 냉 냉천이라고 하는 데로.

˝ 이 애가 이 큰 데 학교 큰 데 번잡한 데는 안 가려고 하고.

˝ 냉천초등학교라고 하는 데(가) 산중에 있습니다.

˝ 그곳으로 가려고 해.

˝ 그러니 자기는 계산이 있기로.

˝ 그런 학교에서 내가 선생을 하면서.

˝ 경험을 얻어 가지고 내가 대학을 간다 이것이었던 모양이지요.

˝ 그래 우리 아들이 성산면 냉천초등학교 거기에 가서 선생을 하는데.

˝ 어, 집에서 농사를 짓잖습니까?

˝ 농사를 지으니까.

˝ 아이고 누룩을 해 가지고 마.

˝ 숨긴다고 하는 것이 장롱에도 숨기고.

˝ 여기 이런 데에다 숨겨 놓으면.

˝ 와서 다 뒤집니다.

˝ 뒤져 가지고 들어냅니다.

˝ 그래 마 처음으로 그렇게 들켰는데 뭐.

˝ 우리 할머니(시어머니)도 계셨고 우리 딸아이들도 있고.

˝ 아이고 인제는 이것을 들키면 자식들 취직도 못 시킨다고 하고.

˝ 막 그렇게 벌금도 많이 (물어야) 한다고 이렇게 해 쌓는데다 들켰는데.

˝ 그래 인제 우리 아들이 오는거야.

˝ 그래 응 오더니만, 어 술 술 들킨 이야기를 하니까.

˝ 인제 나 취직 다 했다, 이렇게 말해.

‐ 애:띠기 우리할머~이캉 놀래낟뜬지.

‐ 하:이구 우띠키하꼬.

‐ 그럼: 끄 벌금해주머뎁띠더.

‐ 그은 공부씨기능거느 지장어이엄능거로.

‐ 그러쿵: 놀래구로 그 캐:.

‐ 그래갸:꼬 그래도 수를그래 해심니더.

‐ 지끄므 술안마[172)]해무~이 머러컴니꺼?

‐ 그때는: 이 곡석또천::부 매상으러 하라쿠고.

‐ 점:부 정부: 갇따 바치라쿠고.

‐ 이런시댄때미로 그래.

‐ 강거믈[173)]핻:찌, 지끄믄머슨 그런강검함니꺼?

‐ 지금: 살기조습니더.

‐ 엔나레느 우리는 그런 누룩또 해가주고 저:사네도 질머지고댕기고.

‐ 술딴지도 이고댕기고.

‐ 마그랟슴니더.

‐ 그: 그래그러사란는데.

‐ 요새:는 참: 조운세월아임니꺼?

‐ 이리키조운세워리 어디심니꺼?

‐ 우리 사랑거느[174)] 말:몬함니더.

‐ 그래 그 총중우도모도 자슥들 키우고 농사짇꼬 살미:.[175)]

‐ 그래도 그러머: 다: 사라나가고.

‐ 그래~이마 자슥들 저거도 머:.

‐ 농사진는닥구카~이 공부하미도[176)] 저억: 욕뽀고[177)] 해:꼬.

‐ (혀 차는 소리) 고생[178)] 마:~이하고 모돈 공부핻심니더.

‐ 우리도고생하고 저거도고생하고.

‐ 그리공부해심니더.

- 어찌나 우리 할머니(시어머니)랑 놀라 놓았던지.
- 아이구 어떻게 할까.
- 그럼 그 벌금 해 주면 됩디다.
- 그것은 공부시키는 것은 지장이 없는 것을.
- 그렇게나 놀라게 그렇게 말해.
- 그래 가지고 그래도 술을 그렇게 했습니다.
- 지금은 술 아무리 해 먹어도 뭐라고 합니까?
- 그때는 이 곡식도 전부 매상으로 하라고 하고.
- 전부 정부에 갖다 바치라고 하고.
- 이런 시대인 때문에 그래.
- 강제를 했지, 지금은 무슨 그런 강제를 합니까?
- 지금은 살기 좋습니다.
- 옛날에는 우리는 그런 누룩도 해 가지고 저기 산에도 짊어지고 다니고.
- 술단지도 이고 다니고.
- 마 그랬습니다.
- 그 그러구러 살았는데.
- 요즘은 참 좋은 세월이잖습니까?
- 이렇게 좋은 세월이 어디 있습니까?
- 우리 산 것은 말 못합니다.
- 그래 그 총중에도 모두 자식들 키우고 농사짓고 살며.
- 그래도 그래 뭐 다 살아 나가고.
- 그러니 마 자식들 자기들도 뭐.
- 농사짓는다고 그렇게 하니까 공부하면서도 자기들 수고하고 (공부)했고.
- (혀 차는 소리) 고생 많이 하고 모두 공부했습니다.
- 우리도 고생하고 자기들도 고생하고.
- 그렇게 공부했습니다.

어머~이 저: 아까: 그 나물:때 머 쪼끔 말쓰믈 하시긴 하션씀니다마
는.

음시글 만들라그러모언자 채소종뉴마~이안읻슴니까?

˘ 예.

요개 채소종뉴 요개서나능거 말슴쫌해주이소.

아까는 들라무리고 인자는 지베서 가꾸는 채소.

어떤 채소 가꾸시는지예?

˘ 채소만들고.

고거 함 말씀해**.

˘ 주루 농사: 지이서.¹⁷⁹⁾

˘ 채소 시머가주고.

˘ 그래 모도 반찬 해묵꼬안사랃심니꺼?

근데그채소가언자 어떵기잍써는지 머:.

˘ 예.

상추도 이슬끼고.

무시도 이슬끼고 예.

˘ 항금:¹⁸⁰⁾ 배추¹⁸¹⁾ 무우.¹⁸²⁾

예.

˘ 예.

˘ 부상취.¹⁸³⁾

˘ 머: 수까다:¹⁸⁴⁾ 머:.

쑤까도 이섣슴니꺼?

˘ 예, 예.

˘ 모:든마 시금치다.¹⁸⁵⁾

˘ 모도 그렁거를 모더 반찬하고.

˘ 그랟슴니더 예 먼.

어머니 저 아까 그 나물(을 말씀하셨을) 때 뭐 조금 말씀을 하시긴 하셨습니다만은.

음식을 만드려고 그러면 인제 채소 종류 많이 있잖습니까?

ˉ 예.

요기 채소 종류 요기에서 나는 것 말씀 좀 해 주십시오.

아까는 들나물이고 인제는 집에서 가꾸는 채소.

어떤 채소 가꾸시는지요?

ˉ 채소 만들고.

그것 한 번 말씀해{X주십시오X}.

ˉ 주로 농사 지어서.

ˉ 채소 심어 가지고.

ˉ 그렇게 모두 반찬 해 먹고 살았잖습니까?

그런데 그 채소가 인제 어떤 것이 있었는지 뭐.

ˉ 예.

상추도 있을 것이고.

무도 있을 것이고, 예.

ˉ 기껏(해야) 배추, 무.

예.

ˉ 예.

ˉ 상추.

ˉ 뭐 쑥갓이다 뭐.

쑥갓도 있었습니까?

ˉ 예, 예.

ˉ 모든 마 시금치다.

ˉ 모두 그런 것을 모두 반찬하고.

ˉ 그랬습니다, 예, 뭐.

⁻ 그때쭈믄: 일꾸늘 마~이 대애상:게네[186] 반찬도 머러 해야 델낀동.[187]

⁻ 예 그래 머: 머더 그래 해애서 일꾼들 대접하고.

⁻ 그래그러[188] 사라씀니더.

⁻ 그때쭈믄: 일꾸늘 마~이 대애상:게네 반찬도 머러 해야 델낀동.

- 그때쯤은 일꾼을 많이 대 쌓으니까 반찬도 뭐를 해야 될 것인지.
- 예, 그래 뭐 모두 그렇게 해서 일꾼들 대접하고.
- 그러구러 살았습니다.

1) '마~이'[LH]. 많이. 어중에서 'ㅎ'이 탈락한 뒤 'ㄴ'이 비모음으로 약화되는 현
   상인데, 이는 경남방언에 아주 흔한 음운 현상의 하나이다.
2) '남니더'[HHL]. 납니다. 하이소체(하십시오체)에 해당하는 평서법 종결어미가
   '-더'로 발음되는 것은 경남방언의 한 특징이다. 그러나 해라체 평서법의 그것
   은 결코 '-더'로 발음되지 않고, 언제나 '-다'인 것은 주목의 대상이 된다 하겠
   다. 〈보기〉 자~아 간다(장에 간다), 밤 뭉는다(밥 먹는다).
3) '때미로'[HHL]. 때문에. 때문으로. 공시론적으로는 '때미(명사)+로(구격조사)'
   로 분석될 법한 말이다. '이런 때미'(주석 122번 참조) 만으로도 쓰일 수 있다
   는 점이 이 사실을 잘 보여준다.
4) '핑저네'[LHL]. 평지에(서). '핑전+에'로 분석 가능하다. '핑전'은 '평전(平田)〉펭
   전〉핑전'으로 변한 말이 분명해 보인다. 'ㅕ〉ㅔ〉ㅣ'라는 단모음화에 이은 고
   모음화는 경상도방언의 한 특징이다.
5) '나무릐'[LHL]. 나물의. 속격조사 '의'의 발음이 분명한 것은 아니지만, 속격조
   사에 가장 가까운 발음임에는 틀림없다. 제보자 할머니는 표준어 구사 능력
   이 있는 분이다.
6) '종:자르'[H:HL]. 종자를. 첫 음절이 '종:'처럼 긴소리로 발음된 것은 구조적인
   발음의 습관 때문이 아니고, 일회적인 것이다. '르'는 대격조사이다. 유음과
   자음 뒤에 오는 경상도 방언의 대격조사는 일반적으로 '로'로 발음되나, 모음
   뒤에서는 '르'로도 많이 발음된다. 제보자 할머니의 모음 뒤 대격조사에 대한
   발음은 '르' 외에 '를'로도 적잖게 실현된다. 주석 9번 참조.
7) '모루고'[LHL]. 모르고. 표준어 '모르-'의 경남방언은 중동부에서는 '모루-'로,
   서부에서는 '모리-'로 발음되는 경향이 짙다.
8) '주루'[HH]. 주로.
9) '채소를'[LHH]. 채소를. 모음 뒤 대격조사가 표준어처럼 '를'이 온 예이다. 주
   석 6번도 참조.
10) '키우고'[HHL]. 키우고. '키우-'에 대한 창녕 지역을 포함한 경남 지역의 일반
    적인 발음은 '키아-'이다. 그러나 제보자 할머니는 표준어 어형인 '키우-'를 사
    용하였다.

11) ‘이래머’[HHH]. 이렇게 뭐. ‘이렇게’는 ‘이래’로 발음될 때가 많다.

12) ‘멍는’[LH]. 먹는. ‘먹는’의 보편적인 이 지역어 발음은 ‘뭉는’이다. 그런 면에서
    제보자 할머니는 표준어의 영향을 받은 편이라 할 수 있다.

13) ‘풀리풀’[HLL]. 풀잎을. ‘잎’의 보편적인 이 지역어는 ‘이푸리’[이푸리. LHL]이다.
    여기에서는 ‘잎’으로 발화되었지만, 뒤의 곳곳에서는 ‘이푸리’로 발화된다.

14) 이리미[HLL]. 이름이. 표준어 ‘이름’은 이 지역어에서도 ‘이름’[HL]이지만, 뒤에
    ‘ㅣ’ 모음이 오면 그 영향으로 ‘이름’은 ‘이림’이 된다.

15) ‘봄나무를’[HHHL]. ‘봄나무른’(봄나물은)으로 발음할 것을 ‘봄나무를’로 발음한
    부분이다.

16) ‘도래고사리’[LLLHL]. 도라지와 고사리. ‘도래’[LH]는 ‘도라지’의 이 지역어이다.
    제보자 할머니는 ‘도래’와 ‘고사리’ 사이에 쉼을 두지 않고 연속적으로 발화하
    여, 이 부분은 고사리의 한 종류에 ‘도래고사리’가 있는 것처럼 오해할 수 있
    게 되어 있다. 그러나 확인 결과, 이는 ‘도래’와 ‘고사리’ 둘을 가리키는 것이
    었다.

17) ‘심꼬’[LH]. 심고. 표준어 ‘심-’의 일반적인 이 지역어는 ‘숭구-’[LH]이다. 표준어
    어형대로 발음한다 해도 ‘싱꼬’ 정도가 되는데, 제보자 할머니는 이를 정확한
    표준 발음인 ‘심꼬’로 발음한 것이다.

18) ‘진달래’[LHH]. 이 지역어 ‘진달래’는 ‘민들레’를 가리키는 말이다.

19) ‘라커능기’[LHHL]. 라고 하는 것이. ‘커’는 ‘ㄱ(‘고’에서 ‘ㅗ’가 탈락한 것)+허-
    (爲)’로 된 것으로 이해된다. 이런 환경에 있는 ‘爲’는 경남방언에서 ‘하, 허,
    후’ 등으로 발음된다. ‘라카능기, 라커능기, 라쿠능기’ 참조. ‘는 것이’가 ‘능기’
    로 발음되는 것은, 동화(는→능), ‘ㅅ’ 탈락·간음화·고모음화(것이〉거이〉게〉
    기’) 등의 여러 음운 현상을 거친 결과 때문이다.

20) ‘데고’[HL]. 되고. 이 지역어에서 ‘ㅚ’는 ‘ㅔ’로 발음된다.

21) ‘씬나무리라꼬’[HHHLHH]. 쓴 나물이라고. 경남방언 ‘씬나물’은 씀바귀, 고들
    빼기 등 쓴 맛이 나고 꺾을 때 흰 진액이 흐르는 식물을 가리키는, 하나의 단
    어로 굳은 말이다. 표준어 ‘쓰-’(苦)가 서술어로 쓰일 때, 그것의 이 지역어는
    ‘씹-’이 된다. 〈보기〉 나무리 씹따(나물이 쓰다). 그러나 그것이 수식어로 쓰일
    때, 그것의 이 지역어는 ‘씬’이 된다.

22) ‘사랑게’[LHH]. 사람에게. 이 지역어 이른바 여격조사의 한 특징은, 기원적으
    로 속격조사인 ‘에’(‘에게’의 ‘에’)를 지배하지 않고 그냥 ‘게’를 체언 뒤에 통합
    한다는 점이다. 중세국어에서는 절대 다수의 예가 속격조사 ‘-익/의, ㅅ’을 지

배했지만, 다음과 같이 속격조사를 요구하지 않고 체언 뒤에 바로 통합하는 '게'도 있었다. 〈보기〉五百釋女ㅣ … 華色比丘尼게 出家ᄒᆞ야 (월석 10:23). 몰게 두 쓸 나고 (남명, 상:67). '사랑게'에 있는 받침 'ㅇ'은 '사람게'에 있는 받침 'ㅁ'이 'ㄱ' 앞에서 역행동화된 예이다.

23) '안나~이'[LHL]. 안 나니. 'ㅣ' 모음 앞에 오는 'ㄴ'은 비모음화하거나, 비모음화 뒤 탈락하기도 한다. 여기에서는 비모음화가 일어났는데, 이런 발음은 경남방언에서 엄청나게 생산적인 것이다.

24) '엉구꾸'[LHL]. 엉겅퀴.

25) '캐:바찌예'[L:HLL]. 캐 봤지요. 이 지역어의 높임의 조사는 '예'이다(여기에서는 발음이 '여'에 가깝게 되었지만). '보았지'는 '봤지'를 거쳐 '밨지'[바찌]로 발음된다. 축약까지는 다른 방언과 궤를 같이 하지만, 활음(w) 탈락은 경상도방언의 한 특징이라 할 만하다.

26) '우웅막캉'[LHHH]. 우엉 맛과. '우엉'은 '우웅'[LH]으로 발음된다. 동등 비교를 나타내는 '과'에 해당하는 이 지역어 조사는 '캉'이다.

27) '둥굴기'[HLL]. 둥글게. 부사형어미 '-게'는 고모음화하여 '-기'로 실현된다.

28) '크:기'[H:H]. 크게. 장음은 인상적(정감적)인 것이다.

29) '매이로'[HLL]. 처럼.

30) '이른능거'[HHLL]. 이런 것. 경남방언에서는 형용사 어간 뒤에, 그리고 '동사 어간+-었-' 뒤에 '-느-'가 통합한 다음에 관형사형어미가 다시 통합할 수 있다는 특징이 있다. '이른능거'는 '이렇-(←이러하-)+-느+-ㄴ+거(←것)'에서 온 것인데, 표준어적인 용법에는 '이렇는 것'과 같은 것이 존재하지 않는다. '안잔는 사람'(앉았는 사람)은 '동사 어간+-었-+-느-' 뒤에 다시 관형사형어미가 통합한 예이다.

31) '남자들로'[HLHH]. 남자들을, 남자들에게. '로'는 대격조사이다. 경남방언은 유음과 모음 뒤에 대격조사가 '로'가 온다. 유음일 경우가 더욱 확실하다. 주석 6번 참조. 그런데 여기에서의 대격조사 '로'는 이른바 여격조사 '에게'의 뜻으로 쓰인 것이다. 현대 국어에서 흔히 있는 일이다. 〈보기〉학생들을 글을 가르친다.

32) '멈:'[H:]. 먹으면. '머:'는 하강조 억양이다. 조건을 나타내는 연결어미 '-으면'의 이 지역어는 '-으마, -으만'으로 실현된다. 여기에서는 '먹으면'이 축약형 '머:마'보다 더 심한 축약형 '멈:' 정도로 실현된 것이다. '묵/먹-'(食)은 그 뒤에 모음으로 시작하는 어미가 오면, 'ㄱ'이 탈락한다. 'ㄱ 불규칙' 활용 어간이라

할 만하다. 제보자 할머니가 이 지역어 '묵-'을 '먹-'으로 발음한다는 것에 대해
서는 주석 12번 참조. '멈:'은 '먹으면'으로 직역되지만, 문맥상 이 말은 '먹이
면'으로 해석된다.

33) '머기고:'[HLL:]. 먹이고. 일반적으로는 '미이고'인데, 제보자 할머니의 표준어
적 발음으로 '머기고'가 발화된 것이다. 장음은 인상적 장음이다.

34) '삽초'[LH]. 삽주(식물 이름).

35) '대이푸리'[LLHL]. 댓잎. '이푸리'는 '이파리'의 이 지역어이다. 사이시옷이 첨
가될 수 있는 합성명사 구성인데도 그것이 들어가지 않음이 눈길을 끈다.

36) '생긴는데'[HLLL]. 생겼는데. '생기-+-었-+-는데'가 '생겼는데→생겠는데→생깄
는데[생긴는데]'로 된 결과이다.

37) '남자들게'[HLLL]. 남자들에게. 체언 뒤에 '에게'가 아니라, '게'가 바로 통합됨
에 대해서는 주석 22번 참조.

38) '쌀므만'[HLL]. 삶으면. '삻-+-으만'. 조건을 나타내는 전형적인 이 지역어 연결
어미는 '-으마'인데, 여기에서는 '-으만'으로 실현되었다.

39) '기럴가치'[HLLL]. 계란같이. '계란'은 보통 '게랄'[HL]로 발음되는데, 여기에서
는 '키럴'에 가까운 '기럴'로 발음되었다.

40) '디딜빠~아'[HLLL]. 디딜방아.

41) '쩡어가주고'[HLHLL]. 찧어 가지고. 찧어서. 표준어 '찧-'은 경남방언에서 '쩡-'
으로 실현된다. '쩡어'[HL]는 받침 'ㅇ'이 약간 비모음화한 발음으로 들린다.
'가지-'의 이 지역어는 '가주-'이다.

42) '쌀므메는'[HLLL]. 삶으면은. 조건의 '-으면'이 이 지역어에서 단독으로 실현될
때는 주로 '-으마, -으만'이지만, 그 뒤에 보조사 '은'이 오면 그것은 '-으메' 또
는 '-으멘'으로 실현된다. '쌀므메는'은 '삻으멘+은'으로도 형태 분석 가능하고,
'삻으메+는'으로도 형태 분석 가능한 것이다.

43) '지르미'[HLL]. 기름이.

44) '디린찌'[HHL]. 드렸지. 표준어 '드리-'는 이 지역어에서 '디리-'로 실현된다.

45) '그렁걸:'[HLH^]. 그런 것을. 표준어 '(그런) 것을'에 대한 보편적인 경남방언
은 '(그런) 거로'[HH]이다. '것'에서 'ㅅ'이 탈락하여 의존명사는 모음으로 끝난
것이 되는데, 모음과 유음으로 끝난 체언 뒤에는 '로' 목적격조사가 오기 때문
이다. 여기에서는 '걸:'(하강조)로 실현되었는데, 이는 제보자 할머니의 표준
어적 발음 때문이다.

46) '밍사근'[HLL]. 명색은.

47) ‘사랑기:’[LHH^]. 사람에게. 앞에서는 ‘사랑게’로 실현되었으나(주석 22번 참
조), 여기에서는 ‘사랑기:’로 실현되었다.

48) ‘김:니더’[H^LL]. 것입니다. ‘것입니더→거입니더→겝:니더→겜:니더→김:니
더’.

49) ‘봄새르’[HHL]. 봄새. 표준어에서는 ‘봄새’ 하면 될 것을, 이 지역어에서는 구
격조사 ‘르(←로)’를 통합하여 ‘봄새르’로 발음하는 특징이 있다.

50) ‘나능거느:’[HHLL:]. 나는 것은. 보조사 ‘는’은 받침이 약화되어 ‘느’로 실현된다.

51) ‘나물로’[LHL]. 나물을. 모음과 유음 뒤에서는 목적격조사가 ‘로’로 실현된다.
그러나 제보자 할머니의 경우, 유음 뒤에서 ‘을’ 목적격조사도 적지 않게 실현
되었다. 바로 아래의 예들 참조.

52) ‘나무를’[LHL]. 나물을. 유음 뒤에 표준어적인 ‘을’ 목적격조사가 실현된 예이
다. 이런 예는 그 아래에서도 계속해서 몇 번 나타난다.

53) ‘무거야’[HLL]. 먹어야. 바로 위에서는 표준어적인 ‘머거야’로 발음되었으나,
여기에서는 ‘먹어야’에 대한 전형적인 경남방언형은 ‘무:야’[H^L]인데, ‘무거야’
는 ‘머거야’와 ‘무:야’의 중간쯤 되는 형태라 할 수 있다. ‘먹-’에 대한 제보자
할머니의 발음은 표준어적인 것과 방언적인 것이 혼재한 것이다.

54) ‘때미러’[HHL]. 때문에. 이에 대한 설명은 주석 3번 참조.

55) ‘딘장’[LH]. 된장. ‘된장→덴장→딘장’으로 바뀐 것이다.

56) ‘콩지름’[LHL]. 콩기름. 경남방언 ‘콩지름’에는 두 가지 뜻이 있다. 하나는 ‘콩
나물’의 뜻이고, 다른 하나는 ‘콩기름’의 뜻이다. 전자와 같은 ‘콩나물’의 뜻일
때는 키우는 상태에 있는 것만을 가리켜 ‘콩지름’이라 하고, 나물로 만들어 놓
은 것은 ‘콩나물’[LLH]이라 한다.

57) ‘사래미’[LHH]. 사람이. 움라우트가 적용된 경우이다.

58) ‘버텅’[HL]. 부터. 표준어 ‘부터’에 해당하는 이 지역어 보조사는 ‘버텅’으로 실
현된다.

59) ‘한숙까라써’[LLHLL]. 한 숟가락씩. 표준어 ‘씩’에 해당하는 이 지역어는 ‘썩’인
데, 여기에서는 받침 ‘ㄱ’이 탈락된 상태로 발음된 것이다.

60) ‘장:’[L^]. 늘. 표준어 ‘늘’에 해당하는 경남방언은 ‘장:’이다. 상승조 억양이다.

61) ‘자시이소’[LHLL]. 잡수십시오. ‘자시-+-이+-소’로 형태 분석된다. ‘-이-’는 중세
국어 상대높임 선어말어미 ‘-이-’의 계승형으로 보인다. ‘-이소’는 상대높임 등
급이 가장 높은 ‘하이소’체 명령법을 만든다.

62) ‘우북’[HL]. 제법.

63) ‘광이나게’[LHHH]. 무슨 뜻인지 알기 어렵다.

64) ‘뿌리~이’[LHL]. 뿌리. ‘뿌리+-엥이→뿌렝이→뿌레~이→뿌리~이’. ‘-엥이’는 경남방언에서 생산적으로 쓰이는 접미사의 하나이다.

65) ‘지피’[HL]. 깊이.

66) ‘꿰~이’[HH]. 괭이. 일반적인 이 지역어는 ‘깨~이’[HH]인데, 제보자 할머니는 이 경우 아주 정확한 ‘게’ 발음을 하고 있다.

67) ‘가:’[H시]. 가지고. ‘가지고’라는 본래 뜻을 갖는 경우, 이 말은 ‘가:’ 또는 ‘각: 꼬’[H시]로 축약된다. 그러나 ‘그래 가지고’(그래서)와 같이, ‘가지고’ 본래 뜻으로가 아니라 보조적인 의미로 쓰일 때에는 주로 ‘가주고’[HLL]로 쓰인다.

68) ‘언자’[LH]. 인제. 디딤돌 역할을 하는 말이다.

69) ‘나트로’[HHL]. 낫으로. ‘낱+으로’. 경남방언의 ‘낫’은 ‘낱’이다.

70) ‘씨라꼬’[HHL]. 쇠라고. 이 지역어에서 ‘쇠’는 ‘씨’로 발음된다.

71) ‘봉씨’[HL]. 봉쇠. ‘봉쇠’는 ‘강철’(鋼鐵)의 옛말이다. 『물명고』(5:7)에 “跳鐵 봉쇠”라 되어 있다.

72) ‘성냥까네’[LLHL]. 대장간에. ‘성냥깐(←성냥간)+에’.

73) ‘핀수’[LH]. 편수. ‘편수’는 표준어로 공장(工匠)의 두목을 일컫는 말인데, 여기에서는 그냥 대장간에서 일하는 사람을 일컫는 말로 사용되었다. 이전에는 이를 낮추어 ‘씨백정’[LHL](=쇠백정)이라 부르기도 했다고 한다.

74) ‘맨드른’[LHL]. 만든. ‘맨들+-은’으로 분석된다. 어간의 끝에 있는 ‘르’이 탈락하지 않는 것이 경남방언의 한 특징이다.

75) ‘함니꺼데’[HHLL]. 합니까 어디. ‘함니꺼(←합니꺼)+어디’.

76) ‘뜨더노코’[HHHL]. 뜯어 놓고. 풀로 둘러싸인 엉겅퀴 근처를 ‘파 놓고’의 뜻이다.

77) ‘지푸기’[LHL]. 깊게. ‘지푸+-기’. 표준어 ‘깊-’은 경남방언에서 ‘지푸’로 실현되고, 어미 ‘-게’는 고모음화한 ‘-기’로 실현된다.

78) ‘각:꼬’[H시]. 가지고. 이와 관련해서는 주석 67번 참조.

79) ‘곡끼’[LH]. 곱게. ‘곱+-게→곱께→곱끼→곡끼’. 어간의 받침이 후행하는 어미의 첫소리에 완전 동화된 예이다.

80) ‘소양’[LH]. 소용.

81) ‘억꼬’[LH]. 없고. ‘없+-고→업꼬→억꼬’. 이 역시, 어간의 받침이 후행하는 어미의 첫소리에 완전 동화된 예이다.

82) ‘엔나레는’[LHHL]. 옛날에는. ‘옛날’의 경남방언은 ‘엔날’[LH]이 보편적으로 쓰인다. 앞에서 이를, 제보자 할머니는 주로 표준어 형태인 [옌날]로 발음했으

나, 여기에서는 방언형대로인 [엔날]로 발음한 것이다.

83) '호바기'[LHL]. 확이. '호박+이'의 성조는 주로 [LHH]로 실현되지만, 여기에서는 [LHL]로 실현되었다. 바로 뒤에 나오는 것은 [LHH]에 가깝게 발음되었다.

84) '짤마'[HH]. 짜면. '짜-'의 이 지역어는 '짤-'이다. 〈보기〉 짜라가주고(짜 가지고, 짜서).

85) '떨떠러리:'[LLLHˋ]. 진하게 어리어. '진하게 어린다'라는 말로 창녕지역어에는 '떨떠어린다'[LLLHL]라는 말이 있다. 여기에 소개된 '떨떠러리:'는 '떨떠어리:'에서 온 말이다. '떨떠러리:'로 발화된 것을 보면, 그 기저형이 '떨떨어린다'인지도 모른다. '리:'의 장음은 '리어〉려:〉레:〉리:'와 같은 변화에서 음절 축약과 관련 있는 것이다.

86) '성박사'[HLL]. 성 박사. 제보자 할머니의 아들이고 저자의 후배이자 제자인 성기각 박사(시인).

87) '안쎄:심니꺼'[LHˋLLL]. 많잖습니까? 양적으로 많다는 뜻을 나타내는 경남방언으로 '쎄:빌릳따(아주 많다), 쎄앧따(많다)'라는 말이 있다. 그러나 이 말의 기저형이 '쎄-'인지, '쎄앧-'인지를 구별하기는 쉽지 않다. 표제어처럼, '안 +의문형어미'로 된 표현은 경남방언에서 확인 의문문을 만든다. '많잖습니까?'는 '많다'라는 뜻이다.

88) '답따버서'[LHLL]. 답답해서, 아쉬워서. '답땁-(←답답(하)-)+-어서'처럼 분석됨 직한데, 어근 '답답' 뒤에 접미사 '하-'가 생략된 것처럼 보이는 점이 눈길을 끈다.

89) '무욷찌'[HLL]. 먹었지. 표준어 '먹-+-었-'의 전형적인 경남방언형은, 여기에서 보는 바와 같이, '무욷-'으로 실현된다. '-찌(←지)'는 반말어미.

90) '잡삳:찌'[LHˋL]. 잡췄지. 표준어의 경우라면, '잡숫-+-으었-+-지'처럼 과거시제의 선어말어미가 '-으었-'이 선택되지만, 경남방언에서는 그것이 '-으았-'이라는 차이점이 있다. '아/어'계 어미는 '아'계가 선호되는 것이다.

91) '아이고'[LHL]. 아니고, 아니면. '아니-+-고'의 'ㄴ'은 'ㅣ' 모음 앞에서, 그 앞뒤의 모음을 비모음으로 실현시키는 역할을 한다. 그런데 '아니-'의 경우는 비모음조차도 실현되지 않아, 결과적으로 'ㄴ'의 완전 탈락 현상을 초래하게 된다.

92) 이 장면은 저자가 잘못 듣고 한 질문이다. '사리도 하고'가 아니라, '사기도 하고'였기 때문이다.

93) '짐승널'[LHL]. '짐승을'로 발화될 부분이 이렇게 발화된 것이다.

94) '만내면'[HLL]. 만나면. '만나-'의 경남방언은 '만내-'이다. 그러나 제보자 할머

니는 표준어적인 '만나-'를 쓰기도 한다. 주석 96번, 97번 참조.

95) '이습니더'[LLHL]. 있습니다. '이습니더'에 있는 '니'는 여기에서 '미'에 가깝게 들린다. 순행동화의 일종으로 이해할 수 있을 정도다.

96) '만나메는'[HLLL]. 만나면은, 만나면. 조건의 '-멘(← -면)' 뒤에 주제 보조사 '은'의 통합은 경남방언에서 아주 자연스러운 일이다. '만나-'는 그 뒤에는 약한 'ㄴ'이 첨가된 '만난-' 정도로 인식될 때가 있는데, 여기에서도 그러하다. '-멘'의 'ㅔ'는 [I]에 가까운 발음이다. '만나-'의 보편적인 경남방언은 '만내-'이다. 주석 94번 참조.

97) '만나미는'[HLLL]. 만나면은, 만나면. 여기에서의 '-멘(← -면)'은 고모음화한 '-민'으로 발화되었다.

98) '달개:서'[LH^L]. 달래서. '달래-'의 경남방언은 '달개-'이다.

99) '해치르'[LHH]. 해코지를. '해치+르(←를)'. '해코지'에 해당하는 창녕지역어는 '해치'이다. 〈보기〉 해치도 아나고(해코지도 안 하고).

100) '그런머리:'[HLLL:]. 그렇기 때문에. '그런머리'는 '그렇기 때문에'라는 뜻을 갖는, 일종의 연어이다.

101) '진짐승'[LLH]. 긴 짐승. 뱀을 가리키는 말이다.

102) '참말로'[HHL]. 참말로, 정말로. 경남방언에서는 '정말' 대신 '참말'을 즐겨 쓴다.

103) '소구리다'[LHLL]. 소쿠리에다. 여기에서는 '소쿠리'가 '소구리'로 발화되었다. 그러나 아래에서는 '소고리'로 발화된다.

104) '소고리르'[LHLL]. 소쿠리를. '소쿠리'가 여기에서는 '소고리'도 발화되었다. 아래 발화도 마찬가지다. 주석 103번도 참조.

105) '무구바예'[LHLL]. 무거워요. '무겁-'의 경남방언은 '무굽-'인데, 'ㅂ 규칙' 활용을 한다는 점이 표준어와 다른 점이다. 따라서 이 예는 '무굽-+-아+예'로 분석되고 모음 어미 앞에서도 'ㅂ'이 그대로 발화된다. '아/어'계 어미는 경남방언에서 '아'계가 선호된다. 주석 90번 참조. '예'는 반말높임의 '요'에 해당하는 경남방언 형이다.

106) '무찍해~이'[LLHL]. 묵직하니, 묵직하게.

107) '지부'[HL]. 집어.

108) '떤지뿌잉께네'[HLLLHH]. 던져 버리니까. '던져 버렸다'를 경남방언에서는 '떤지뿟따'라고 말한다. '버렸다'가 '뿟따'로 실현된 것인데, '뿟따'는 '뿌-+-욷-(← -았-)+-다'로 형태 분석된다. 문제는 어간이 '뿌-'라는 점인데, '버리-'가 어떻게 '뿌-'가 되는지는 알기 어렵다. '뿌잉께네'는 '뿌-+-잉께네(←인께네)'로 형태 분

석 가능하다. '-잉'에 있는 '이'는 조모음 '으'의 변형이다. '뿌잉께네'는 '뽕께네'로 잘 축약되고, '네'는 실현되지 않기도 한다.

109) '수'. 무슨 다른 발화를 하려다 끼어든 발화의 일부이다.

110) '함바리'[LHL]. 한 마리. '마리'의 전형적인 경남방언은 '바리'이다.

111) '와서'[HH]. 와서. '와서'는 경남방언에서 '아서' 또는 '오서'로 발화된다. '와서'로 발화된 것은 제보자 할머니의 표준어적 발음이다.

112) '정지:'[LH^]. 부엌에. 경남방언에서 처격조사 '에'는 앞에 오는 체언이 모음으로 끝날 때 그 모음에 완전 동화되는 것이 원칙이다. 여기에서는 그 모음이 'ㅣ'이기 때문에, 장음(하강조)으로 실현된 것이다. '부엌'은 '정지'라 불린다.

113) '드로더라'[LLHL]. 들어오더라. '들어오더라'가 줄어 '들오더래[드로더래]'로 발음되는 것은 경남방언에서 보편적인 현상이다.

114) '어짤라꼬'[LHHL]. 어찌하려고. '어찌하-+-ㄹ 라꼬(← -ㄹ 라고)'. '어찌하-'가 '어짜-'로 축약된 것이다. '어찌'는 '우찌'로도 발음된다. '우짤라꼬' 참조.

115) '완노'[HH]. 왔느냐? '오-+-았-+-노'. 경남방언 의문형어미는, 의문사('어짤라꼬'에 있는 '어찌')가 있고 서술어가 용언('오-')이면, '-노'가 선택된다.

116) '잘몬했나'[LLHL]. 잘못했느냐? '못하-'는 경남방언에서 '몬하-'로 실현되는 것이 일반적이다. 경남방언 의문형어미는, 의문사가 없고 서술어가 용언('오-')이면, '-나'가 선택된다. 주석 115번도 참조.

117) '놀래:서'[LH:L]. 놀라서. '놀라-'의 경남방언은 '놀래-'[LH]이다.

118) '그래꾸마'[LLHL]. 그러마. '-꾸마'는 창녕지역어 약속법어미로 기능한다.

119) 뱀:[L^]. 뱀.

120) '쪼깬석'[LLH]. 조그마(하-). 조금씩. 이 말 뒤에 '-항거'(-한 것)와 같은 말이 오면, '조그마(한 것)'과 같은 뜻으로 쓰이고, 다음과 같은 예에서는 '조금씩'의 뜻으로 쓰인다. 〈보기〉 쪼깬석 무우라(조금씩 먹어라).

121) '독사가'[LHL]. 독사가. '독사'는 이 지역어에서 '독새'[LH]로 발화되나 여기에서와 아래 몇 군데에서는 표준어대로 '독사'로 발음되었다. 주석 129번 참조.

122) '이런때미'[HHHH]. 이렇기 때문에. 이런 때문으로. 구격조사 '로' 없이 '때미'만으로 사용된 예이다. 주서 3번과 54번도 참조.

123) '여게도'[HLL]. 여기도. '게'의 'ㅔ'는 [I] 발음에 가까운 것이다.

124) 고~워네[LHL]. 공원에. '공(원)'의 받침 'ㅇ'은 앞뒤 모음을 비모음으로 만들고 탈락했다. '공원'은 성씨(成氏) 집안 부잣집에서 만든 개인 공원을 말한다.

125) '여개:'[HL^]. 여기에. 장음은 처격조사에 대한, 보상적인 것이다. 주석 112번

참조. 앞에서는 [jəgɪ]로 발음되었으나, 여기에서는 [jəgɛ]로 발음되었다. 보상적 장음으로 실현된 처격조사의 영향으로 [ɪ]가 [ɛ]로 발화된 것으로도 볼 수 있다.

126) '이지베'[HHL]. 이 집에. '이 집'은 주석 124번에서 말한 그 부잣집을 말한다.

127) '도:자로'[LˇHL]. 불도저로. '불도저'는 경남방언에서 '도:자'[LˇH]로 발음된다.

128) '여:'[Hˆ]. 여기에. 장음은 처격조사와 관련되는 것이다. 주석 112번, 125번 참조.

129) '독새도'[LHL]. 독사도. '독사'의 일반적인 경남방언은 '독새'[LH]이다. 위 몇 예에는 '독사'로 발화되었으나, 여기와 아래에서는 보편적인 어형인 '독새'로 발음되었다. 주석 121번 참조.

130) '새끼를'[HLL]. 새끼를. 모음(과 유음) 뒤에서 대격조사는 '로/르'로 발음되는데, 여기에서는 표준어형 그대로 '를'로 발음되었다.

131) '노마'[HL]. 낳으면. '낳-'은 경남방언에서 '놓-'으로 실현된다. '놓+-으마'로 형태 분석된다.

132) '진대'[LH]. 뱀의 일종. 크기가 크고 색깔은 누런 것(암컷)과 검은 것(수컷)이 있다. 이전에는 초가지붕 위나 담 위로 천천히 이동하는 진대를 볼 수 있었다. 집을 지키는 '찌끼미'[LHL](지킴이)로 알려져 함부로 손을 대지 않았다.

133) '논는다하네'[LHLLL]. 낳는다(고) 하네. 일반적인 이 지역어 발화라면, '논는다쿠네'(낳는다고 하네)가 되는데, 여기에서는 '-고'가 생략되었다. '-네'는 하게체의 '-네'가 아니고, 반말어미로서의 '-네'이다.

134) '한배:'[LHˆ]. 한배에. 장음은 처격조사의 실현과 관련되는 것이다.

135) '근:지'[HˆL]. 그런데. '근:디'(그런데)에서 '디'의 'ㄷ'이 약한 구개음으로 발화된 경우이다.

136) '무카노코'[LHLL]. 묵혀 놓고. '묵히-'는 경남방언에서 '무카-'로 실현된다.

137) '이래심:더'[LLH:L]. 이랬습니다. '-습니-'가 '-슴니→-심니→-심미→-심:-'으로 축약된 결과이다.

138) '미느리'[HLL]. 며느리. '며느리〉메느리〉미느리'로 고모음화한 것이다.

139) '놀래사코'[LLHL]. 놀라곤. 놀라 쌓고. '놀라-'의 경남방언이 '놀래-'임은 주석 117번에서 이미 지적한 바 있다. '사코'는 '샇-(←쌓-)+-고'에서 온 말인데, 이 '샇(쌓)-'은 경남방언에서 발견되는 독특한 보조동사의 하나이다. 동작의 되풀이를 나타내는데, 아주 생산적으로 쓰이는 말이다.

140) '이사띠'[LLH]. 이렇게 해 쌓더니. '샇(쌓)-'의 보조동사적 용법은 주석 139번을 참조할 것. '샇더니'는 '샇'이 '샅'으로 발음된 뒤에, '더니'가 '더~이→더이→데

→디'의 변화를 거쳐 최종적으로 '사띠'로 발음된다.

141) '댇뿐능고'[HLLL]. 돼 버렸는지. '되어'는 경남방언에서 '되어→돼→대'로 발음된다. 보조동사 '버리-'가 '뿌'가 되는 현상에 대한 지적은 주석 108번에서 이미 다루었다. '-고'는 의문사 있는 의문문과 호응하는 의문법어미이다. 주석 115번 참조.

142) '꼬추하고'[LLHL]. 고추하고, 고추와. '고추'는 이 지역어를 포함한 경남방언에서 '꼬치'[LH]라고 발음된다. '꼬추'[LH]라는 발음은 표준어적 영향을 받은 것이다. 경남방언에서 공동격조사는 '하고'[HL]이다. '와/과' 공동격조사는 존재하지 않는다.

143) '문치고'[HLL]. 무치고. 'ㅈ/ㅊ/ㅉ' 앞에서 'ㄴ' 첨가 현상이 있는 것이 경남방언의 한 특징이다. 〈보기〉 '곤치-'(HL. 고치-), '근치-'(HL. 그치-), '안주'(HL. 아직), '깐채~이/깐치'(LHH/LH. 까치) 등.

144) '귀지쌍꼬'[HLLH]. ?? 삶고. '귀지'[HL]가 무엇인지는 알기 어렵다. '쌂-+-고→쌈꼬→쌍꼬'.

145) '이런머리'[HHHL]. 이렇기 때문에, '그런머리'[HLLL](주석 100번 참조), '이런머리' 등은 일종의 연어이다.

146) '헨니림니더'[HLLLL]. 헛일입니다. '헛일'은 경남방언에서 '헷일'[헨닐. HL]로 발화된다.

147) '쨈도'[HH]. 정해진 것도.

148) '달걸꺼'[HLL]. 닳을 것. '닳-'의 경남방언은 '닭-'이다.

149) '디디가주고'[LLHLL]. 디뎌 가지고, 디뎌서. 이에 대한 일반적인 경남방언의 성조는 [HLHLL]이다.

150) '보:하~이'[L:HH]. 뽀얗게. '보:핳-+-으니'에서 온 말이다. '-으니'의 'ㄴ'은 약화되어 그 앞뒤 모음을 비모음으로 만들어 주고 탈락한다.

151) '곡서걸'[HLL]. 곡식을. '곡석+얼(←을)'.

152) '설미리'[HHL]. 맛이 좋게. 창녕지역어 '설미'[HL]는 '맛 좋은 것'을 가리키는 명사다. 따라서 '설미리'는 '설미+리(부사화 접미사)'로 이루어진 말이라고 해야 할 것이다.

153) '해묵또'[LHL]. 해 먹지도. 어미 '-지' 개재 없이, 어간에 보조사 바로 통합한다는 점이 흥미롭다. 경남방언에서 보편적으로 발견되는 현상이다.

154) '몬하구루'[LLHL]. 못하게. '-게'에 해당하는 경남방언은 '-구로'이다. 여기에서는 '-구루'로 발음되었다.

155) ‘수룰’[HL]. 술을. 일반적으로는 ‘술로’[HL]로 발화된다.

156) ‘미칠’[HL]. 며칠. ‘며칠→메칠→미칠’. 단모음화에 이은 고모음화가 적용된 예이다.

157) ‘송끄치’[HLL]. 손끝이.

158) ‘사범고등가:’[LLLHL]. 고등사범학교이던가? 의문사 없는 체언 서술어 뒤에는 ‘가’라는 어미(또는 조사)가 선택된다.

159) ‘벌한:한데’[HH^LH]. 번잡한 데.

160) ‘저는’[HL]. 자기는. ‘저’는 표준어 영향을 받은 재귀대명사이다. 이 지역어를 포함한 경남방언형은 ‘지’이다.

161) ‘구구가’[LLH]. 계산이, 속셈이. 일반적으로는 속셈과 관련될 때 ‘구구’[LH]라는 말을 쓰고(“구구가 읻따(속셈이 있다), 구구가 머꼬(속셈이 머냐)?” 등 참조), 돈을 계산한다고 할 때는 “구구로 댄:다(계산을 한다).”는 형식으로 쓰인다.

162) ‘성생을’[LHL]. 선생을. 경남방언의 ‘선생’은 ‘성생’[LH] 또는 ‘성상’[LH]이다.

163) ‘기어믈’[HLL]. 경험을.

164) ‘선생을’[LHL]. 선생을. 여기에서는 표준어적인 ‘선생’으로 발음되었다.

165) ‘마:’[H^]. 마. 디딤말의 일종이다.

166) ‘숭칸:다’[LH^L]. 숨긴다.

167) ‘디빔미더’[LLHL]. 뒤집니다. 경남방언 ‘디비-’에는, 여기에서처럼 ‘뒤지-’의 뜻도 있고, 〈보기〉에서처럼 ‘뒤집-’의 뜻도 있다. 〈보기〉 얼라가 언자 모믈 디빈다.(아기가 인제 몸을 뒤집는다.)

168) ‘할머~이’[HHL]. 할머니. 여기에서는 제보자 할머니의 시어머니를 가리키는 말이다.

169) ‘기식꼬’[LLH]. 계셨고. ‘계시-+-었-+-고’가 이 지역어 음운 현상에 따라 변한 것이다. 즉, ‘계시었고→계시얼고→계시얼꼬→계션꼬→계셴꼬→게셴꼬→게신꼬→기신꼬’와 같이, 축약, 귀착, 된소리화, ‘ㅕ〉ㅖ〉ㅣ’화 등의 음운 현상이 적용된 것이다.

170) ‘치적도’[LLH]. 취직도. ‘취직’의 경남방언은 ‘치적’[LH]이다.

171) ‘오능기라’[HHLL]. 오는 거야. ‘-능기라’(-는 거야)는 경남방언에서 아주 즐겨 쓰이는 문장 종결법의 하나다. 이 말은 ‘-는(관형사형어미)+게(의존명사)+일-(계사의 기원형)+-아(반말어미)’에서 유래한 것이다.

172) ‘안마’[LH]. 아무리.

173) ‘강거믈’[HLL]. 강제를, 강요를. ‘강검’[HL]은 ‘감금’의 이 지역어 발음인데, 의미

변화도 수반된 것이다.

174) '사릉거느'[HLLL]. 산 것은. '살-+-은+거(←것)+느(←는)'로 형태 분석된다. 경
    남방언은 어간의 끝에 있는 'ㄹ'이 모음으로 시작하는 어미 앞에서 탈락하지
    않는다는 특징을 갖고 있다. 주석 74번도 참조.

175) '살미:'[LH:]. 살며. 표준어 연결어미 '-며'는 이 지역어에서 '-며〉-메〉-미'라는,
    단모음화에 이은 고모음화로 실현된다. '-면서'의 뜻을 가지기도 한다(주석
    176번 참조).

176) '공부하미도'[LLHLL]. 공부하면서도. '공부하-+-미+도'로 분석되는데, 여기에
    쓰인 '-미'는 표준어 '-면서'의 의미이다(주석 175번 참조). '-미(←-며)' 뒤에 바
    로 보조사가 통합할 수 있음이 눈길을 끈다.

177) '욕뽀고'[HHL]. 수고하고, 고생하고. 경남방언에서 '욕보-'는 '수고하-, 고생하-'
    의 뜻이지, 표준어처럼 '욕을 보는' 의미가 아니다.

178) '고생'[HH]. 고생. 보편적인 경남방언은 '고상'[HH]이다.

179) '지이서'[HLL]. 지어서. 어미 '-어서'는 모음으로 끝나는 어간(불규칙 활용에
    의해 변한 경우에도 해당)의 그 모음에 완전 동화되는 것이 경남방언의 특색
    이다. 〈보기〉 물로 부우서(물을 부어서), 반죽을 개애서(반죽을 개어서), 조오
    서 보내라(주어서 보내라) 등 참조.

180) '항금:'[HH^]. 기껏. '항금해야(기껏해야), '항금해바야(기껏해 봐야) 형식으로
    일반적으로 쓰인다. 여기에서는 그냥 '항금'으로만 쓰였다.

181) '배추'[LH]. 배추. '배추'의 이 지역어는 '뱁추'[LH]이다. '배추'는 표준어 영향으
    로 볼 수 있다.

182) '무우'[LH]. 무. '무'의 경남방언은 '무시'[LH]이다. 제보자 할머니가 표준어형을
    쓴 결과이다.

183) '부상취'[LHL]. 상추. '상추'를 경남 사람들은 일반적으로 '불상추'[LHL]라고 한
    다. 제보자 할머니는 이를 '부상취'라고 발화했으나, 이는 일반적인 이 지역어
    가 아니다.

184) '수까다:'[HHL:]. 쑥갓이다.

185) '시금치다'[LHLL]. 시금치다. '시금치'의 일반적인 경남방언은 '씨금치'[LHL], 또
    는 '씨금치'[HLL]이다.

186) '상:게네'[H^LL]. 쌓으니까. '사(←쌓-)+-응게네(-으니까)'. '쌓-'은 경남방언의 독
    특한 보조동사의 하나이다. 주석 139번 참조. '-응게네'은 일반적으로 '-응께네'
    로 발음된다.

187) ‘델긴동’[LHL]. 될 것인지. ‘델’은 ‘데-(←되-)+-ㄹ’에서 온 말이고, ‘긴’은 어원적
　　　으로 ‘것+이-+-ㄴ’에서 온 말이다. ‘동’은 주로 경북방언에서 발견되는 의존명
　　　사의 하나이다. 그러나 ‘-ㄴ동’은 ‘-인지 아닌지’의 뜻을 갖는 어미로 굳어진
　　　말이다. 창녕은 경북과 접경하고 있는 경남이다.
188) ‘그래그러’[HLLL]. 그러구러.

제 2 장

우리 마을 음식 자랑

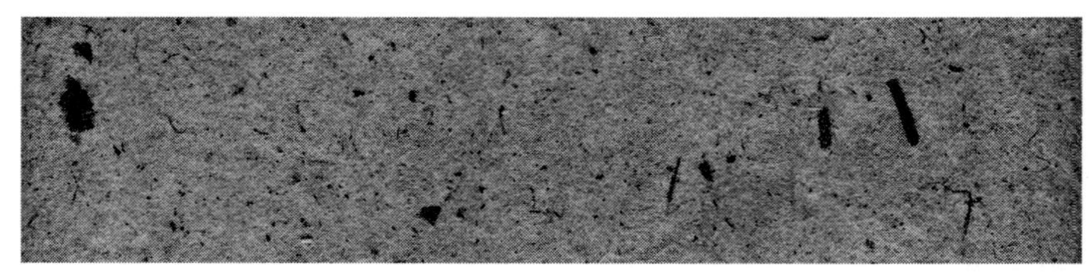

어째 저: 동네: 이동네: 저동네 가보몬네:.

어떤 동네는 엽 동네에서는 하지앙코 그: 동네에만 인는 아:주 특뻘한 음식 가틍기 이꺼든네.

반찬이든지 머든지.

혹씨: 이 석똥 마으레 다른 동네는 업꼬.

우리 동네만 이거는 트기항기다 그래 생각데시능기 이스먼 말씀 해주이소.

 ⌐ 머시 머: 특뻴하기[1] 머 잘행걷또욱꼬.

 ⌐ 잘행걷뚜욱꼬 머:.

 ⌐ 엔나레는 모도 으~으.

 ⌐ 묵꼬살기위해서 아무따나[2]모더 해서 먹꼬 사랕심니더.

 ⌐ 잘하도모나고 요새사람드른 얼마나 모도: 잘해가묵꼬삼니꺼?

 ⌐ 이런데 엔나레는 모도.

 ⌐ 어 점:부 농사 지이가지고.[3]

 ⌐ 마: 농사지이가주고 마 모도 그래 데는데러 해묵꼬안 사랕심니꺼?

 ⌐ 그래도 그 그때 그 음서기 다: 모도그거 마시 익꼬.

 ⌐ 그 구미가[4] 이심니더 그래도 예.

 ⌐ 이거업: 바테서 나는 콩 콩은, 예.

 ⌐ 받 소고기라앙컴니꺼?

 ⌐ 예: 이기 창:[5] 콩이 조응김니더.

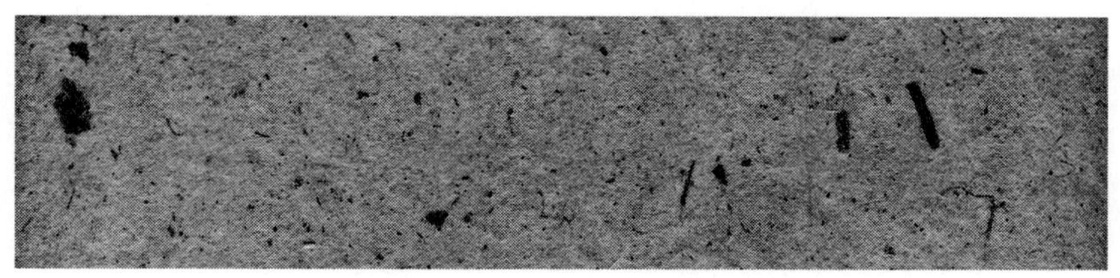

어떻게 저, 동네 이 동네 저 동네 가보면요.

어떤 동네는 옆 동네에서는 하지 않고 그 동네에만 있는 아주 특별한 음식 같은 것이 있거든요.

반찬이든지 뭐든지.

혹시 이 석동 마을에, 다른 동네(에)는 없고.

우리 동네에만 이것은 특이한 것이다, 그렇게 생각되시는 것이 있으면 말씀해 주십시오.

˝ 뭣이 뭐 특별하게 잘한 것도 없고.

˝ 잘한 것도 없고 뭐.

˝ 옛날에는 모두, 응.

˝ 먹고 살기 위해서 아무렇게나 모두 해서 먹고 살았습니다.

˝ 잘 하지도 못하고, 요즘 사람들은 얼마나 모두 잘 해 가지고 먹고 삽니까?

˝ 이런데 옛날에는 모두.

˝ 어 전부 농사 지어 가지고.

˝ 뭐 농사 지어 가지고 뭐 모두 그래 되는 대로 해 먹고 살잖았습니까?

˝ 그래도 그 그때 그 음식이 다 모두 그게 맛이 있고.

˝ 그 입맛이 있습니다, 그래도, 예.

˝ 이것 밭에서 나는 콩 콩은, 예.

˝ 밭 쇠고기라고 하잖습니까?

˝ 예, 이것이 참 콩이 좋은 것입니다.

ˉ 이래: 콩을가주고 전::치 이래맨드러서 지끄믄사서묵찌마는.

ˉ 예: 옌나레는 점::부⁶⁾ 소느로 만드러슴니더.⁷⁾

ˉ 두부도⁸⁾만들고:: 콩을가주고.

ˉ 딘장도⁹⁾맨들고: 지렁장도¹⁰⁾맨들고:.

ˉ 이래:머 청국짱을맨드러가주고.

ˉ 참:: 옌나레는 불도조코예.¹¹⁾

ˉ 불때:서 소죽끼리무.

ˉ 소주글끼리마 불로때:서* 끼리마.

ˉ 청노화리다가¹²⁾ 항:그시¹³⁾ 다마다노코.

ˉ 큰:: 이런 옹기 투꾸바리다가¹⁴⁾ 딘장 청국짱을 부굴부굴부울 끼리마 낄리:마.¹⁵⁾

ˉ 저얼 또뺑:: 둘러안자서 우리칠람 잘무굳슴니더.

ˉ 이래 묵꼬.

ˉ 참: 그 그래모독 칠람매키아노코 그래 할머~이가도라가시십니더.

ˉ 그래, 할머~이가하도 손자 자정이¹⁶⁾마는 어르~이라서.

ˉ 할머~이지사때는 너그 생지~이 이저뿌지마래이.

ˉ 그래도 이 머 살기위해¹⁷⁾ 바뿌고 하마.

ˉ 머: 지끔 서울서지내 모시~잉께네.

ˉ 다: 그기 저거 다악 그을 다알수이심니꺼?

ˉ 그래참 칠라매르키아도 그렁거이 참:: 이리해주마 잘묵꼬.

ˉ 머: 막:: 나물까지도 장만해서 이래주마 잘묵꼬.

ˉ 원:간 식꾸가마느~이.

ˉ 한다레 알곡서글머 아홈말서열말석 술하능꺼징 그래머거스~이머.

ˉ 말 몬함니더.

ˉ 그래 사랃심니더.

˗ 이래 콩을 가지고 전체 이렇게 만들어서, 지금은 사서 먹지만은.

˗ 예, 옛날에는 전부 손으로 만들었습니다.

˗ 두부도 만들고, 콩을 가지고.

˗ 된장도 만들고 간장도 만들고.

˗ 이렇게 뭐 청국장을 만들어 가지고.

˗ 참 옛날에는 불도 좋고요.

˗ 불 때서 소죽 끓이면.

˗ 소죽을 끓이면 불을 때서* 끓이면.

˗ 청로화로에다가 가득 담아 놓고.

˗ 큰 이런 옹기 뚝배기에다가 된장 청국장을 부글부글부글 끓이면 끓어
지면.

˗ 저 또 빙 둘러앉아서 우리 칠남매 잘 먹었습니다.

˗ 이렇게 먹고.

˗ 참 그 그래 모두 칠남매 키워 놓고 할머니(시어머니)가 돌아가셨습니다.

˗ 그래, 할머니가 하도 손자 잔정이 많은 어른이라서.

˗ 할머니 제사 때는 너희 생전에 잊어 버리지 말아라.

˗ 그래도 이 뭐 살기 위해 바쁘고 하면.

˗ 뭐 지금 서울에서 지내, 모시니까.

˗ 이 그 자기들 다 그것을 알 수 있습니까?

˗ 그래 참, 칠남매를 키워도 그런 것을 참 이렇게 해 주면 잘 먹고.

˗ 뭐 막 나물가지도 장만해서 이렇게 주면 잘 먹고.

˗ 워낙 식구가 많으니.

˗ 한 달에 알곡식을 뭐 아홉 말씩 열 말씩 술하는 것까지 그렇게 먹었으
니 뭐.

˗ 말 못합니다.

˗ 그렇게 살았습니다.

⌐ 머 저거키울쩨~이.

＝ 그: 정월따레와 어머~이그거 안임습니까?

＝ 단술하능거하고 시캐라카능거는 다르다임꺼지예?

⌐ 시캐하능거허고?

＝ 시캐하능거하고 단술하고는 다르지요?

⌐ 그그래언자 묵또하고 단술도하고.

⌐ 그래언자 머어시 무울끼이심니꺼?

⌐ 자석드리 모아들마[18] 단술도해애데고 묵또해애데고.[19]

⌐ 이 해애 쩌거[20]와서먹찌예 이랭께네.

⌐ 그래내소느로 묵또해노코 단술도해노마 시캠니더그기:.

＝ 아니궁:까 시캐라꼬는 따로 이섣따아임니까?

⌐ 그으느 식끼고.[21]

＝ 식끼?

⌐ 꼳 꼬치: 여코.

⌐ 질굼[22]여코 그거는 시 고기여코 이래해능거는 식끼:고.

⌐ 시캐는 단수리 숙 시캐고 단수리.

그람 쪼끔저네 그: 고기에다가 바발너코 머하능거 고게 머라 머라 그라시슴니꺼 그으는?

⌐ 바불 마:니 해가주고 어른들 생신때마.

⌐ 그래 질 마:니해서 바블언자 이럭 다래~이[23]다 한:다래~이 퍼가주고.

⌐ 생멩태나 엔나레느 칼치 말량그기: 마시이시임더.

⌐ 그렁거를 요래 쪼빋쪼빋사리가주고.

⌐ 마:~이썩꺼서 질궁가리로 치로[24]쳐가주고.

⌐ 그래질궁가리르 장만해가:꼬.[25]

⌐ 꼬추까리하고 저래 밸:가~이 썩꺼서.

⌐ 그이 질궁가리로 이래써꺼가꼬 두리:두리썩꺼서.

˝ 뭐 자기들 키울 적에.

˝ 그 정월달에 왜 어머니 그것 있잖습니까?

˝ 단술하는 것과 식해라고 하는 것은 다르잖습니까 그렇지요?

˝ 단술하는 것하고?

˝ 식해하는 것과 단술하고는 다르지요?

˝ 그 그래 인제 묵도 하고 단술도 하고.

˝ 그래 인제 무엇이 먹을 것이 있습니까?

˝ 자식들이 모여들면 단술도 해야 되고 묵도 해야 되고.

˝ 이렇게 해야 자기들 와서 먹지요, 이러니까.

˝ 그래 내 손으로 묵도 해 놓고 단술도 해 놓으면 식혜입니다, 그것이.

˝ 아니 그러니까 식해라고는 따로 있었잖습니까?

˝ 그것은 식해고.

˝ 식해?

˝ 고 고추 넣고.

˝ 엿기름 넣고 그것은 시 고기 넣고 이렇게 하는 것은 식해이고.

˝ 식혜는 단술이 식 식혜이고, 단술이.

그러면 조금 전에 그 고기에다 밥알 넣고 뭐 하는 것 그것은 뭐라고 뭐라고 그러셨습니까, 그것은?

˝ 밥을 많이 해 가지고 어른들 생신때면.

˝ 그래 저 많이 해서 밥을 인제 이렇게 다라이에다 한 다라이 퍼 가지고.

˝ 생명태나 옛날에는 갈치 말린 그것이 맛이 있습니다.

˝ 그런 것을 이렇게 **쪼빽쪼빽** 썰어 가지고.

˝ 많이 섞어서 엿기름가루를 체로 쳐 가지고.

˝ 그래 엿기름가루를 장만해 가지고.

˝ 고춧가루하고 저렇게 발갛게 섞어서.

˝ 그 엿기름가루를 이렇게 섞어 가지고 두리두리 섞어서.

˘ 굳 이 뜨신 부욱 부욱[26] 우에다 떡 그래 싸서노오마.

˘ 뜨끈뜨끈:하~이 그기: 사가가주고예.

˘ 하러빰자고 내일 아치미마 무리 항강:하~이.

˘ 달고 참: 마시이심니더.

˘ 참: 마시이심니더.

˘ 그래, 그래가주고 어른들 생신때마 생신잔치르 하고.

˘ 또: 이래: 머: 어른드리잡숙꼬집다[27] 커마 고래가주고또 맨드러디리고.[28]

˘ 그래 그기: 조습니더 그 엄시기.

그그걸머라캄니꺼?

˘ 네: 그 그: 음시기그래조습니더.

= 그 음시글 이르미 머엉교?

˘ 식끼라 그으는.

= 식끼?

˘ 식끼.

˘ 그그는 식끼고.

˘ 그래 식캐:라커능거는언자 단술로함니더.

˘ 단술로 바블 해가주고.

˘ 이는 예 질구물 마:~이 지베서 또 이 지랃심미더, 질구물 키앉씀니더.

˘ 그래가주고 그래 언자 빠사:가주고.

˘ 무레다가 걸러서 딱: 이러낸 안차:가주고.

˘ 안추:먼 무리 노:라~이안:씸니꺼?

˘ 그걸:언자 그: 따라서 단지다 따라:부우마.

˘ 폭:: 사가가주고.

˘ 이겐 이얼 바압떡 밥티가[29] 동동동동뜸니더.

˘ 그때사 바글바글바글 끼리마.

˺ 그 이 따뜻한 아궁이 아궁이 위에다 떡 그렇게 싸서 놓으면.

˺ 뜨끈뜨끈하게 그것이 삭아서요.

˺ 하룻밤 자고 다음날 아침이면 물이 흥건하게.

˺ 달고 참 맛이 있습니다.

˺ 참 맛이 있습니다.

˺ 그래, 그래 가지고 어른들 생신 때면 생신 잔치를 하고.

˺ 또 이렇게 뭐 어른들이 잡수시고 싶다고 하면 그렇게 해서 또 만들어
드리고.

˺ 그래 그것이 좋습니다, 그 음식이.

그 그것을 뭐라고 합니까?

˺ 예, 그 그 음식이 그렇게 좋습니다.

꞊ 그 음식을 이름이 뭐요?

˺ 식해야, 그것은.

꞊ 식해?

˺ 식해.

˺ 그것은 식해고.

˺ 그래 식혜라고 하는 것은 인제 단술로 합니다.

˺ 단술을 밥을 해 가지고.

˺ 이는 예 엿기름을 많이 집에서 또 이 길렀습니다, 엿기름을 키웠습니다.

˺ 그래 가지고 그래 인제 빻아 가지고.

˺ 물에다 걸러서 딱 일어내어 (가라)앉혀 가지고.

˺ (가라)앉히면 물이 노랗게 있잖습니까?

˺ 그것을 인제 거기 따라서 단지에 따라 부으면.

˺ 폭 삭아 가지고.

˺ 여기 이 밥떡 밥알이 동동동동 뜹니다.

˺ 그때에야 보글보글보글 끓이면.

‾ 그기: 인자 식캐미더.

‾ 예 그래해가: 그래가: 잔치도 하고.

그응게 시캐하고 식끼하고는 다르다 그지예?

식끼는언자 생서~이 드러가야 데지예?

‾ 예 예:

‾ 꺼엄 고기가 드러가야 데고.

‾ 꼬치 꼬축까리가 드러가야 데고.

겔구엔 ????.

식끼는 그걸또언자 사카가주고 물로 마심니꺼?

‾ 물로 안마시고.

‾ 식캐 저: 시캐는 그냥 이래 밥지채 이이이래 동동떠서 그르게다마가마시고.

‾ 식끼는 이래언자 접새기³⁰⁾다가 여래다마가주고 그래 손님대지블하고.

그러믄 게기하고 그으 가치 나슴니꺼 그러믄.

‾ 예 예예.

‾ 가치 그래 써꺼서그래 대저블하마.

‾ 그기: 마시조슴니더.

‾ 그머 지끔 사라믄 그렁거르 안해:서그러치.

‾ 그래가:언자 묵또 하고.

‾ 무군 우째하노³¹⁾ 하마.

‾ 저: 미물³²⁾아시지예?³³⁾

‾ 예: 미물농사르 마:~이지이가주고.

‾ 그래언자 그거를 엔나레는 디들바~아다 빠사슴니더.³⁴⁾

‾ 이 빠사가구 해애슴니더.

‾ 이런데 지 이 중녀네는³⁵⁾ 점:부기게가서 가라 가라가주고.

‾ 그래언자 그너믈 걸러가:주고.

˗ 그것이 인제 식혜입니다.

˗ 예, 그렇게 해서 그렇게 해서 잔치도 하고.

그러니까 식혜(단술)하고 식해하고는 다르다 그렇지요?

식해는 인제 생선이 들어가야 되지요?

˗ 예, 예.

˗ 거기에는(?) 고기가 들어가야 되고.

˗ 고추 고춧가루가 들어가야 되고.

결국엔 ????.

식해는 그것도 인제 삭혀서 물로 마십니까?

˗ 물로 안 마시고.

˗ 식혜 저 식혜는 그냥 이렇게 밥알째 이 이 이렇게 동동 띄워서 그릇에 담아서 마시고.

˗ 식해는 이렇게 인제 접시에다가 이렇게 담아 가지고 그래 손님 대접을 하고.

그러면 고기하고 거기 같이 놓습니까, 그러면.

˗ 예, 예예.

˗ 같이 그래 섞어서 그래 대접을 하면.

˗ 그것이 맛이 좋습니다.

˗ 그 뭐 지금 사람은 그런 것을 하지 않아서 그렇지.

˗ 그래 가지고 인제 묵도 하고.

˗ 묵은 어떻게 하느냐 하면.

˗ 저 메밀 아시지요?

˗ 예, 메밀 농사를 많이 지어 가지고.

˗ 그래 인제 그것을 옛날에는 디딜방아에다 빻았습니다.

˗ 이 빻아 가지고 했습니다.

˗ 이랬는데 지(금) 이 지금의 이전에는 전부 기계에다 갈아 갈아 가지고.

˗ 그래 인제 그것을 걸러 가지고.

˝ 무르 무글 끼리마.

˝ 그래 무기 잘: 뎀니더.

˝ 그: 그래 그~으:언자 무글모도 손님대집하고.

˝ 이래 지끄믄 무울끼마내서 그렁거 함니꺼:데.

˝ 엔나레는 그래 사랃슴니더 우리는.

조피는 우째만드럳슴니꺼?

˝ 두부[36]는 언자 콩을 부라가주고.

˝ 엔나레 디딜빠~아:[37]다가 빠사:가주고.

˝ 그래 언자콩을언자 빠사:서 이래.

˝ 무레다가 후리가주고.

˝ 소테다가 끼리마는.

˝ 거푸미 항:거뎀니더.

˝ 그래가질 끼리가주고.

˝ 그래인자 삼비:[38] 보 이래 보자기르지버가주고.

˝ 그따: 여 이 퍼붜:서 짤마.[39]

˝ 두부가예 미테: 마~이네러감니더.[40]

˝ 무리 니러가마 그따다 간수르 지름니더.[41]

˝ 소구메서 간수가 나옴니더.

˝ 그걸: 부우가주고 이리 저스마.

˝ 두부가 문틀문틀문틀문틀이리 덩그리가 짐니더.

˝ (웃음) 그래 그래언자 그거이 덩거리가 지마.

˝ 그기: 오른 언자 두부아임니꺼?

˝ 그래가주고 이래 퍼서 커다:난 하 하메다 이래퍼서.

˝ 미테 물 빠지구루 해노마.

˝ 그래 무리빠지고나마 두부 모가 뎀니더.

˝ 이래 끄느마.

- 묵을 묵을 끓이면.
- 그래 묵이 잘 됩니다.
- 그 그렇게 그것 인제 묵을 모두 손님 대접하고.
- 이런데 지금은 먹을 것이 많아서 그런 것 합니까, 어디.
- 옛날에는 그렇게 살았습니다, 우리는.

두부는 어떻게 만들었습니까?

- 두부는 인제 콩을 불려 가지고.
- 옛날에 디딜방아에다 빻아 가지고.
- 그래 인제 콩을 인제 빻아서 이렇게.
- 물에다가 풀어 가지고.
- 솥에다 끓이면은.
- 거품이 가득 됩니다.
- 그래 가지고 끓여 가지고.
- 그래 인제 삼베 보 이렇게 보자기를 기워 가지고
- 거기에 넣어 이 퍼부어서 짜면.
- 두부가요 밑에 많이 내려갑니다.
- 물이 내려가면 거기에다 간수를 탑니다.
- 소금에서 간수가 나옵니다.
- 그것을 부어 가지고 이렇게 저으면.
- 두부가 뭉글뭉글뭉글뭉글 이렇게 덩어리가 집니다.
- (웃음) 그래 그래 인제 그것이 덩어리가 지면.
- 그것이 옳은 인제 두부잖습니까?
- 그래 가지고 이렇게 퍼서 커다란 함 함에다 이렇게 퍼서.
- 밑에 물 빠지게 해 놓으면.
- 그렇게 물이 빠지고 나면 두부모가 됩니다.
- 이렇게 끓으면.

- 그래가주고 그: 창 그래 뭉능 그기: 진짜로 두부아이미꺼?

- 요새:는 머어슬 썽는지:. (웃음)

- 그래가주고 이: 또: 두부하고 콩 찌걱 찌걱지그거는.

- 디딜바~아다 쩌~어노옹게[42] 쪼가리가 드문드문 이심니더.

- 그거르언자 부를때서.

- 소테다 뜨시 뜨사:가주고[43] 띠우마는.

- 띠우마 참 감자무리한[44] 내음사가 남니더.

- 그래마 그: 그을: 또.

- 딘자~아다가[45] 찌 딘장좀여코 찌지노오마 그:래 마시이심니더 그기:.

- 그래갸:고 모도갈라묵꼬.

- 그: 그래행:그기: 그래마시 이심니더.

- 지끄믄 딜 비지자커능 그기:.

- 비지가[46] 장사가 가오마 재:꿀거치[47] 빠사:서.

- 아::무 강기도욱꼬.

- 그걸 안사먹슴니꺼 더이 비지라꼬 이래도.

- 엔나레는 디딜빵아다 쩡어가주고.

- 이 머어 우리겨 이 참 하능거느 아주: 구시고 마시 이스시미더.

- 그래 해먹꼬 이래 사랃슴니더.

- 마시 이심니데 엔나레는 진짜르 하잉께네. (웃음)

- 엔나레는 모더 그래안 사라슴니꺼?

- 지끔 사람 사는 요랑하머[48] 우리드른 참::.

- 말 몬함니더 똑 부리 이심니꺼?

- 엔나레 우리 살쩨기는 불두욱꼬 물도욱꼬예.

- 물도 업서가주고:.

- 이 내 등찌믈 무를 저다 묵꼬 사랃시임더 그 마는 식꼬예.

- 그래 무리 기해가주고.

ˉ 그렇게 해서 그것 참 그래 먹는 그것이 진짜로 두부잖습니까?

ˉ 요새는 무엇을 섞는지. (웃음)

ˉ 그렇게 해 가지고 이 또 두부를 하고 콩 찌꺼 찌꺼기 그것은.

ˉ 디딜방아에다 찧어 놓으니까 쪼가리가 드문드문 있습니다.

ˉ 그것을 인제 불을 때서.

ˉ 솥에다 데워 데워 가지고 띄우면은.

ˉ 띄우면 참 감자무리한 냄새가 납니다.

ˉ 그러면 그 그것을 또.

ˉ 된장에다 지(져) 된장 좀 넣고 지져 놓으면 그렇게 맛이 있습니다, 그것이.

ˉ 그래 가지고 모두 나눠 먹고.

ˉ 그것 그렇게 한 그것이 그렇게 맛이 있습니다.

ˉ 지금은 비 비지라고 하는 그것이.

ˉ 비지가 장사꾼이 가져오면 아주 보드랍게 빻아서.

ˉ 아무 간기도 없고.

ˉ 그것을 사먹잖습니까, 그것이(?) 비지라고 이래도.

ˉ 옛날에는 디딜방아에 찧어 가지고.

ˉ 이 뭐 우리가 이 참 하는 것은 아주 구수하고 맛이 있었습니다.

ˉ 그렇게 해 먹고 이렇게 살았습니다.

ˉ 맛이 있습니다, 옛날에는 진짜로 하니까. (웃음)

ˉ 옛날에는 모두 그렇게 살았잖습니까?

ˉ 지금 사람 사는 것에 비하면 우리들은 참.

ˉ 말 못합니다, 또 불(전깃불)이 있습니까?

ˉ 옛날에 우리 살 적에는 불(전깃불)도 없고 물(수돗물)도 없고요.

ˉ 물도 없어 가지고.

ˉ 이 내 등짐으로 물을 져다 먹고 살았습니다, 그 많은 식구에.

ˉ 그래 물이 귀해 가지고.

¯ 밤나덥시 퍼다가 소하고 사람하고.

¯ 그래 그래갸: 묵꼬.

¯ 지끄믄 물도 이리키 조코.

¯ 불도 이러키 존는데.

¯ 그다다가[49] 또 지사나 작슴니꺼?

¯ (웃음)

요 머: 게저레 관계업시:.

머 게절대로 해주시머 더 조쿠꾸에.

생강나시는대로 머봄부덥.

보메는 주로 어떤 반차늘 해가: ***.

해서 무걱꼬, 예:.

¯ 보메는 우리드리 살쩨기는:.

¯ 막: 주루여: 상추르 키아마노오마.

¯ 요: 나부만:석[50] 요리 키아가주고.

¯ 꼬: 여: 나부만서 할쩨:는 보드랍심니더.

¯ 여: 고롱거럴 뜨드서.

¯ 머어 상은[51] 만치:.

¯ 매꾸글[52] 태암니더.[53]

¯ 예, 가스.

보메?

¯ 예, 보메 보메.

¯ 깨소구믈 여코:.

¯ 참지름여코 이래: 마식꾸로 예 지베 농사지이가주고.

¯ 지베 엔날 깨로 지끔깨그거:하나:또 깨아임니더.

¯ 점::부 수입 드롱김니더.

¯ 그거 점:부 객찌:서드롱기:지 엔날깨업슴니더.

˅ 밤낮없이 퍼다가 소하고 사람하고.

˅ 그래 그렇게 해서 먹고.

˅ 지금은 물도 이렇게 좋고.

˅ 불도 이렇게 좋은데.

˅ 거기에다 또 제사는 적습니까?

˅ (웃음)

이것 뭐 계절에 관계없이.

뭐 계절대로 해주시면 더 좋겠고요.

생각나시는대로 뭐 봄부터.

봄에는 주로 어떤 반찬을 해서 ***.

해서 먹었고, 예.

˅ 봄에는 우리들이 살 적에는.

˅ 막 주로 여기에 상추를 키워만 놓으면.

˅ 이 나비만큼 이렇게 키워 가지고.

˅ 그 여기 나비만큼 할 때는 보드랍습니다.

˅ 예 그런 것을 뜯어서.

˅ 뭐 상은 많지.

˅ 냉국을 만듭니다.

˅ 예, 깨소금.

봄에?

˅ 예, 봄에 봄에.

˅ 깨소금을 넣고.

˅ 참기름 넣고 이렇게 맛있게, 예 집에 농사 지어 가지고.

˅ 집에 옛날 깨를, 지금 깨 그것 하나도 깨 아닙니다.

˅ 전부 수입(으로) 들어온 것입니다.

˅ 그것 전부 객지에서 들어온 것이지 옛날 깨 없습니다.

˘ 엔날깨는 구겡할라캐도 업슴니더.

˘ 그래 엔나레 농사르지이가주고 참::무우마 그깨소으미 마시익꼬.

˘ 기으레예[54] 깨 두디마[55] 짜:지르믈짜마[56] 그리키:만닉끼뭉는데.

˘ 지끄믄 깨 서디너디 짜도 그래 마시 업슴니더.

˘ 이 이런 다:: 곡석또 다 빈해뿐심니더.[57]

˘ 콩도 옌날 콩이 억꼬예.

˘ 엔나레는 그래 모둠 엔날 곡시기 마시 이서섬니더.

예, 그럼 여르메는 어떤 반차늘 해 잡샀슴니꺼?

˘ 여르메언자 추:욱 그래 오이도 매꾸글 타고.

˘ 그래머머 매꾹꺼리 이스마 모도 매꾸글 타고.

˘ 인:나레[58] 머이 이섣슴니꺼.

˘ 호박 저거르모도수늘 숭구:노오마.

˘ 호바기: 쑥꼬치라꼬 핌니더.

˘ 예 암꼬튼[59] 호박 데능기이고.

˘ 쑥꼬튼 호바기 안뎀니더 예:.

˘ 그걸:르언자 이래 똑똑똑똑 마~이 숭구나코 꺽커다가 그너믈 요래 까뿌고.

˘ 고거르또 엉거리:다[60]폭: 쩌가주고.

˘ 예: 고군:또 매꾸글 타고.

˘ 가지도 매꾸글 타고 여르메마.

˘ 주루 매꾸글 타고 그래모두 바블자시고.

˘ 헨나레는: 물도 이런 무리 이심니꺼?

˘ 점:부 새메[61]가서 막빠로 여다가.

˘ 참:: 차무리라꼬.

˘ 바블 마라가주고 그래언자 저스믈 자시고. (웃음)

˘ 그어 마 수러 주루언자 술한잔썩 자시고.

˝ 옛날 깨는 구경하려고 해도 없습니다.

˝ 그래 옛날에 농사를 지어 가지고 참 먹으면 그 깨소금이 맛이 있고.

˝ 겨울에요 깨 두 되만 짜 기름을 짜면 그렇게 맛있게 먹는데.

˝ 지금은 깨 세 되 네 되 짜도 그렇게 맛이 없습니다.

˝ 이 이런 다 곡식도 다 변해 버렸습니다.

˝ 콩도 옛날 콩이 없고요.

˝ 옛날에는 그래 모두 옛날 곡식이 맛이 있었습니다.

예, 그럼 여름에는 어떤 반찬을 해 잡수셨습니까?

˝ 여름에 인제 주욱 그래 오이도 냉국을 만들고.

˝ 그래 뭐 냉국거리 있으면 모두 냉국을 만들고.

˝ 옛날에 뭣이 있었습니까?

˝ 호박 저것을 모두 순을 심어 놓으면.

˝ 호박이 수꽃이라고 핍니다.

˝ 예, 암꽃은 호박 되는 것이고.

˝ 수꽃은 호박이 안 됩니다, 예.

˝ 그것을 인제 이렇게 똑똑똑똑 많이 심어 놓고 꺾어다 그것을 이렇게 까 버리고.

˝ 그것을 또 엉거리에다 폭 쪄 가지고.

˝ 예, 그것도 냉국을 만들고.

˝ 가지도 냉국을 만들고, 여름에면.

˝ 주로 냉국을 만들고 그렇게 모두 밥을 자시고.

˝ 옛날에는 물도 이런 물이 있습니까?

˝ 전부 우물에 가서 막 바로 여다가.

˝ 찬 찬물이라고.

˝ 밥을 말아 가지고 그렇게 인제 점심을 자시고. (웃음)

˝ 그래 마 주로 주로 인제 술 한 잔씩 자시고.

⌐ 그래 마 참: 수르 모두 조아해심:더.

⌐ 그그아이마 허리가 안일라예.

맗슴니더 허리가 ***.

⌐ 우리:드른 머이래 농사르마~이 지잉께.

⌐ 엔나레는 보리로 사뱅말석오뱅말석 해심니더.

⌐ 그기로: 참::부 일 그때느 일소~이 마내서.

⌐ 엔나레 우리농사지을쩨느 일소~이마내가주고예.

⌐ 싹 얼매안조:도 와서 도르깨 아심니꺼?

요: 배앝슴니더.

⌐ 그그를 모도맨드러가조고 항:거스맨드러가:.

⌐ 우리 저거어르~이 그그르항:거스 맨드러노마.

⌐ 그걸: 점::부 일꾼드리 일고여드리.

⌐ 그: 도르깨르가: 보리르뚜디리마 하루 뱅말쓱뚜디림니더 그래도.

⌐ 그래 그래가여 그래뚜디리서 사오백 사오십*말 저게 보리로.

⌐ 사오뱅말 해심니더.

⌐ 그래가꺼 저걸모더 공부씨인데 모더보태고.

⌐ 머: 이 저:게 지베서느 하도 몬하고예.

⌐ 저:: 드레다가 노네다가 마장을⁽⁶²⁾ 따까가주고.

⌐ 그:다가 마당을따까서 드레서 모도 보리를뚜디리고.

⌐ 그: 보리가 종뉴도여러가짐니더.

⌐ 안즌배~이보리익꼬.

⌐ 뭐 여러가지 이래 종뉴르 숭구는데.

⌐ 제일:⁽⁶³⁾ 마시 조코 조온보리느 봄보리가 이심니더.

⌐ 봄보리르숭구노마 가시레숭구가:꼬 보메이래비마 똑:: 나락꺼심니더.

⌐ 이런 우리나락맨치러⁽⁶⁴⁾ 노::라~이싸롬::하~이⁽⁶⁵⁾ 이래데:놈:.

˥ 그래 뭐 참 술을 모두 좋아했습니다.

˥ 그것 아니면 허리가 안 일어나요.

맞습니다, 허리가 ***.

˥ 우리들은 뭐 이렇게 농사를 많이 지으니까.

˥ 옛날에는 보리를 사백 말씩 오백 말씩 했습니다.

˥ 그것을 전부 일 그때는 일손이 많아서.

˥ 옛날에 우리 농사 지을 적에는 일손이 많아 가지고요.

˥ 삯 얼마 안 줘도 와서, 도리깨 아십니까?

요기(에서) 배웠습니다.

˥ 그것을 모두 만들어 가지고 많이 만들어 가지고.

˥ 우리 자기들 어른이 그것을 많이 만들어 놓으면.

˥ 그것을 전부 일꾼들이 일곱 여덟이.

˥ 그 도리깨를 가지고 보리를 두드리면 하루 백 말씩 두드립니다, 그래도.

˥ 그래 그래 가지고 그렇게 두드려서 사오백 사오백 말 저기 보리를.

˥ 사오백 말 했습니다.

˥ 그래 가지고 자기들 모두 공부 시키는 데 모두 보태고.

˥ 뭐 이 저기 집에서는 하지도 못하고요.

˥ 저 들에다가 논에다가 마당을 닦아 가지고.

˥ 거기다가 마당을 닦아서 들에서 모두 보리를 두드리고.

˥ 그 보리가 종류도 여러 가지입니다.

˥ 앉은뱅이보리 있고.

˥ 뭐 여러 가지 이렇게 종류를 심는데.

˥ 제일 맛이 좋고 좋은 보리는 봄보리가 있습니다.

˥ 봄보리를 심어 놓으면 가을에 심어 가지고 봄에 이렇게 베면 꼭 벼 같
습니다.

˥ 이런 우리 벼같이 노랗게 가지런하게 이렇게 돼 놓으면.

- 그 보리르비:서 쩡어서바블하마 그:래 바비조습니더 예.

- 그래갸: 그 그그 보리르 바블해묵꼬.

- 그 보리르가옹:가 음스글 다하고예.

- 옹:갇 음서글 다하고 모더 그래안사랄슴니꺼?

- 엔나레느 쌀마~이안써슴니더.

- 그그머: 식구마는사람: 머: 우리드른 농사르 마~이지잉게네 쌀도마~이 머걷찌마는.

- 머 농사 쪼깨~이석 진는 사람드른머 비로도억꼬.

- 머: 수학 내애씀니꺼?

- 이 이래가 쪼매:석 농사지갸:꼬 모도살고.

- 머: 우리는 농사로마:~이 해씀니더.

- 그래가주고 논도마내심니더.

- 머 영감할마~이 끌뻐더[66] 머하가주고[67] 어~어 이 또 논한도개~이[68] 사마.

- 또 머꼬 올 올 삼동 머: 장만해모다:서 노늘사마또 한도가리사고 한도가리사고.

- 논 노니한 이심마지기 데에심:더.

- 예 이래 사람 이거 사는이리예 뱅녀~이 안뎀니더.

- 참:심니더.

- 그래머 어:능새 어영가네고마마 다늘거뿌고.

- 어 어 그 전답 우리는 머 머야:들[69] 공부씨이고.

- 고마 저거머: 머: 장개[70]디리고.

- 머 그래그래어르니[71] 다 업쌔고 가씸니더.

- 그래마 나르한도개~이언자 묵꼬사라고 나:뚜고.

- 그래 가씀니더.

- 그: 그에 그래 사~잉게네 요근마~이바알심:더.[72]

어머~이 그럼 언자 아까 여름반찬 말씀하식꼬예:.

˚ 그 보리를 베어서 찧어서 밥을 하면 그렇게 밥이 좋습니다, 예.

˚ 그렇게 해서 그 그 그 보리로 밥을 해 먹고.

˚ 그 보리를 가지고 온갖 음식을 다 하고요.

˚ 온갖 음식을 다 하고 모두 그렇게 살았잖습니까?

˚ 옛날에는 쌀 많이 안 썼습니다.

˚ 그 뭐 식구 많은 사람은 뭐 우리들은 농사를 많이 지으니까 쌀도 많이 먹었지만은.

˚ 뭐 농사 조금씩 짓는 사람들은 뭐 비료도 없고.

˚ 뭐 수확냈습니까?

˚ 이 이렇게 해서 조금씩 농사 지어 가지고 모두 살고.

˚ 뭐 우리는 농사를 많이 했습니다.

˚ 그래 가지고 논도 많았습니다.

˚ 뭐 영감 할멈 한사코 노력하여 모아 가지고 응 이 또 논 한 배미 사면.

˚ 또 뭐 그 해 삼동에 장만해 모아서 논을 사면 또 한 도가리 사고 한 도가리 사고.

˚ 논 논이 한 이십 마지기 됐습니다.

˚ 예, 이렇게 사람 이것 사는 일이요 백년이 안 됩니다.

˚ 잠시입니다.

˚ 그래 뭐 어느 새 순식간에 그만 마⁷³⁾ 다 늙어 버리고.

˚ 어 그 전답 우리는 뭐 뭐 애들 공부시키고.

˚ 그만 자기들 뭐 뭐 장가들이고.

˚ 뭐 그래 그래 어른이 다 없애고 갔습니다.

˚ 그래 뭐 나를 한 배미 인제 먹고 살라고 놓아 두고.

˚ 그렇게 갔습니다.

˚ 그 그래 그렇게 사니까 고생은 많이 했습니다.

어머니 그럼 인제 아까 여름 반찬 말씀하셨고요.

가으레 가시레는 머슨 반차늘 해 잡삿슴니꺼?

¯ 가시레년자 뱁추가[74] 안나옴니꺼, 예.

그럼 배추가꼬 우째함니꺼?

반찬 맨드러야 델꺼 아임니까?

¯ 가시레는 뱁추가 나오는데.

¯ 여름에도 우리들 절믈쩨는 바테다 명을[75]숭건심니더.

¯ 바테다 명을숭구마 바틀여나암마지이써 숭구마.

¯ 그: 명이 드문드먼하~이이래 서는때미로.

¯ 그 드문데다가 뱁추씨르간따숭굼니더.

¯ 그 배추[76]가 그래잘뎀니더 예:.

¯ 그래언자 명바테숭군뱁추가 걷쩌리르해나:모 그리마시읻써예[77]
예.

¯ 그래가주고 그:언자 그 뱁추로 가을꺼지묵습니더 밍:[78]바테 뱁추가.

¯ 그라먼자[79] 새로언잔 가을뱁추로 숭구노마 아리앙꼬.

¯ 멩:바테배추는 아리안앙고.

¯ 크은 자꾸 까리다가[80] 묵꼬.

¯ 보드랍꼬 마시이심니더.

¯ 그래 마시읻슨땜: 묵꼬사럳찌.

어머~이 짐장도 하섣씁띠까?

¯ 짐:장하기러예.

¯ 짐:장그마는식꾸에 작끼해가: 묵꼬삼니꺼?

그짐장그오쫌 말씀쫌해주 그아재믹껜네예.

¯ 크래언자 뱁추를 키아마예.

¯ 비료를 조가주고.

¯ 뱁추기:다[81] 비료르조:가이.

¯ 엔나레는 위도[82]숭군습니더.

가을에 가을에는 무슨 반찬을 해서 잡수셨습니까?

⁻ 가을에는 인제 배추가 나오잖습니까, 예.

그럼 배추 가지고 어떻게 합니까?

반찬 만들어야 될 것 아닙니까?

⁻ 가을에는 배추가 나오는데.

⁻ 여름에도 우리들 젊을 때는 밭에다 목화를 심었습니다.

⁻ 밭에다 목화를 심으면, 여남은 마지기씩 심으면.

⁻ 그 목화가 드문드문하게 이렇게 서기 때문에.

⁻ 그 드문 데다가 배추씨를 가져다 심습니다.

⁻ 그 배추가 그렇게 잘 됩니다, 예.

⁻ 그래 인제 목화밭에 심은 배추가 겉절이를 해 놓으면 그렇게 맛이 있어요, 예.

⁻ 그렇게 해서 그 인제 그 배추를 가을까지 먹습니다, 목화밭에 배추가.

⁻ 그러면 인제 새로 인제 가을배추를 심어 놓으면 알이 차고.

⁻ 목화밭에 배추는 알이 안 차고.

⁻ 그것을 자꾸 까리다가 먹고.

⁻ 보드랍고 맛이 있습니다.

⁻ 그래 맛이 있었기 때문에 먹고 살았지.

어머니 김장도 하셨습디까?

⁻ 김장 하고말고요.

⁻ 김장 그 많은 식구에 적게 해 가지고 먹고 삽니까?

그 김장 그것 좀 말씀 좀 해 주(십시오), 그 아주 재미있겠네요.

⁻ 그래 인제 배추를 키우면요.

⁻ 비료를 줘 가지고.

⁻ 배추에다 비료를 줘 가지고.

⁻ 옛날에는 (참)외도 심었습니다.

￢ 몬사는사람: 위도숭구가주고.

￢ 위마글[83] 직꼬.

￢ 위루시머가주고예.

￢ 그따:다모돋 구디기물로[84] 퍼버가주고 그래위로[85] 숭굳찌예.

￢ 그래마 엔나레머 그: 채수르숭구노마.

￢ 채도기 오른다앙캄니꺼?[86] 예.

￢ 도:기 오른다 앙캄니꺼?

￢ 이래도: 지끄믄:머 점:부 비로마[87] 조오서 키우~잉께네.

￢ 그: 도기 업슴니더.

￢ 도기억꼬.

￢ 그래마 짐장도:[88] 우리들머: 저거키우고 농사직꾸할때는.

￢ 짐장도 역수업시 해:슴미더 예.

￢ 주루머: 짐치르[89] 마~이 다마야[90] 데고.

￢ 청국짱을 마:~이 다마야데고.

￢ 삼동내:청국짱 묵고.

짐치: 종뉴도 머 여러 가지안일습니꺼? 배추 **.

￢ 예:, 여러가짐니더.

무시르가아도 할끼고.

그담메머: 물김치도잍슬끼고 여러 가지로.

고오.

￢ 여러:가지임니더.

짐치 다믕거: 짐장 고고 쪼끔 말씀 쫌 더 해주이소.

짐치 우째 담슴니꺼?

머: 적깔 너어가지고: 치대기도 하고: 머어 여러가지 안 잍***?

￢ 저깔 여어가주고 지끄믄.

￢ 우리드른 메르치[91] 생메르치를 마~이 삳슴니더.

ˉ 못 사는 사람은 (참)외도 심어 가지고.

ˉ 원두막을 짓고.

ˉ (참)외를 심어 가지고요.

ˉ 거기다 모두 똥오줌물을 퍼부어 가지고 그렇게 (참)외를 심었지요.

ˉ 그렇게 하면 옛날에 뭐 거기에 채소를 심어 놓으면.

ˉ 채독이 오른다고 하잖습니까? 예.

ˉ 독이 오른다고 하잖습니까?

ˉ 이래도 지금은 뭐 전부 비료만 줘서 키우니까.

ˉ 거기에 독이 없습니다.

ˉ 독이 없고.

ˉ 그래 마 김장도 우리들 뭐 자기들 키우고 농사짓고 할 때는.

ˉ 김장도 아주 많이 했습니다, 예.

ˉ 주로 뭐 김치를 많이 담가야 되고.

ˉ 청국장을 많이 담가야 되고.

ˉ 삼동내 청국장 먹고.

김치 종류도 뭐 여러 가지 있잖습니까? 배추 **.

ˉ 예, 여러 가지입니다.

무를 가지고도 할 것이고.

그 다음에 뭐 물김치도 있을 것이고 여러 가지로.

그것.

ˉ 여러 가지입니다.

김치 담그는 것 김장 그것 조금 말씀을 좀 더 해 주십시오.

김치 어떻게 담급니까?

뭐 젓갈 넣어 가지고 치대기도 하고 뭐 여러 가지 {X있잖습니까?X}

ˉ 젓갈 넣어 가지고 지금은.

ˉ 우리들은 멸치 생멸치를 많이 샀습니다.

˥ 생메르치르 마~이 사가주고.

˥ 그거를 도게다 한:독썩 저들⁹²⁾ 다마노마.

˥ 그기: 푸욱:: 사가가주고.

˥ 이래보메다마나마 가시리마예.

˥ 이리이리: 저스마 하: 누::루~이 뭐 궁무리 허판::함니더.⁹³⁾

˥ 참:마시이시임더그기:.

˥ 그래 다마가주고 그따다가언자 꼬치깔리⁹⁴⁾하고 마늘하고 마:악: 만닌 능거르 언잖 푸러가주고.

˥ 그래 찹쌀러 푸르끼리고 이래가:꼬.

˥ 그래 후리가:꼬.⁹⁵⁾

˥ 짐치르다마노오마 그짐치가 그래마시 이심니더.

˥ 지이:르⁹⁶⁾ 다머마.

˥ 그은 뱁추는 그래 지이:르 당고.

˥ 언자 무시는 또 동짐치르⁹⁷⁾ 당고.

˥ 동짐치가 머어고하마 무시 온뿌리~이.

˥ 온뿌리~이이래 키와가주고.

˥ 엔나레는 꼬치:푸리로.⁹⁸⁾

˥ 꼬치푸리도 지끔 아무 그렁거업심니더.

˥ 꼬치푸리도 아:무맏또욱꼬.

˥ 꼬치푸리르삭카논마 보들보들보들항기: 꼬치푸리 그리마시이심:더.

˥ 그걸:언자 동짐치캉⁹⁹⁾ 크썩꺼서.

˥ 동짐치르다마노마예 한:독썩다마나마.

˥ 기으레¹⁰⁰⁾ 어:띠기 쓰은튼지.

˥ 그거마 한:사라꾸¹⁰¹⁾ 퍼다묵꼬.

˥ 아 예 이 무시도 이 쭉:쭉 짜개노마 그래마시이심니더.

－ 생멸치를 많이 사 가지고.

－ 그것을 독에다 한 독씩 젓을 담아 놓으면.

－ 그것이 푹 삭아 가지고.

－ 이렇게 봄에 담아 놓으면 가을이면요.

－ 이렇게 이렇게 저으면 하 누렇게 뭐 국물이 멀겋습니다.

－ 참 맛이 있습니다, 그것이.

－ 그렇게 담아서 거기다 인제 고추가루와 마늘과 뭐 맛있는 것을 인제
풀어 가지고.

－ 그래 찹쌀로 풀을 끓이고 이래 가지고.

－ 그렇게 섞어 가지고.

－ 김치를 담가 놓으면 그 김치가 그렇게 맛이 있습니다.

－ (포기)김치를 담그면.

－ 그르니까(?) 배추는 그렇게 포기김치를 담그고.

－ 인제 무는 또 동치미를 담그고.

－ 동치미가 뭔가 하면 무 온뿌리.

－ 온뿌리를 이렇게 키워 가지고.

－ 옛날에는 고추이파리를.

－ 고추이파리도 지금 아무 그런 것 없습니다.

－ 고추이파리도 아무런 맛도 없고.

－ 고추이파리를 삭혀 놓으면 보들보들보들한 것이 고추이파리가 그렇게
맛이 있습니다.

－ 그것을 인제 동치미와 섞어서.

－ 동치미를 담가 놓으면 한 독씩 담가 놓으면.

－ 겨울에 어찌나 (맛이) 시원하던지.

－ 그것을 마 한사코 퍼다 먹고.

－ 아 예, 이 무도 이 쭉쭉 쪼개 놓으면 그렇게 맛이 있습니다.

ˉ 무울끼: 업서그러틍가 그래 마시이십띠더그때느.

ˉ 그래모더 저거가 그래 내:다묵꼬.

ˉ 그래그으코언자또 또 어른들 기시는 사람드른.

ˉ 또 무시로 호바게다가[102] 쿵쿵쩡어서 뿌사가주고.

ˉ 그래언자 불그리::하~이 꼬추깔리이리여어서.

ˉ 마늘 여코.

ˉ 마늘또 이전마느른 마시이심니더.

ˉ 이런데 지끔마느른 마시업써예.

ˉ 그래가주고언자 어른들디린다꼬 한:독썩당고.

ˉ 엔나레는 모도 주글 마~이 끼릳씸니더.

ˉ 예: 느랄:라꼬.[103]

ˉ 그래언자 무시:파리도 보드라웅거로.

ˉ 불그리::하~이 다마서 그래낟:따가.

ˉ 그런자 국시기[104] 나주로 끼립니더.

ˉ 끼리마 그거러 함바가치스여어서 끼리마.

ˉ 이 씨언코 그기그래 마시 읻떼예.

ˉ 지끔 머슨 마시 읻심미꺼? (웃음)

국시기가 멈니까?

ˉ 구우시이로언자 싸를여코.

ˉ 싸를여코 그래 저:기 그은 짐치푸리르 여코.

ˉ 그래 끼리노오마 씨언:하고 그래.

ˉ 싸리 따꼼따꼼하~이 그래마시이심:더.

ˉ 나주:루[105]예 그래항그륵 묵꼬나마 치부:[106] 허어엉니이고.

ˉ 고구마 쌀마가주고.

ˉ 이우리는 고구마도 마~이 핻심니더.

어째앧슴니까 고구마?

˗ 먹을 것이 없어서 그렇던지 그렇게 맛이 있습디다, 그때는.

˗ 그래 모두 자기들이 그렇게 꺼내어다 먹고.

˗ 그래 그렇고 인제 또 또 어른들 계시는 사람들은.

˗ 또 무를 확에다가 쿵 쿵 찧어서 빻아 가지고.

˗ 그래 인제 불그레하게 고춧가루를 이렇게 넣어서.

˗ 마늘 넣고.

˗ 마늘도 이전 마늘은 맛이 있습니다.

˗ 이런데 지금 마늘은 맛이 없어요.

˗ 그렇게 해서 인제 어른들 드린다고 한 독씩 담그고.

˗ 옛날에는 모두 죽을 많이 끓였습니다.

˗ 예, 늘리려고.

˗ 그래 인제 무이파리도 보드라운 것으로.

˗ 불그레하게 담가서 그렇게 놓아 뒀다가.

˗ 그래 인제 김치죽을 낮으로 끓입니다.

˗ 끓이면 그것을 한 바가지씩 넣어서 끓이면.

˗ 이 시원하고 그것이 그렇게 맛이 있데요.

˗ 지금 무슨 맛이 있습니까? (웃음)

국시기가 뭡니까?

˗ 국시기를 인제 쌀을 넣고.

˗ 쌀을 넣고 그래 저기 그 김치이파리를 넣고.

˗ 그렇게 끓이면 시원하고 그래.

˗ 쌀이 따끈따끈한 것이 그렇게 맛이 있습니다.

˗ 낮으로요 그렇게 한 그릇 먹고 나면 추위가 확 놓이고.

˗ 고구마 삶아 가지고.

˗ 이 우리는 고구마도 많이 했습니다.

어떻게 했습니까, 고구마?

- 고구마르 바틀 서마지기써 숭구시임더 저거키울쩨게.

- 바틀 서마지기써 고구마르 숭구노오마.

- 저거 학꾜보내노코 이 가실때느막 그거를 추런[107] 캐마.

- 요:저 자잔하~이 요래캐:서.

- 뿌둑뿌둑씩끄마 껍띠이 헐:떡버어짐니더.

- 감자맨:치르.[108]

- 그너믈 서말찌[109] 소테다가 한: 숟 쌀마마.

- 저거 학꾜간따올따네 와서 머어라꼬.

- 그래갸: 쌀마노:마.

- 턱턱턱턱턱 바라징기: 그 고구마아 그리마시이심니더.

- 그래갸:꼬그긴 그: 고구마서마지기숭궁거: 저거가다묵꼬. (웃음)

- 이 머: 무글끼: 이시미꺼?

- 주루 감:묵꼬.

- 감낭기[110]마내서 감:묵꼬.

- 감:도이전 저: 떨깜[111] 그기:그래 마시익꼬예.

- 지끔 단감 마덥심니더.

- 지금 마신능거업심니더.

- 전::치 야글조오서그런능강.[112]

- 마신능거 업시미더.

- 고거마도예 그때쭘:치[113]는 머: 종자도 이전 조순고구마멀.

- 머: 요새는 머: 마싣따안하끼구마느.

- 그런는데그 고구마르쌀마나마 아:드리그리잘묵꼬.

- 그래 모더 커심니더.

- 호박또 마~이 숭구고.

- 그래 그때쭘:친: 다 그래사란는데.

- 지끄믄 다:: 조옹기지마내서.

- 고구마를 밭을 세 마지기씩 심었습니다, 자기들 키울 적에.
- 밭을 세 마지기씩 고무마를 심어 놓으면.
- 자기들 학교 보내 놓고 이 가을 때는 막 그것을 조금씩 캐면.
- 요기 저 자잘하게 이렇게 캐서.
- 뽀도독뽀도독 씻으면 껍질이 훨떡 벗겨집니다.
- 감자처럼.
- 그것을 큰 솥(세 말들이 솥)에다가 한 솥 삶으면.
- 자기들 학교 갔다 올 동안에 와서 먹으라고.
- 그렇게 삶아 놓으면.
- 턱턱턱턱턱 벌어진 것이 그 고구마가 그렇게 맛이 있습니다.
- 그렇게 해서 그 고구마 세 마지기 심은 것 자기들이 다 먹고. (웃음)
- 이 뭐 먹을 것이 있습니까?
- 주로 감 먹고.
- 감나무가 많아서 감 먹고.
- 감도 이전 저 떫은 감 그것이 그렇게 맛이 있고요.
- 지금 단감 맛 없습니다.
- 지금 맛있는 것 없습니다.
- 전부 약을 쳐서 그렇는가.
- 맛있는 것 없습니다.
- 고구마도요 그때 즈음은 뭐 종자도 이전 조선고구마 뭐.
- 뭐 요새는 뭐 맛있지도 않을 것이야.
- 그랬는데 그 고구마를 삶아 놓으면 애들이 그렇게 잘 먹고.
- 그렇게 모두 컸습니다.
- 호박도 많이 심고.
- 그래 그때 즈음에는 다 그렇게 살았는데.
- 지금은 다 좋은 것이 많아서.

˘ 조용굼마 묵꼬안삼니꺼?

어머~이 저: 간장도 그:.

간장덴장 이렁걷또 당가바시 보셨슴니까?

˘ 크렁걷또전:부 소느로 다마가주고 다안묵꼬사람심니꺼?

˘ 엔나레 콩: 모도 엔날콩: 시머가주고.

˘ 그래 간장딘장을[114] 큰::도글하나 다마가주고.

˘ 그래 그장 모도 돌시꺼징[115] 다묵꼬.

˘ 딘장도 다묵꼬.

˘ 그 사래미 마느~이 머: 마:~이 묵꼬사람심니더.

˘ 그땐머 식꾸도 망코.

간장을 우째 다맏슴니까?

˘ 머:저: 장은언자그래 미주를.[116]

˘ 하: 서말찌소테다 한::소슬[117] 이리끼리내아 믿소틀 끼리가주고.

˘ 그거르언자 그: 이기 엔나레는 디들빵아가 이썰심니더.

˘ 콩:쿵쩌~어가주고 덩거리가지도록 쩌~어가주고.

˘ 그래 그거르 언자 미주뚜레[118] 지 요새에도 미이질 이일 덩거리안함니
꺼?

˘ 그리: 그래해가저고 그런:자.

˘ 서라래 해애서 설시고 설시고나머 담심니더.

˘ 폭:: 떠가:익꺼등 미:주.

˘ 떠가:이스마 그얼그래막 콩 너말스: 단말스 모도그래 다맏심니더.

˘ 그래다므마 그:장이 그래달고 이인데.

˘ 요시:느 안마시떼예.[119]

˘ 엔날매리[120] 안마십.

엄, 덴장은 또: 어짤 그: 간장 다마나코 덴장은 또 우째?

ᐨ 좋은 것만 먹고 살잖습니까?

어머니 저 간장도 그.

간장 된장 이런 것도 담가 보시 담가 보셨습니까?

ᐨ 그런 것도 전부 손으로 담가 가지고 다 먹고 살았잖습니까?

ᐨ 옛날에 콩 모두 옛날 콩 심어 가지고.

ᐨ 그래 간장 된장을 큰 독을 하나 담가 가지고.

ᐨ 그래 그 장 모두 돌(일년)까지 다 먹고.

ᐨ 된장도 다 먹고.

ᐨ 그 사람이 많으니 뭐 많이 먹고 살았습니다.

ᐨ 그때는 뭐 식구도 많고.

간장을 어떻게 담갔습니까?

ᐨ 뭐 저 장은 인제 그래 메주를.

ᐨ 한 큰 솥(세 말들이 솥)에다 한솥을 이렇게 끓여내어, 몇 솥을 끓여 가지고.

ᐨ 그것을 인제 그 이 옛날에는 디딜방아가 있었습니다.

ᐨ 쿵 쿵 찧어 가지고 덩어리가 지도록 찧어 가지고.

ᐨ 그래 그것을 인제 메주틀에 요새에도 메주 이 덩어리 만들잖습니까?

ᐨ 그렇게 그렇게 해서 그것을 인제.

ᐨ 설 아래 해서 설 쇠고 설 쇠고 나면 담급니다.

ᐨ 폭 떠 가지고 있거든, 메주.

ᐨ 떠 가지고 있으면 그것을 그래 뭐 콩 네 말씩 다섯 말씩 모두 그렇게 담갔습니다.

ᐨ 그렇게 담그면 그 장이 그렇게 달고 이렇는데.

ᐨ 요새는 안 맛있데요.

ᐨ 옛날처럼 맛있지 않아요.

어머니, 된장은 또 어떻게 그 간장 담가 놓고 된장은 또 어떻게?

그래언자 간장은.

⁻ 딘장은언자 간자~아그으서 나옴니더.

⁻ 간장을이래 딘장을따라뿌마 간장이미테 나로**.

⁻ 미테 이래 무리데갸:잇시미더.

⁻ 그걸: 간장을 묵꼬.

⁻ 딘장은언자건지서 꾹꾹누질:다마노머 누::러~이 항긍거치그런능거.

⁻ 그래 삼동에 그넘 청국짱을띠아가주고 그래썩꺼서.

⁻ 그: 기으레:그거 그래 다마나마 얼마나 잘 묵심니더¹²¹⁾ 이런는데.

⁻ 요시:는 그렁걸또 안해묵꼬:.

⁻ 요신:똑 조옹검만묵꼬. (웃음)

⁻ 애:기도 할꺼업시미더, 이전살덩걸. (혀 차는 소리)

그: 혹시 그개 적깔도 하먼 다마보셨슴니까?

적까른 어떵기 이섰슴니까?

⁻ 적깔: 이 미르치도¹²²⁾ 다므마 데고.

⁻ 인자 새 조구 새끼.

⁻ 그렁걸또 다마마데고.

⁻ 그래인자 나매서 실꼬오마.

⁻ 인자 하꾸러¹²³⁾ 사가주고 한하:쿠서 사갸:꼬.

⁻ 예 단지 한: 단지슥 다마나마.

⁻ 그랜자 푹: 사가갸: 그기: 짐치르 다마머 그리 마식꼬.

⁻ 그: 모모: 옹간떼다묵심니더 적까를 미르치적까를.

⁻ 그래 메:치적까리드러야 모도마시익꼬 그런심:더.

⁻ 그런:데 요새는 절믄삼:들¹²⁴⁾ 그렁걸또안묵십떠더.

⁻ 머어슬뭉능고머: 딘장간장도 안묵꼬예.

⁻ 그를: 저거는 안무우도.

⁻ 나는 예던 묵뜬 그 버르시데:서근:능강.

그래 인제 간장은.

- 된장은 인제 간장에 거기에서 나옵니다.

- 간장을 이렇게 된장을 따라 버리면 간장이 밑에 나오**.

- 밑에 이렇게 물이 되어 있습니다.

- 그것을 간장을 먹고.

- 된장은 인제 건져서 꾹꾹 눌러서 담아 놓으면 누런 황금같이 그런 것.

- 그래 삼동에 그놈 청국장을 띄워 가지고 그렇게 섞어서.

- 그 겨울에 그것 그렇게 담가 놓으면 얼마나 잘 먹습니다, 이랬는데.

- 요새는 그런 것도 안 해 먹고.

- 요새는 꼭 좋은 것만 먹고. (웃음)

- 얘기도 할 것 없습니다, 이전 살던 것. (혀 차는 소리)

그 혹시 거기 젓갈도 한 번 담가 보셨습니까?

젓갈은 어떤 것이 있었습니까?

- 젓갈 이 멸치도 담그면 되고.

- 인제 새 조기 새끼.

- 그런 것도 담그면 되고.

- 그 인제 남해에서 싣고 오면.

- 인제 상자로 사 가지고 한 상자씩 사 가지고.

- 예, 단지 한 단지씩 담가 놓으면.

- 그래 인제 푹 삭아 가지고 그것이 김치를 담그면 그렇게 맛있고.

- 그 뭐 뭐 온갖 곳에 다 먹습니다 젓갈을, 멸치 젓갈을.

- 그렇게 멸치 젓갈이 들어가야 모두 맛이 있고 그렇습니다.

- 그런데 요새는 젊은 사람들 그런 것도 안 먹습디다.

- 무엇을 먹는지 뭐 된장 간장도 안 먹고요.

- 그것을 자기들은 안 먹어도.

- 나는 예전에 먹던 그 머릇이 돼서 그런지.

⌐ 딘장을 떠무멈: 잘러머가고.

⌐ (웃음) 그래 내혼차 딘장도 찌지묵꼬.

⌐ 머: 간장도 내가 여:가묵꼬.

⌐ 그 그래 묵심니더.

⌐ (제보자 보호) 머점:보 점:부 사다묵꼬 조웅거묵꼬.

⌐ 그렁거: 안무우예 장도 안무우. (웃음)

⌐ 그렁기 머이 이정말 그 할끼 이심미꺼 입또 다틀리는데.

아까 쩌어머~이 저: 누룩각꼬 술: 당구능거 말쓰를 해주싣꺼든네.

그: 또 세무서:서 술디비로오모 또 숭카능거 말슴도 해주션는데예.

그 수를 그: 그게: 막껄림니까?

** 그 머라 그랟슴**?

⌐ 예 그기 막껄림니더 예.

** 막걸림니까?

그러머 막껄리말고예.

또 머:이동네에서 또 당군수리 또읻슴니꺼?

예를 드러서 엔날.

⌐ 예: 술도 여러종뉴 아임니꺼?

예.

고고말씀쫌 해주이소.

⌐ 수를언자 큰이리나치마.[125]

⌐ 잔치를 하마.

⌐ 내가마[126] 수를 싸를마 한말썩두말석이래 꼬두바블 쩌가지고예.

⌐ 그거를 큰::도게다 한::독 해여슴니더.[127]

⌐ 해여:마: 이 수를[128] 잔치씰라카마 또 떠야데고 큰사~아다보내야데고
이런머리.

⌐ 한::독써이래 그건 누루굴 쪼끔지름니더.

ˉ 된장을 떠 먹으면 잘 넘어가고.

ˉ (웃음) 그래 나 혼자 된장도 끓여먹고.

ˉ 뭐 간장도 내가 넣어 가지고 먹고.

ˉ 그 그렇게 먹습니다.

ˉ (제보자 보호) 뭐 전부 사다 먹고 좋은 것 먹고.

ˉ 그런 것 안 먹어요, 장도 안 먹어. (웃음)

ˉ 그러니까 뭐 이적말(이전말) 그것 할 것이 있습니까, 입도 다 틀리는데.

아까 저 어머니 저 누룩 가지고 술 담그는 것 말씀을 해 주셨거든요.

그 또 세무서에서 술 뒤지러 오면 또 숨기는 것 말씀도 해 주셨는데요.

그 술을 그 그것이 막걸리입니까?

** 그것을 뭐라고 그랬습니까?

ˉ 예, 그것이 막걸리입니다, 예.

 ** 막걸리입니까?

그러면 막걸리 말고요.

또 뭐 이 동네에서 또 담근 술이 또 있습니까?

예를 들어서 옛날.

ˉ 예, 술도 여러 종류잖습니까?

예.

그것 말씀 좀 해 주십시오.

ˉ 술을 인제 큰일이나 치르면.

ˉ 잔치를 하면.

ˉ 내가 마 술을 쌀을 뭐 한 말씩 두 말씩 고두밥을 쪄 가지고요.

ˉ 그것을 큰 독에다 한 독 해 넣습니다.

ˉ 해 넣으면 이 술을 잔치에 쓰려고 하면 또 떠야 하고 큰 상에 보내야
하고, 이렇기 때문에.

ˉ 한 독씩 이렇게 그건 누룩을 조금 섞습니다.

- 누루굴 쪼꿈질리가 한 이시빌정도.

- 차나락지풀 탁:추리부구[129] 매:[130]씩 꺼뿌고.

- 한::쏜 쌀마가주고 그무레다가.

- 청주르 담슴니더.

- 그래 다마마예.

- 이 솔립또 쫌 여코 구쾌:도[131] 구카꼳또 쫌 여코.

- 그래가: 다마노:마 한 이시빌데마예 이리 제끼고 이 대:용시[132]라고 이심니더.

- 엔나레 대:용시라고 장도뜨고 푹질러가주고.

- 그걸가따가 단 그거 단지지리대로 푹질러노오마.

- 노 노:::라~이 수리예 전주가.

- 누루글 마~이안지리~이 건디기도마~이억꼬.

- 노:::라~이 이래사가가 읻스마.

- 단지르 노코 또 따라:고 따라:고.

- 그래따라:마 그 청주가 그래 마시 이심니더.

- 그래가주고 언자 그 찌익꺼기는 걸러가주고 언자.

- 그 탁쭈로 도자 도가술로 바다다가 썩꺼가주고 그래잔치안씸니꺼?

- 그래 씨고. (웃음)

어머~이 그 소주는 안 만드러 보****?

- 소주는 안만드러바:심니더.

- 소주느예 이 수리 먹따가 보마: 실:때가 이심니더.

- 실:때가 이서서 그 수를인자 소테다가 여어노코예.

- 소더배~이[133]로이래 더부시노:마.[134]

- 이 소더방 꼭따리: 꼭따리[135]가 옌나레 이섣슴니더.

- 소더방꼭따리 이거로 이래 이리 이래노코 요: 미테다가안자.

˘ 누룩을 조금 섞어 가지고 한 이십 일 정도.

˘ 찰벼 짚을 탁 추려서 매 씻어 버리고.

˘ 한 솥 삶아 가지고 그 물에다가.

˘ 청주를 담급니다.

˘ 그렇게 담그면요.

˘ 이 솔잎도 좀 넣고 국화도 국화꽃도 좀 넣고.

˘ 그렇게 담가 놓으면 한 이십 일 되면요 이렇게 젖히고 이 대용시라고 있습니다.

˘ 옛날에 대용시라고 장도 뜨고 푹 질러 가지고.

˘ 그것을 가지고 단(지) 그것 단지 길이대로 푹 질러 놓으면.

˘ 노 노랗게 술이요, 전주가.

˘ 누룩을 많이 안 섞으니 건데기도 많이 없고.

˘ 노랗게 이렇게 삭아 있으면.

˘ 단지를 놓고 또 따르고 따르고.

˘ 그렇게 따르면 그 청주가 그렇게 맛이 있습니다.

˘ 그렇게 해서 인제 그 찌꺼기는 걸러서 인제.

˘ 그 탁주를 술도가 술도가 술을 받아다가 섞어서 그렇게 잔치에 쓰잖습니까?

˘ 그렇게 쓰고. (웃음)

어머니 그 소주는 안 만들어 보{X셨습니까X}?

˘ 소주는 안 만들어 보았습니다.

˘ 소주는요 이 술을 먹다가 보면 실 때가 있습니다.

˘ 실 때가 있어서 그 술을 인제 솥에다 넣어 놓고요.

˘ 솥뚜껑을 이렇게 뒤집어 놓으면.

˘ 이 솥뚜껑 꼭지 꼭지가 옛날에 있었습니다.

˘ 솥뚜껑 꼭지 이것을 이렇게 이리 이렇게 놓고 이 밑에다 인제.

¯ 저: 그르글[136] 놓심니더.

¯ 이래 마 대애[137]나 이래 노:코.

¯ 이래 소두배~이더부시난데 그따다불로 소::솔 미테 부서케[138]때마.

¯ 이 이 소두배~이 무리 안뜨심니:꺼?

¯ 무리뜨거부마 또갈고.

¯ 또 뜨검:마 갈고.

¯ 소주가 참: 마시 이심니더.

¯ 그래 낸 소주가.

¯ 그래 찌끼기는 인자 소를주고.

¯ 고래언자 소주로 고래 내가:꼬.

¯ 그 그래도 언자 소주르 내고.

그라모 저 소두뱅 * 더부시논는건 디비논:단 ****?

¯ 예예예, 디비:서놉.

¯ 예 디비시 노마 꼭때기 요:개 요:요 미테예.

¯ 예 그르게새요개 예.

¯ 지미[139] 서리가지고 예.

아 그라모 그 지미.

꼭따리 따라가지고 그 미테 똑똑 떠러지네.

¯ 그래 떠러지가: 그 수리 그리 마시 이심니더 소주가.

¯ (웃음) 우리 사랑어르는 내가 그래도 그래 해디리고.

¯ 이 수를 또 여러종뉴지예.

¯ 찹살로 농사르 마~이 지잉께.

¯ 찹살로언자 꼬드바블 쪄가주고.

¯ 깨르 언잠: 이래 한디 감니:더.

¯ 방아까네 가 드르르르 가라다가.

¯ 꼬두바블 찔:쩨기.

˭ 저 그릇을 놓습니다.
˭ 이렇게 뭐 대야나 이렇게 놓고.
˭ 이렇게 솥뚜겅 뒤집어 놓은 거기에다 불을 솔솔 밑에 아궁이에 때면.
˭ 이 이 솥뚜껑 물이 따뜻하잖습니까?
˭ 물이 뜨거우면 또 갈고.
˭ 또 뜨거우면 갈고.
˭ 소주가 참 맛이 있습니다.
˭ 그렇게 낸 소주가.
˭ 그래 찌꺼기는 인제 소를 주고.
˭ 그래 인제 소주를 그렇게 내어 가지고.
˭ 그 그렇게도 인제 소주를 내고.
그러면 저 솥뚜껑 '더부시 놓는다'는 것은 '뒤집어 놓는다'는 (말입니까)?
˭ 예예예, 뒤집어 놓는.
˭ 예, 뒤집어 놓으면 꼭지 여기 여기 밑에요.
˭ 예, 그릇의 사이 여기, 예.
˭ 김이 서려 가지고, 예.
아 그러면 그 김이.
꼭지 따라서 그 밑에 똑똑 떨어지네.
˭ 그렇게 떨어져서 그 술이 그렇게 맛이 있습니다, 소주가.
˭ (웃음) 우리 사랑어른(시아버지)은 내가 그래도 그렇게 해 드리고.
˭ 이 술을 또 여러 종류지요.
˭ 찹쌀로 농사를 많이 지으니까.
˭ 찹쌀로 인제 고두밥을 쪄 가지고.
˭ 깨를 인제 이렇게 한 되 갑니다.
˭ 방앗간에 가서 드르르르 갈아다가.
˭ 고두밥을 찔 적에.

- 다이꾸: 나마 고 우:다 소르르르언자 깨로요래 흐처서 언저가주고.
- 고래 또 폭: 때:가주고.
- 그 인자 시캬:가주고.
- 그: 인자 시 식쿠:고.
- 그따:다가언자 기랄로[140] 한 삼식깨 사 엔나렌 사슴니더.
- 그래사다가 생기랄로깨애서 한냥푸~이 깨:노코.
- 그래인자 그: 누루굴 걸러가주고 그따:다 썩꺼서.
- 그: 기랄 그거캉이래 썩꺼가:꼬
- 그래 이래 한: 단지 이래 해노마예.
- 참: 잘 자심니더 그: 마신따꼬.
- 그래노모 그 술 떨쩨마장 그르게 지름아임니꺼? 예.
- 지르미 떨쩨마장 지르미부꼬이랜.
- 그래 그 그 술로 한 그르슥 잡수마 그래 조아하시덩거러예.
- 그런때미래 내가 옹:가 술로 다다맏심니더.
- 술:미:상은[141] 안해봉기: 업슴니더. (웃음)

- 다 익고 나면 그 위에다 소르르르 인제 깨를 이렇게 흩어서 얹어 가지고.

- 그렇게 또 폭 (불을) 때어 가지고.

- 그 인제 식혀 가지고.

- 그 인제 식 식히고.

- 거기다가 인제 계란을 한 삼십 개 사 옛날에는 샀습니다.

- 그래 사다가 날계란을 깨서 한 양푼 깨어 놓고.

- 그래 인제 그 누룩을 걸러 가지고 거기다가 섞어서.

- 그 계란 그것과 이렇게 섞어 가지고.

- 그래 이렇게 한 단지 이렇게 해 놓으면요.

- 참 잘 자십니다, 그것 맛있다고.

- 그렇게 해 놓으면 그 술 뜰 때마다 그릇에 기름이잖습니까? 예.

- 기름이 뜰 때마다 기름이 붙고 이랬는데.

- 그래 그 술을 한 그릇씩 잡수시면 그렇게 좋아하시던 것을요.

- 그랬기 때문에 내가 온갖 술을 다 담았습니다.

- 술상(?)은 안 해 본 것이 없습니다. (웃음)

1) '특뼬하기'[LLHL]. 특별하게. '특별하게→특뼬하게→특뼬하기(→특뼬하기)'. '뼬'의 'ㅔ'는 [I] 발음이다.

2) '아무따나'[LLHL]. 아무렇게나.

3) '가지고'[HLL], 보조용언으로 쓰이는 '가지-'는 창녕지역어에서 '가주-'로 발음된다. 그러나 여기에서는 '가지-'에 가까운 발음으로 발화되었다.

4) '구미가'[LLH]. 입맛이, 구미가. '구미'[LH].

5) '창:'[H:]. 참. '참'의 받침 'ㅁ'(양순음)이 뒤에 오는 '콩'의 첫소리 'ㅋ'(연구개음)에 위치 동화하여 '창:'으로 발음된 것으로 이해된다.

6) '점::부'[H::L]. 전부. '전'의 받침 'ㄴ'이 뒤에 오는 '부'의 'ㅂ'에 위치 동화하여 '점::부'로 발화된 것이다. 표준어적 발음을 의식하지 않는 한, '전부'는 경남방언에서 '점부'로 발음된다. 장음은 인상적 장음이다.

7) '만드러슴니더'[LHLLLL]. 만들었습니다. 이 지역을 포함한 경남방언에서의 '만들-'은 '맨들-'이다(주석 28번 참조). 앞서의 여러 발화, 그리고 이 아래의 발화에서는 거의 '맨들-'로 발음되었으나, 여기에서는 제보자 할머니가 표준어의 영향을 받은 발음인 '만들-'로 발화했다.

8) '두부도'[LHL]. 두부도. 이 지역어에서는 표준어 '두부'를 <u>드부</u>[LH]라고 하지만, 여기에서는 제보자 할머니가 표준어 어형으로 발화한 것이다.

9) '딘장도'[LHH]. 된장도. '딘'에 있는 'ㅣ'는 [I]에 발음에 가까운 것이다. '된장〉덴장〉딘장'.

10) '지렁장도'[LHLL]. 간장도. '간장'의 이 지역어는 '지렁장'[LHL]이다.

11) '조코예'[LHH]. 좋고요. '예'는 표준어 '요'에 해당하는 경남방언 청자높임의 조사이다.

12) '청노화리다가'[LLLLHL]. 청로화로에다가. '화로'는 경남방언에서 '하리'[LH]로 발음된다. 제보자 할머니는 '하'를 표준어 어형인 '화'로 발음한 것이다.

13) '항:그시'[L:HL]. 가득. '항그시'는 거의 '가득'에 해당하는 경남방언이지만, 추상적인 표현과는 어울리지 않는다는 특징이 있다. 〈보기〉 복수심에 <u>가득</u> 찬 사람. *(복수심에) <u>항그시</u> 찬 사람. '한것+이'에서 유래한 말로 보인다. '항:그시'에 있는 장음은 인상적 장음이다.

14) ‘투꾸바리다가’[LLHLL]. 뚝배기에다가.

15) ‘낄리:마’[LH^L]. 끓어지면. ‘낄리:마’는 문맥으로 보아 ‘끓어지면’이라는 피동의 뜻임이 분명하다. 그러나 그것의 형성 과정을 설명하는 일은 쉽지 않다. ‘끓-+-이-(사동 접미사)’가 ‘끄리-→끼리-’로 재구조화한 뒤에, 여기에 다시 피동의 접미사 ‘-이-’가 통합한 것이라고 할 수 있을지 모른다. 즉, ‘끼리-+-이-→낄리:-’로 예상할 수 있는데, 이것을 ‘흐르-+-어→흘러’와 같은 절차로 볼 수 있다면, 이런 설명이 가능하다는 것이다.

16) ‘자정이’[LHL]. 잔정이.

17) ‘위해’[LH]. 위해. 제보자 할머니는 정확하게 ‘위해’를 [wihɛ]로 발음했는데, 경남방언에서 ‘위해’는 [ihɛ] 정도로 발음된다.

18) ‘모아들마’[HLHH]. 모여들면. ‘모여들-’의 이 지역어는 ‘모이들-’도 가능하고, ‘모아들-’도 가능하다.

19) ‘해애데고’[HLLL]. 해야 되고. ‘해애데고’[HLLL]. 해야 되고. ‘해야 되고’에 대한 두 번에 걸친 발화 중 첫 번째 것은 ‘(해)애(데고)’에 가깝고, 두 번째 것은 ‘(해)애(데고)’에 가깝다. 표준어 ‘야’에 대한 이 지역어 ‘애/애’ 발음은, 완전 순행동화 및 모음 충돌 회피 현상과 관련되는 이 지역어 특성에 따른 것이다. 즉, ‘해애데고(완전 순행동화), 해애데고(모음 충돌 회피를 위한 ‘j’ 첨가 현상)’로 설명 가능한 것이다.

20) ‘쩌거’[LH]. 자기들. ‘자기들’에 해당하는 이 지역어 재귀대명사는 ‘저거’이다. 여기에서는 첫 음절에 약간의 된소리가 섞여 발화된 것이지만, 이런 예는 흔치 않다. 단수 재귀대명사 ‘저’에 해당하는 이 지역어는 ‘지’이다.

21) 이 지역어에서는 ‘식혜’는 ‘시캐[HH], 단술[LH]’이라 하고, ‘식해’는 ‘식끼[HH]’라 하여 구별한다.

22) ‘질굼’[LH]. 엿기름. ‘엿기름’의 여느 경남방언은 ‘질금[LH]’이다.

23) ‘다래~이’[LHL]. 다라이(일본어). ‘큰대야, 함지’ 등으로 순화된 일본어 ‘다라이’는 경남방언에서 일반적으로 ‘다라~이’[LHL]로 불린다. 비모음화 현상은 필수적이다. 창녕 지역어에서는 움라우트가 적용된 ‘다래~이’로 발화된다. ‘다래~이’는 ‘다래~애’로 들리기도 한다.

24) ‘치로’[HH]. 체로. ‘체〉치’는 고모음화 현상이 적용된 예이다.

25) ‘가:꼬’[H^L]. 가지고. 바로 위 발화에는 ‘가주고’[HLL]로 발화되었다. ‘가:꼬’로 발화할 때와 ‘가주고’로 발화할 때의 의미나 기능 차이가 있는지의 여부는 앞으로의 연구 과제의 하나라 하겠다.

26) ‘부욱’[LH]. 아궁이. 표준어 ‘부엌’은 대부분의 경남방언에서 ‘정지’[LH]라 불리고, ‘아궁이’는 ‘부석, 부숙’[LH]으로 불린다. 창녕 지역어에서도 예외가 아니다. 그런데 여기에서 ‘부욱’으로 발화된 것은 제보자 할머니의 개인어로 이해해야 할 것이다.

27) ‘잡숙꼬집따’[LLLHL]. 잡숫고 싶다. 보조 형용사 ‘싶다’는 경남방언에서 ‘집다’[HL]이다. “잡숙꼬지버/바서”(잡숫고 싶어서) 참조.

28) ‘맨드러디리고’[LLLHHL]. 만들어 드리고. ‘만들다’는 경남방언에서 ‘맨들다, 맹글다’[LHL]로, ‘드리다’는 언제나 ‘디리다’[HHL]로 발화된다.

29) ‘밥티가’[HLL]. 밥알이. 조금 아래의 발화에서는 ‘밥티’가 ‘밥지’로 발화되기도 한다.

30) ‘접새기’[LHL]. 접시.

31) ‘우째하노’[LLHH]. 어떻게 하느냐? 의문사(우째) 뒤에 용언이 서술어로 오면 ‘-노’가 의문형 어미로 선택된다.

32) ‘미물’[LH]. 메물. ‘메물〉미물’은 고모음화 결과이다.

33) ‘아시지예’[LHHL]. 아시지요? 존대 의문 조사 ‘요’는 대부분의 경남방언에서 ‘예’로 실현된다.

34) ‘빠사슴니더’[LHHHL]. 빨았습니다. 표준어 ‘빨다’는 경남방언에서 ‘빠사다’, ‘뽀사다’, ‘빠수다, 뽀수다’ 등으로 실현된다. 성조는 모두 [LHL]로 같다.

35) ‘중녀네는’[LHLL]. 중년에는, 지금의 이전에는. ‘중년’은 옛날도 아니고 지금도 아닌, 옛날과 지금의 사이를 가리키는 말이다. ‘지금의 이전’으로 옮길 수 있다. ‘중년’은 경남방언에서 사람의 한평생과 관련하여 그 가운데를 뜻하는 말로는 쓰이지 않고, ‘지금의 이전’으로 쓰이고 있다는 특징이 있다. 그런데 여기에서 쓰인 ‘중년’은 ‘요즘’이라는 문맥적 의미를 갖는다.

36) ‘두부’[LH]. 두부. ‘두부’의 경남방언은 ‘조푸/피’[LH] 쪽이 우세하나, ‘드부’[LH] 계도 적잖이 발견된다. 창녕은 ‘드부’계인데, 제보자 할머니는 이를 표준어적인 ‘두부’로 발화한 것이다.

37) ‘디딜빠~아:’[HLHL:]. 디딜방아에. 장음 표시는 처격 조사 ‘에’가 앞 체언의 끝소리에 완전 동화한 결과다.

38) ‘삼비’[HH:]. 삼베. ‘삼베〉삼비’는 고모음화의 결과다. 고모음화는 창녕 지역어에서 광범위하게 발견된다.

39) ‘짤마’[HH]. 짜면. ‘짜다’의 이 지역어는 ‘짤다’[HH]이다.

40) ‘네러감니더’[HLHHL]. 내려갑니다. ‘네러감니더’는 거의 ‘니러감니더’로 들린

다. '내〉네(〉니)'의 고모음화는 매우 이례적인 것이다. 기원적인 '애'는 거의 '이'로 되지 않기 때문이다. 바로 다음의 발화에서는 완전히 '니러가마'[HLHL]로 발화되었다.

41) '지릅니더'[LLHL]. 지릅니다, 탑니다.

42) '쩌~어노옹게'[HLLHL]. 찧어 놓으니까. '찧어'가 이 지역어에서 '쩌~어'로 발화된다는 것은, 그 기저형이 '쩧다'임을 말해 주는 것이다. '노옹게'는 '놓+-웅게(이유·원인을 나타내는 연결어미)'로 분석되는데, '-웅게'가 '-옹게'로 발음되는 것은, 앞 음절의 모음 '오'에 '웅'이 완전 동화된 결과다.

43) '뜨사:가주고'[LL:HLL]. 데워 가지고, 데워서. '데우다'의 경남방언은 '뜨사다'[LHL]이다. '가주고'[HLL]를 직역하면 '가지고'이지만, 이는 거의 문법화하여 '~어서'라는 의미를 지닌다.

44) '감자무리한'[LLHHL]. '퇴비거름 썩힐 때 나는 것과 비슷한 냄새가 나는' 정도의 뜻이다. 약간 구린내가 난다는 특성이 있는데, 콩을 띄울 때 나는 독특한 냄새를 표현한 말이다.

45) '딘자~아다가'[LHHLL]. 된장에다가. '된장'은 경남방언에서 '덴장'[LH] 또는 '딘장'[LH]으로 발화된다. '외' 단모음은 '에'로 바뀌고 이어서 지역어에 따라 '이' 고모음화가 일어나는 것이다.

46) '비지가'[HLL]. 비지가.

47) '재:꿀거치'[L:HHL]. 아주 보드랍게. '재:꿀'[L:H]이 무엇인지는 알기 어렵다. '거치'[HH]는 '같이, 처럼'이라는 뜻이다. 비지를 '재꿀거치' 빻아 버리면 고유의 맛이 사라진다는 의미로 쓴 것이다.

48) '요랑하머'[HLLL]. '요랑하다'는 표준어 '요량(料量)하다'와 어원이 같을 것으로 생각된다. 그러나 표준어에서는 '~을 요량하다'라는 형식으로 쓰이는 데 비해, 경남방언에서는 그 구문적 특성을 형식화하는 일이 간단하지가 않다. '요랑하모/머'의 형식으로 비교와 관련하여 잘 쓰이지만, 본문에서처럼 관형사형 어미 뒤에도 쓰인다. 또 "그래 요랑하모/마(그렇게 생각하면)"과 부사어 뒤에서도 잘 쓰인다. 두 경우 의미는 다소 차이가 나는 것으로 보인다. 본문과 같은 환경에서는 '~는 것에 비하면'의 의미이고, '그래 요랑하모/마'와 같은 환경에서는 '생각하면, 헤아리면'의 뜻이다.

49) '그다다가'[LHLL]. 거기에다가. 이 말은 '그따(:)다가'로 실현되기는 것이 보통이다. 이 점을 고려해 보면, 최대형 '그따:'는 '그(지시 관형사)+따(땅)+아(처격 조사. '에'가 앞 음절의 모음에 완전 동화한 모습)'로 형태 분석될 수 있다. '그

땅에다가'가 문법화하여 '거기에다가'의 의미를 지닌 것으로 보인다.

50) '나부만:석'[HLL:L]. 나비만큼. '나비'는 이 지역어에서 '나부'[HL]로 발화된다. '만:석'은 '만(보조사)+석(씩. 접미사)'으로 분석되는데, '만큼'이라는 의미를 지니는 말로 기능한다.

51) '상은'[HL]. 상은. '상'은 차릴 '밥상'을 말한다.

52) '매꾸글'[LHL]. 냉국을. '냉국'을 경남방언에서는 '맷국[매꾹. LH]'이라고 한다.

53) '태암니더'[HLLL]. 태웁니다, 만듭니다. '태아다'[HLL]는 '(커피를) 타다'의 경남방언 사동형인데, 문맥으로는 '만들다'의 뜻이다.

54) '기으레예'[HLLL]. 겨울에요. '기을(겨울)+에(처격조사)+예('요')'.

55) '두디마'[LHH]. 두 되만. '되'는 '되〉데〉디'로 고모음화한다. '마'는 보조사 '만'의 이 지역어.

56) '짜마'[HH]. 짜면. '짜다'의 이 지역어는 '짤다'인데, 여기에서는 어간의 받침 '르'이 탈락한 것이다. 주석 39번 참조.

57) '빈해뿐심니더'[LLHLL]. 변해 버렸습니다. '변하다'의 이 지역어는 '빈하다'[LHH]인데, 이는 '변〉벤〉빈'의 과정을 거친 결과이다. 다수의 경남방언은 '벤하다'[LHH]이다. 보조용언 '버리다'의 경남방언 어형은 '뿌다'[HH]이다.

58) '인:나레'[L:HH]. 옛날에. '옛날'에 대한 제보자 할머니의 발화는 '옌날, 엔날, 인(:)날'(성조는 모두 L(:)H로 다양하다. 대부분은 '엔날'로 실현되지만, '옌날'로도 적지 않게 실현되었다. 그러나 '인(:)날'로 실현되는 경우는 드물다. 이는 고모음화의 결과다.

59) '암꼬튼'[HHL]. 암꽃은. '꽃'의 경남방언 기저형은 '끝'이다.

60) '엉거리:다'[LHH^L]. 엉거리에다. '엉거리'는 떡을 찌거나 반찬거리를 삶을 때, 물이 있는 솥의 밑바닥과 떡이나 반찬거리가 닿지 않게끔 막는 역할을 하는 물건이다. 주로 대를 쪼개어서 둥글게 만든다. 장음은 처격조사 '에'가 앞 음절 모음 '이'에 완전 동화한 결과이다.

61) '새메'[LH]. 우물에. '우물'을 경남방언에서는 '새미'[LH]라고 한다. '샘+이'로 구성된 말로 보인다. '새메'는 '새미+에'가 축약된 결과다.

62) '마장을'[LHL]. 마당을. '마장'은 '마당'의 잘못된 발화이다. 바로 아래 발화에서는 정상적인 '마당'[LH]이 나온다.

63) '제일:'[LH:]. 제일. '제'은 거의 고모음화한 발음에 가깝다. 장음은 인상적 장음이다.

64) '나락맨치러'[HLHLL]. 벼처럼. '맨치러'는 '처럼'의 뜻을 갖는 이 지역어이다.

65) '싸롬::하~이'[LL::HL]. 가지런하게. 봄보리가 고개를 숙이는 모습이 벼가 고개를 가지런히 숙이는 모습과 같다는 뜻에서 한 말이다. '싸롬하~이'는 '싸롬하-+-니'로 된 말인데, '하니'는 비모음화하여 '하~이'로 발음된다. '-니'는 '하-'계 형용사 어근에 붙어 부사를 만들어주는 접미사이다.

66) '끌뻐더'[LHL]. 한사코 노력하여.

67) '머하가주고'[LLHLL]. 모아 가지고. '머하'의 'ㅎ'은 거의 들리지 않는다.

68) '도개~이'[LHL]. 배미, 논배미. '논두렁으로 둘러싸인 논의 하나하나의 구획'을 뜻하는 '배미' 또는 '논배미'를 경남방언에서는 '도가리'[LHL]라고 한다. 그런데 이를 제보자 할머니는 '도개~이'라고 발화한 것이다. 그러나 이 지역어에서도 이를 '도가리'라고도 하니, 바로 아래의 발화에서 제보자 할머니는 바로 '도가리'라고 발화하고 있음을 발견할 수 있다.

69) '아:들'[H^L]. 애들, 아이들.

70) '장개'[LH]. 장가.

71) '어르니'[LHH]. 어른이. '어른'은 제보자 할머니의 남편을 가리키는 말이다.

72) 경남방언의 '욕보다'[HHL]는 '고생하다'의 뜻이다.

73) '마'[H]. 디딤말의 하나이다.

74) '뱁추가'[LHH]. 배추가. '배추'의 경남방언형은 '배차'[LH]계와 '뱁추'[LH]계로 대별된다. 대체로 말해 중서부 경남은 '배차'계이고, 동부 경남은 '뱁추'계이다.

75) '명을'[HL]. 목화를. 자음 뒤에 이중모음이 오지 못하는 것이 경남방언의 한 특징이지만, 제보자 할머니는 표준어의 영향을 받아서인지 일부 이런 발음이 가능함을 발견할 수 있다. '목화'의 경남방언은 '미엉[LH], 밍:[L˺]'이 대표적이다. 제보자 할머니는 여기에서는 이를 '명'으로 발음하였다. 그러나 아래에서는 '밍:'으로 발화되는 경우도 있다.

76) '배추'[LH]. 여기에서 제보자 할머니는 '뱁추'가 아닌 '배추'로 발음하였다.

77) '잇써예'[HLL]. 있어요. '예'는 표준어 '요'에 해당하는 경남방언 청자높임의 조사이다.

78) '밍:'[L˺]. 목화. 여기에서는 '명'으로 발화되지 않고 '밍:'으로 발화되었다.

79) '그라먼자'[LHLL]. 그러면 인제. 창녕지역어 '그라마+언자'가 축약된 것이다.

80) '까리다가'[HHLL]. 까리다가. '까리다'를 굳이 표준어와 연관시키면, '솎다' 정도가 된다. 그러나 경남방언에는 '솎다'와 '까리다'가 구별된다. '솎다'는 여러 포기 가운데서 촘촘한 것 몇몇을 빼내는 것을 말하고, '까리다'는 한 포기 안에서 촘촘한 것을 떼어내는 것을 말하기 때문이다.

81) ‘뱁추기:다’[LLH^L]. 배추에다. ‘기:다’는 ‘거기에다’의 뜻으로, 중세국어 ‘그어긔
/게’와 관련 있는 것이다.

82) ‘위도’[LH]. 외도, 참외도. ‘외’의 일반적인 경남방언은 ‘에’[L]이다. ‘외’는 ‘참외’
를 가리키고, ‘무레(←물외)’[HH]는 ‘오이’를 가리킨다.

83) ‘위마글’[HHL]. 원두막을. ‘원두막’을 경남에서는 보통 ‘에막’[LH]이라고 한다.
‘에마글’의 일반적인 성조는 [LHH]이다.

84) ‘구디기물로’[LHLHH]. 똥오줌물을. ‘구디기’는 ‘구덩이’라는 뜻인데, 여기에서
는 ‘변소’를 가리킨다. ‘물로’는 ‘물을’이라는 대격 표현이다. ‘ㄹ’과 모음으로
끝난 체언 뒤에는 ‘로’ 대격조사가 쓰인다.

85) ‘위로’[LH]. (참)외를. 모음으로 끝난 체언 뒤에 ‘로’ 대격조사가 쓰인 예이다.

86) ‘오른다앙칸니꺼’[LHLLHHL]. 오른다고 하잖습니까? 특이한 경남방언 부가의
문문의 하나이다. 구조로 보면 ‘오른다+고+안+합니꺼’인데, ‘칸’에 있는 ‘ㅋ’의
존재가 흥미를 끈다. ‘카’는 ‘-고 하-’에서 온 것이라고밖에 할 수 없는데, ‘고’와
‘하’ 사이에 ‘안’이 게재해 있어 거센소리가 날 수 없게 되어 있는데도 거센소
리로 실현되고 있는 것이다. 이는 ‘-고 하-’에서 유래한 ‘-카-’가 이미 새로운 한
형태로 재구조화했음을 의미하는 것으로 받아들여진다.

87) ‘비로마’[LHH]. 비료만. 보조사 ‘만’의 창녕지역어는 ‘마’이다.

88) ‘짐장도:’[LHL:]. 김장도. ‘짐장’[LH]은 ‘김장’의 경남방언이다.

89) ‘짐치르’[HLL]. 김치를. ‘짐치’[HL]는 ‘김치’의 경남방언이다. ‘르’는 ‘ㄹ’이나 모
음 뒤에 쓰이는 목적격조사이다. ‘르’는 ‘로’로도 발음된다.

90) ‘다마야’[HHL]. 담가야. 표준어 ‘담그다’는 경남방언에서 ‘담다’[HH]이다.

91) ‘메르치’[LHL]. 멸치.

92) ‘저들’[HH]. 젖을. ‘젖’의 창녕지역어는 ‘젙’[H]이다.

93) ‘허판::함니더’[LL::HHL]. 멀젽습니다.

94) ‘꼬치깔리’[LLLH]. 고춧가루. ‘가루’의 창녕지역어는 ‘갈리’[LH]이다.

95) ‘후리가:꼬’[LLH^L]. 섞어 가지고.

96) ‘지이:르’[HH:L]. (포기)김치를’. ‘지:[Hː]는 그냥 김치의 의미로도 쓰이고 ‘포기
김치’를 말할 때도 쓰인다.

97) ‘동짐치르’[LHHL]. 동치미를. 표준어 ‘동치미’를 창녕지역어에서는 ‘동짐
치’[LHH]라 한다.

98) ‘꼬치:푸리로’[LL:HLL]. 고추이파리를. ‘이푸리’는 ‘이파리’의 이 지역어이다. 사
이시옷이 첨가될 수 있는 합성명사 구성인데도 그것이 들어가지 않음이 눈길

을 끈다. '대이푸리'[LLHL](=댓잎)도 마찬가지다.

99) '동짐치캉'[LLLH]. 동치미와. '캉'은 경남방언 공동격조사의 하나이다.

100) '기으레'[HLL]. 겨울에.

101) '한:사라꾸'[L:LHH]. 한사코.

102) '호바게다가'[LHLLL]. 확에다가.

103) '느랄:라꼬'[LH^LL]. 늘리려고. '(살림을) 늘리다'를 경남방언에서는 '느라다'[LHL]라고 말한다.

104) '국시기'[LHL]. 김치죽.

105) '나주:루'[HH^L]. 낮으로. 구격조사 '으로'가 '우루'로 실현된 경우다. '으로'가 '낮' 뒤에 쓰일 때 이런 현상이 나타난다.

106) '치부:'[HH^]. 추위.

107) '추런'[LH]. 조금씩. 고구마 따위를 한꺼번에 다 캐지 않고, 먹을 만큼만 조금씩 조금씩 캐는 것을 가리켜 '추런캔다'[LHHH]라고 한다.

108) '감자맨:치르'[LLH^LL]. 감자처럼. '맨:치르'는 '처럼'의 이 지역어이다.

109) '서말찌'[LHL]. 세 말들이. 실제로 세 말이 든다는 뜻이 아니라, '크다'는 뜻으로 쓴 말이다.

110) '감낭기'[LHL]. 감나무가. '낭기'는 '낡+이'로 분석된다.

111) '떨깜'[LH]. 떫은 감. '떫+감'으로 된 비통사적 합성명사이다.

112) '그런능강'[HLLL]. 그렇는가, 그런지. 표준어 '-는가'는 이 지역어에서 '-는강'으로 실현된다.

113) '쯤:치'[H^L]. 즈음, 무렵.

114) '간장딘장을'[HHLHL]. 간장 된장을. '딘장'[LH]은 '된장'의 창녕지역어이다. 경남 지역에서 '된장'은 '덴장[LH], 딘장[LH], 띠:장[L˘H]' 등으로 발음된다.

115) '돌시꺼징'[HHHL]. 돌까지. 여기에서 말하는 '돌'은 '일년 되는 날'을 말한다. 이전 정서법에서 말한 '돓'은 경남방언에서 '돌시'[HH]라는 형태로 살아 있다.

116) '미주를'[HLL]. 메주를. '메주'는 창녕지역어에서 고모음으로 실현되어 '미주'[HL]가 된다. '메주'는 다른 경남 지역에서는 '메:죽'[L˘H]으로도 발음된다.

117) '소슬'[HL]. 솥을. '솥'의 경남방언도 '솥'이다. 그런데 여기에서는 '솟'으로 발화되었다. 그러나 그것이 창녕지역어에서도 '솥'임은 그 앞선 발화인 '소테다'[HLL]와 그 뒤 발화인 '소틀'[HL]에서 확인할 수 있다.

118) '미주뚜레'[LLHL]. 메주틀에.

119) '안마시떼예'[LLHLL]. 안 맛있데요, 맛있지 않데요. '맛있다'의 경남방언 부정

표현은 '마덥따(←맛없다[LLH])' 외에 '안마시따'[LLHL]가 있다. 후자는 부정의
표현 '안'과 '마시따' 사이에 쉼이 없어, 한 단어인 것처럼 기능한다.

120) '엔날매리'[LLHL]. 옛날처럼. '처럼'에 해당하는 경남방언으로는 '맹:커로[H^LL],
맨:치러[H^LL]' 등이 보편적으로 쓰이고, 여기에서 쓰인 '매리'[HL]도 쓰인다.

121) '얼마나 잘 묵심니더'는 잘못 발화된 것이다. '얼마나' 뒤에는 물음의 형식이
와야 되는데, 여기에서는 평서의 형식이 왔기 때문이다. '얼마나 잘 묵심니꺼'
로 이어지던 것이 호응이 잘못되고 만 예이다.

122) '미르치도'[LHLL]. 멸치도. '멸치'의 경남방언은 '메르치[LHL], 멜:치[L^H], 미르
치[LHL]' 등으로 실현된다. 창녕지역어에서는 '미르치'로 발음한다.

123) '하꾸러'[HHL]. 상자를. '상자'를 두고 많은 경남방언에서는 일본어 '하꾸'[HH]
라고 말한다.

124) '삼:들'[H^LL]. 사람들. '사람'의 '르'이 약화·탈락하여 '사암〉삼:'이 되었다. '사
람'의 성조는 [LH]인데, 거기에서 줄어든 꼴인 '삼:'은 하강조인 [H^]인 것이 흥
미롭다.

125) '치마'[HH]. 치르면. 표준어 '치르다'는 경남방언에서 '치다'로 실현된다. '-마'
는 조건을 나타내는 '-으면'의 창녕지역어이다.

126) '마'[H]. '마'는 디딤말의 하나이다.

127) '여슴니더'[LLHL]. 넣습니다. '넣다'의 경남방언은 '여타(←옇다←넣다. HL)'이
다. '여코[HL], 여터라[LHL], 여어라[HLL]' 등 참조.

128) '수를'[HL]. 술을. 모음과 유음 뒤에서는 목적격조사가 '로, 르'로 실현된다. 그
러나 제보자 할머니의 경우, 유음 뒤에서 '을' 목적격조사도 적지 않게 실현되
었다. 이 경우도 여기에 해당하는 것이다.

129) '추리부구'[HHLL]. 추려 버리고, 추려서. '부구'는 보편적으로 경남방언에서
'뿌고[HH]'(버리고)로 실현된다. 바로 뒤에 이어지는 발화에서는 '뿌고'로 실현
되어 있음을 발견할 수 있다.

130) '매:'[H^]. 매. 부사 '매(보통 정도보다 훨씬 심하게)'에 대한 일반적인 경남방
언은 '매~이'[HL]이다.

131) '구쾌:도'[LH^L]. '국화도'를 발화하려던 것이 다소 이상하게 발화된 것이다.

132) '대:용시'[H:LH]. 대용시. 술을 담근 뒤 청주를 뜨려면, 누룩과 같은 뻑뻑한 성
분이 섞여서는 안 된다. 그러기 위해 술독 안에 대로 촘촘하게 둥글게 만든
'용시'를 넣는데, 이 '용시'가 누룩에서 나오는 뻑뻑한 성분들을 차단하는 역할
을 한다. 술독 크기에 맞추어 만들어지는데, 60~70센티미터 깊이의 것이 많이

사용되었다.

133) ‘소더배~이’[LLHL]. 솥뚜껑, 소댕. ‘소더배~이’는 ‘소더방+-앵이(접미사)’로 구성
된 말이다. ‘-앵이’는 경남방언에서 생산적으로 발견되는 접미사이다. ‘얌/염
새~이[LHL. 염소], 토깨/까~이[LHL. 토끼], 미꾸래~이[LLHL. 미꾸라지], 까래~이
[LHL. 반딧불이], 꼬빼~이[LHL. 고삐]’ 등 참조.

134) ‘더부시노:마’[LHLL:L]. 뒤집어 놓으면. ‘뒤집어 놓다’를 경남방언에서 ‘더부시
노타, 디비시 노타[LHLHL]’라고 한다.

135) ‘꼭따리’[LHL]. 꼭지.

136) ‘그르글’[HLL]. 그릇을. ‘그릇’의 경남방언은 ‘그륵’[HL]이다.

137) ‘대애’[HL]. 대야. 표준어 ‘대야’는 경남방언에서 ‘대애’로 발화된다.

138) ‘부서케’[LHL]. 아궁이에. 표준어 ‘부엌’은 경남방언에서 ‘정지, 정기’[LH]이고,
경남방언 ‘부섥, 부석’[LH]은 표준어 ‘아궁이’에 해당한다.

139) ‘지미’[LH]. 김[水蒸氣]이.

140) ‘기랄로’[HLL]. 계란을, 달걀을. ‘로’는 유음 뒤에 쓰인 경남방언의 대격조사.

141) ‘술:미:상은’[L:H^LL]. ‘술상은’ 정도의 뜻인데, 자세한 것은 알기 어렵다.

제 3 장

질병과 그 치료법

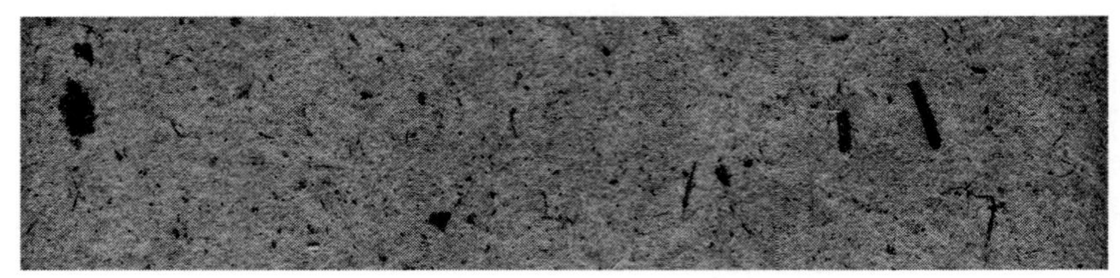

저기: 살다보먼:자 머옹간 그머: 벵가틍거또날수안일슴니꺼?

벵이날수인는데.

엔나레 참시고레서 마니 그: 발생핻떤 병: 종뉴하고.

또 그: 머일테머머 고뿌리드르메는머 여리나고머 지침도나고 이랄꺼아임니꺼?

그래 그런 증상 그다메 그: 병을 어떠케치료핸는지 이렁거에대해서 생각나시는대로 말씀 머:.

머피부뼁가틍거는 어떵기이섿슴니꺼? 머그렁거 함생각나시는대러.

머 부시럼때까리도앙고 이랟슬꺼아임니까?

˜ 머: 우리는머 애처에머 피부뼁거틍거 그렁거는: 몰란는데.

˜ 요즈음 애드른 그래피부뼁이 그래마~이생긴다커네.

˜ 그래머 우리는 칠람매르키아도머 피부뼁 그렁거머 안반:는데.

˜ 그래절믈쩨는네 그렁기 나삳슴니더.[1]

˜ 네 우리그 크나들 오얼 초이튼날 생사늘 하고.

˜ 그 머: 그래 머어식 그래 나삳십띠더 그때느.

˜ 어시땀띠[2]라쿠.

˜ 으~으 어시땀띠라그기:.

어시땀띠가 ****?

˜ 예 어시땀띠래~이 엔나레 어시땀띠라예:.

어시땀띠가 어떵김니까?

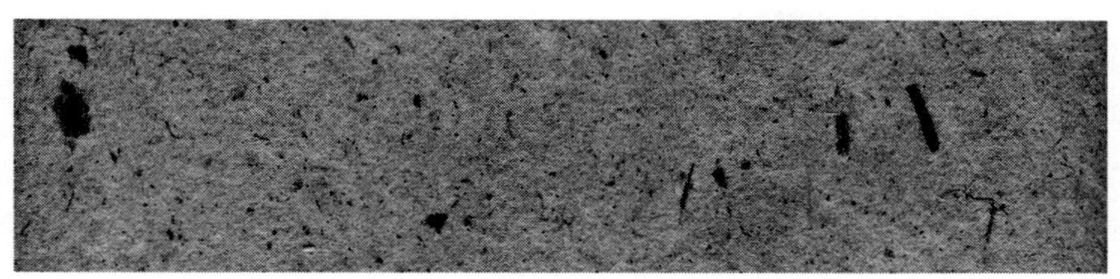

저기 살다 보면 인제 뭐 온갖 그 뭐 병 같은 것도 날 수 있잖습니까?

병이 날 수 있는데.

옛날에 참 시골에서 많이 발생했던 병 종류하고.

또 그 뭐 이를테면 뭐 감기가 들면은 뭐 열이 나고 뭐 기침도 나고 이럴 것 아닙니까?

그래, 그런 증상, 그 다음에 그 병을 어떻게 치료했는지 이런 것에 대해서 생각나시는 대로 말씀 뭐.

뭐 피부병 같은 것은 어떤 것이 있었습니까? 뭐 그런 것 한번 생각나시는 대로.

뭐 부스럼 딱지도 앉고 이랬을 것 아닙니까?

⌐ 뭐 우리는 뭐 애초에 뭐 피부병 같은 것 그런 것은 몰랐는데.

⌐ 요즘 애들은 그렇게 피부병이 그렇게 많이 생긴다고 하네.

⌐ 그래 뭐 우리는 칠남매를 키워도 뭐 피부병 그런 것 안 봤는데.

⌐ 그래 젊을 때는요, 그런 것이 나곤 합니다.

⌐ 예, 우리 그 큰아들 오월 초이튿날 생산을 하고.

⌐ 그 뭐 그래 뭐가 그렇게 나곤 합디다, 그때는.

⌐ 어시땀띠라고.

⌐ 응, 어시땀띠라 그것이.

어시땀띠가 {X무엇입니까X}?

⌐ 예, 어시땀띠 옛날에 어시땀띠예요.

어시땀띠가 어떤 것입니까?

- 어시땀띠가 이래머 얼구레: 모메이래.
- 막 툭툭툭마이래 크기:이래 나가주고 그긱 공깁띠더,[3] 예.
- 공기가주고 그래곰마 그라~이 곰마 그 고분얼굴도 마 사리 푸름푸름하~이 그리지데예, 예.
- 그래그 그래절믈쩨 그래 바알심니더, 에 머:.
- 머: 잘생기진: 몬해:도 저 얼구른 곱다캔는데 막 그랴고나앙게네 곰:푸름푸름하~이 그러습떠.
- 그래 애:드른머 부시럼알룽걷또 몬박:꼬, 우리는.

고 지금 어머~이 저: 애:드리 만 이 아니고: 저.

동네에: 멀 더러 우리 엔나레 드리 볼수인능걷 안이슴니꺼?

혹시 머 버짐가틍거는 업섯슴니까?

버지믄 어떧슴니꺼? 어떠케 생김?
- 버저미 버짐도 여러종뉴아임니꺼? 예.

말씀좀 해주이소.
- 이 저: 마른버지믄 애:드리 엔날 애:드른 몬머거서.
- 예 그:끄 머: 몬머거가:꼬 애:드리 빼:짝 애비가:꼬그래가: 이래.
- 얼구레 두러벙두러벙두렁하~이 그래 버지미 피읻슴니더.
- 예 그건: 머: 빙은 아인데 잘무:머떠 갠:찬코.
- 그 몬무머그래 그: 버지미 피고.
- 또 우 쪼 소가 키우다보마 또 버지미 핌니더.
- 그거는 소가.
- 헐:떡 저: 헐떡헐떡이래 터리이가[4] 버어지고.
- 도로방도로방도로방하~이요래 소 버지미 핌니더.
- 그래피마는 그기: 사랑게[5] 올라예.
- 사라미 이 소로괄리르 하다보옹게네 사랑기:[6] 오르마.[7]
- 그이 사라미 요글[8] 봄니더.

˗ 어시땀띠가 이렇게 뭐 얼굴에 몸에 이렇게.

˗ 막 툭툭툭 마 이렇게 크게 이렇게 나서 그것이 곪습디다, 예.

˗ 곪아 가지고 그래 그만 그러고 나니 그만 그 고운 얼굴도 뭐 살이 푸름푸름하게 그렇게 되데요, 예.

˗ 그래 그 그래 젊을 때 그래 봤습니다, 예 뭐.

˗ 뭐 잘 생기지는 못해도 저 얼굴은 곱다고 했는데 뭐 그렇게 하고 나니까 그만 푸름푸름하게 그렇습디다.

˗ 그래 애들은 뭐 부스럼 앓는 것도 못 봤고, 우리는.

그 지금 어머니 저 애들만이 아니고 저.

동네에 뭐 더러 우리 옛날에 더러 볼 수 있는 것 있잖습니까?

혹시 뭐 버짐 같은 것은 없었습니까?

버짐은 어떻습니까? 어떻게 생깁{X니까X}?

˗ 버짐이 버짐도 여러 종류잖습니까? 예.

말씀 좀 해 주십시오.

˗ 이 저기 마른버짐은 애들이 옛날 애들은 못 먹어서.

˗ 예, 그 그 뭐 못 먹어서 애들이 바싹 야위어서 그래서 이렇게.

˗ 얼굴에 두렷두렷두렷하게 그렇게 버짐이 피었습니다.

˗ 예, 그건 뭐 병은 아닌데 잘 먹으면 또 괜찮고.

˗ 그 못 먹으면 그렇게 그 버짐이 피고.

˗ 또 우 저 소가 키우다 보면, 또 버짐이 핍니다.

˗ 그것은 소가.

˗ 홀딱 저 홀딱홀딱 이렇게 털이 벗겨지고.

˗ 두렷두렷두렷하게 요렇게 소버짐이 핍니다.

˗ 그렇게 피면은 그것이 사람에게 옮아요.

˗ 사람이 소를 관리를 하다 보니까 사람에게 옮으면.

˗ 그게 사람이 고생을 합니다.

¯ 예 그래요글보마.

¯ 그걸또 오 에저네는 야기 이심니꺼?

¯ (웃음) 야게[9] 업써서.

¯ 소버지문 머: 개똥하고[10] 엔나레 소금에서빠진 간수하고.

¯ 이래가: 숭어 사 이 저 사금파리다가 깨진 사금파리다:.

¯ 깨징그르게다가[11] 이래노코.

¯ 바글바을끼리가: 그래소르발라주마.

¯ 그이또 낙끼도하고.

¯ 그 사랑게올라노모또 요글 봄니더.

¯ 온:데번지고.

¯ 마른버지믄 암번지는데 소버짐: 번짐니더.

¯ 그래 사랑게오르고.

¯ 그르게 역 예 그 버짐도머 여러 종뉴미더.

그:.

¯ 또 아:들[12]머 태여리라꼬.[13]

¯ 예 태:여리라꼬 나:노마:[14] 어떤 지베는 그걸뚜 네리미: 이 인능강:.

¯ 그래저: 그기부스름맨:치러[15] 고마애드리 부시름만:치러[16] 이리데:가:꼬.

¯ 그래또 키우미스 요글보는 지비 이십떠더.

¯ 구우는언자 이래 아:가 거러야 거러야언자 거러댕기야 바레때가무더
야 난는다컴니더.

태여른?

¯ 예: 그으는 태여리라 그코.

¯ 극 그런 애:들도 익꼬.

¯ 이런는데 요새:는 애드리 종커머구맘 모물근질기[17]시작하~이.

¯ 억 우리 (제보자 보호) 보잉께네.

⁻ 예, 그렇게 고생을 하면.

⁻ 그것도 오 예전에는 약이 있습니까?

⁻ (웃음) 약이 없어서.

⁻ 소버짐은 뭐 개똥하고 옛날에 소금에서 빠진 간수하고.

⁻ 이렇게 해서 ?? 사 이 저 사금파리에 깨진 사금파리에다.

⁻ 깨진 그릇에다가 이렇게 놓고.

⁻ 바글바글 끓여 가지고 그렇게 소를 발라주면.

⁻ 그것이 또 낫기도 하고.

⁻ 그 사람에게 옮아 놓으면 또 고생을 합니다.

⁻ 온데 번지고.

⁻ 마른버짐은 안 번지는데 소버짐은 번집니다.

⁻ 그래 사람에게 옮고.

⁻ 그렇게 여 예, 그 버짐도 뭐 여러 종류입니다.

그.

⁻ 또 애들 뭐 태열이라고.

⁻ 예, 태열이라고 낳아 놓으면 어떤 집에는 그것도 내림이 있는지.

⁻ 그래 저 그것이 부스럼처럼 그만 애들이 부스럼처럼 이렇게 되어 가
지고.

⁻ 그래 또 키우면서 고생을 하는 집이 있습디다.

⁻ 그것은 인제 이렇게 애가 걸어야 걸어야 인제 걸어 다녀야 발에 때가
묻어야 낫는다고 합니다.

태열은?

⁻ 예, 그것은 태열이라 그러고.

⁻ 그 그런 애들도 있고.

⁻ 이랬는데 요새는 애들이 좀 커면 그만 몸을 긁기 시작하니.

⁻ 어 우리 (제보자 보호) 보니까.

˘ 모믈막: 근지러써 근지라꾸마 몬쩐딕 그래사꼬요 그기: 조매가안나사

예.

˘ 구키 큰: 걱쩡이더마는.

˘ (제보자 보호) 쌍디~이[18] 히~이[19]가: (제보자 보호).

(제보자 보호)

˘ (제보자 보호) 이리끼버텀[20] 자:꾸 모믈지리고 그사티마는.

˘ 그기안주꾸중[21] 그 근질고.

˘ 아 위솔려도[22] (제보자 보호).

(제보자 보호)

˘ 그럭.

오새 아:드리 그 아토피피부라 그래가저고.

˘ 그으 큰*떤데.

큰: 도시에 아:드리 그럳습니더.

˘ 구구 우떠키 해애데꼬?

˘ 그러~이 위솔려는 대학 일랑년하고.

˘ 이 또 미구글간다꼬 공부하러간다꼬 그래서.

(제보자 보호)

˘ **쿡 우어디 곡꼬여 얼굴도 이뿌고 이런는데.

(제보자 보호)

˘ 그걸.

예 이드르믄 어떯습니까?

˘ 이드르믄[23] 이드르믄:자 그 한 시.

˘ 한 시 시보시나데마 이드름안남니꺼?

˘ 이 이디름나마 그머:.

˘ 근뜨이드름도 마:~이나는사라믄 또머 마~이나고.

˘ 오 머: 작께나는사람: 작께나고 다그래납띠더.

˜ 몸을 막 긁어서 가려워서 그만 못 견뎌서 그렇게 하고요, 그것이 좀처럼 안 나아요.

˜ 그게 큰 걱정이던만은.

˜ (제보자 보호) 쌍둥이 형이 (제보자 보호).

(제보자 보호)

˜ (제보자 보호) 어릴 적부터 자꾸 몸을 긁고 그렇게 하더니.

˜ 그게 아직까지 그 긁고.

˜ 아 외손녀도 (제보자 보호).

(제보자 보호)

˜ 그래.

요새 아이들 그 아토피 피부라고 그래 가지고.

˜ 그 큰 {X일이X}던데.

큰 도시의 아이들이 그렇습니다.

˜ 그것 어떻게 해야 될까?

˜ 그래 외손녀는 대학 일학년 하고.

˜ 이 또 미국을 간다고 공부하러 간다고 그래서.

(제보자 보호)

˜ ** ??? 곱고 얼굴도 예쁘고 이렇는데.

(제보자 보호)

˜ 그것을.

예, 여드름은 어떻습니까?

˜ 여드름은 여드름은 인제 그 한 시.

˜ 한 시 십오 세나 되면 여드름 나잖습니까?

˜ 여 여드름이 나면 그 뭐.

˜ 그것도 여드름도 많이 나는 사람은 또 뭐 많이 나고.

˜ 오 뭐 적게 나는 사람은 적게 나고 다 그렇게 납디다.

ˉ 우리 야:들도 보잉께네.[24]

ˉ 이디리미 나각:꼬머 저거꺼정 짤고[25] 이사십떠더.

아: 어터게 짬니까?

ˉ *** 그래 저거꺼정 붙뜰고그래 짜잉께네머시 하:항게나온다사꼬.

ˉ 그래 짜라싸습떠더, 예.

네: 혹시또 요시여름데모언자 땀띠가틍거는 안나 안나슴니꺼? 땀때기산능
거.

ˉ 아이구 마~이나지예 옌나레는 마~이날슴니더.

ˉ 엔나레느 질삼하고 삼비질사름[26] 여르메 해이고 하고.

ˉ 똑 보 보릴때로때:서 바블해무걷심니더.

ˉ 나무가 업서서.

ˉ 그래가:꼬 바블해무마.

ˉ 요 손 요거마:치는 요껍띠기활::딱 버어뿌 버어절뿜니더, 땀띠가나서.

ˉ 그러코 머:.

ˉ 엔나렌또 디딜바~아다 바~아도 쩌~어묵꼬.

ˉ 그런시월 안사랄슴니꺼?

그 땀띠는 우째 나삳슴니꺼?

ˉ 마안나사고[27] 참바람나믄 지절로얻서지고 머:.

ˉ 하유 사랑그: 사 머사는 허눙도 아임니더.

ˉ 그래안사랄슴:꺼? 엔나레.

ˉ 땀띠 나바:야머: 씨 여 이 입때[28] 땀띠 짜다라 나가주고언자 참바람나마.

ˉ 그기 부::허~이 그래업서짐니더.

ˉ 그르마 그: 허무리 다 벅:꼬.

ˉ 헤이그 지끔 그는 사람 어디심니꺼?

ˉ 엔나레느 땀띠가 그러키 낟:슴니더.

˝ 우리 애들도 보니까.

˝ 여드름이 나 가지고 뭐 자기들끼리 짜고 이렇게 해 쌓습디다.

아, 어떻게 짭니까?

˝ *** 그래 자기들끼리 붙들고 그래 짜니까 뭐가 하얀 게 나온다고 하고.

(웃음)

˝ 그렇게 짜 쌓습디다, 예.

네, 혹시 또 요새 여름 되면 인제 땀띠 같은 것은 안 나 안 났습니까? 땀띠라고 하는 것.

˝ 아이구 많이 나지요, 옛날에는 많이 났습니다.

˝ 옛날에는 길쌈하고 삼베 길쌈 여름에 하고 하고.

˝ 꼭 보 보릿대를 때서 밥을 해 먹었습니다.

˝ 나무가 없어서.

˝ 그렇게 해서 밥을 해 먹으면.

˝ 이 손 이것만치는 이 껍질이 활딱 벗겨져 벗겨져 버립니다, 땀띠가 나서.

˝ 그렇고 뭐.

˝ 옛날에는 또 디딜방아에다 방아도 찧어 먹고.

˝ 그런 세월 살았잖습니까?

그 땀띠는 어떻게 고쳤습니까?

˝ 마 고치지 않고 찬바람 나면 저절로 없어지고 뭐.

˝ 아이구 사람 그 사 뭐 사는 형용도 아닙니다.

˝ 그렇게 살았잖습니까? 옛날에.

˝ 땀띠 나봐야 뭐 씨 여 이때 땀띠 많이 나 가지고 인제 찬바람 나면.

˝ 그것이 뿌옇게 그렇게 없어집니다.

˝ 그러면 그 허물이 다 벗고(벗겨지고).

˝ 에이고 지금 그런 사람 어디 있습니까?

˝ 옛날에는 땀띠가 그렇게 났습니다.

부시름 그으는 우째서 나미 낟습미까?

˜ 부시림도 그거인자 왕땀띠가.

˜ 땀띠그기인자 왕땀띠가 데:가주고.

˜ 그기: 막 또 툭툭 골마가주고.

˜ 그래가: 부시리미 데고.

˜ 부스리미 데:가주고 마 얼굴로 다 비리고 이저넨 그래 부시리미 나삳:습니더.

그라모 부시름 그으는 또 또 나수는 법또 이슬꺼 아임니꺼?

우째 나삳습니꺼?

˜ 그러마는[29] 그으는멈머 이사도 구때느 이사도 억꼬.

˜ 머:머 짜라뿌고.

˜ 쿠인자 익키마언자 짜라뿌고 고롱고고 빠전뿌마 구래뚜 낙끼도 하고.

˜ 금머 야기어디심니꺼?

에나레 고약가틍거는 업섫습니꺼?

˜ 고야기 이썰찌예.

극 우째 발라선는지 한 *******.

˜ 예 고야기 이서심니더.

˜ 고야기 이썬는데 이래 어:.

˜ 피우네가마 요래 조~오[30]다요래 올리가 요래:요래: 주마.

˜ 고고로언자 가따: 부치마 고약그이제엘 조아씸:더.

˜ 고** 낙꼬.

˜ 추루 고야글 썬찌.

˜ 에이구 머: 조약또 하고.

어떤 조약 하셛습니까?

조약 말씀 좀 ***.

부스럼 그것은 어째서 납니, 났습니까?

¯ 부스럼도 그것 인제 왕땀띠가.

¯ 땀띠 그것이 인제 왕땀디가 돼 가지고.

¯ 그것이 막 또 툭툭 곪아 가지고.

¯ 그렇게 해서 부스럼이 되고.

¯ 부스럼이 돼 가지고 뭐 얼굴을 다 버리고 이전에는 그렇게 부스럼이
나곤 했습니다.

그러면 부스럼 그것은 또 또 고치는 법도 있을 것 아닙니까?

어떻게 고쳤습니까?

¯ 그놈은(?) 그것은 뭐 뭐 의사도 그때는 의사도 없고.

¯ 뭐 뭐 짜 버리고.

¯ 그 인제 익히면 인제 짜 버리고 고름 그것 빠져 버리면 그렇게 또 낫
기도 하고.

¯ 그 뭐 약이 어디 있습니까?

옛날에 고약 같은 것은 없었습니까?

¯ 고약이 있었지요.

그것 어떻게 발라 썼는지 한 (번 말씀해 주십시오).

¯ 예, 고약이 있었습니다.

¯ 고약이 있었는데 이렇게 어.

¯ 병원에 가면 요래 종이에다 요렇게 올려서 요래요래 주면.

¯ 그것을 인제 갖다 붙이면 고약 그것이 제일 좋았습니다.

¯ ??? 낫고.

¯ 주로 고약을 썼지.

¯ 어이구 뭐 조약도 하고.

어떤 조약 하셨습니까?

조약 말씀 좀 ***.

- 조야글.

- 우찌 여르메 해사늘 하고.

- 그래마 땀띠가나가오 그너미마 왕땀띠가데고.

- 고마 그기막 건지럭꼬 이래 마.

- 엔나레는 소태낭기³¹⁾ 이섣심니더.

- 지금 소태나무³²⁾ 업심니더.

- 소태낭글³³⁾ 해:다가푸욱 쌀마가주고.

- 그따다가언자 소구믈 쪼끔 찌버여:가주고.

- 막 씩꼬.

- 그래 바르고 그랜마 그거스 그 야기 그래조슴니더.

- 예 그래:도 나샤:고.

- 엔나렌 조야글해가 안나싸:씸니꺼?³⁴⁾

- 또 오치일찌예 오치.

- 오치오르지.

- 오치 오르마.

- 하:이 이누머오치 오라서 여:항머: 몬살지깅이지 이 이러마.

- 그 오턴:자³⁵⁾ 밤나무르쌀마가주고.

- 보:한 사람도 밤낭게다³⁶⁾ 씩끄머 꺼머짐니더.

- 그래도 멈머 사라야지머 그기그러케 근지럽슴니더.

- 그래가꺼 마: 조야글 해서언자 그래 오틀작꼬.

- 밤나무도 하고 저: 머.

- 옹:간 정구치³⁷⁾니 머: 쌀로 가라가주고 무레다 당가낟:따가.

- 싸를막 돌미~이르 가라가주고 그래가: 구 쌀도 조코.

- 그래 엔나레는머 오치오르모 그래나사삼:³⁸⁾ 나삳슴니더.

- 들깨도가라 바르고.

- 그렁기:그리 야기조슴니더.

- 조약을.

- 어떻게 여름에 해산을 하고.

- 그래 마 땀띠가 나서 그놈이 마 왕땀띠가 되고.

- 그냥 그것이 막 가렵고 이렇게 마.

- 옛날에는 소태나무가 있었습니다.

- 지금 소태나무 없습니다.

- 소태나무를 해다가 푹 삶아 가지고.

- 거기에다가 인제 소금을 조금 집어 넣어 가지고.

- 막 씻고.

- 그래 바르고 그러면 그것 그 약이 그렇게 좋습니다.

- 예 그렇게도 고치고.

- 옛날에는 조약을 해서 고치잖았습니까?

- 또 옻이 있지요, 옻이.

- 옻이 오르지.

- 옻이 오르면.

- 하 이 이놈의 옻이 올라서 여간 뭐 못살 지경이지, 이 이러면.

- 그 옻은 인제 밤나무를 삶아 가지고.

- 보얀 사람도 밤나무에다 씻으면 검어집니다.

- 그래도 뭐 뭐 살아야지 뭐, 그게 그렇게 가렵습니다.

- 그래 가지고 마 조약을 해서 인제 그렇게 옻을 잡고.

- 밤나무도 하고 저 뭐.

- 온갖 부추니 뭐 쌀을 갈아 가지고 물에다 담가 놨다가.

- 쌀을 막 돌맹이로 갈아 가지고 그렇게 해서 그 쌀도 좋고.

- 그래 옛날에는 뭐 옻이 오르면 그렇게 고치곤 고쳤습니다.

- 들깨도 갈아 바르고.

- 그런 것이 그렇게 약이 좋습니다.

˝ 엔:나레는머슨 이워~이인나 야기인나머.

˝ 그래모둔 어른드리 조야글해가주고.

˝ 지끔 사람드른 조약또안해예.

˝ 지끔 애:들 몸건지럼: 그거로.

˝ 저::게 사네가마 산딸기가이심니더.

˝ 산딸기가인능기 산딸기근도 여러 종늠니더.

˝ 보:하~이 쑹니파리[39]거치.

˝ 고래갸: 요래딸기가 짜 자박자박여능걷또 익꼬.

˝ 키가크:고 키큰낭게그그 까시가숭숭한데.

˝ 그게: 또 딸기가여러가주고 그에.

˝ 그걸:언자 따서모드 따묵끼도하고 이래는 그거느이림: 복분잼니더.
아 예 그 저기 까시 인는 그기:.

˝ 예 까시 인는 그기:.

˝ 예 극 그 딸기가 이르미 복분잼니더.

˝ 그래 그 복분재로[40] 쩌다가 폭:: 쌀마가주고 그 복분자가 까시가만심니
더.

˝ 폭: 쌀마가주고 그무레다가 애:들로 모요글씨기고.

˝ 근지러버산능거 또 개나리 개나리저기 이리미 머:시니라.

˝ 저기 또 이리미 이씸니다.

˝ 저 개나리 저거르해:다가 폭: 쌀마가주고.

˝ 그래또 애:들로 모요글 씨기고 이래마.

˝ 애:들 그 몽건지러분거 이릴쪽[41]건지러웅건 난는담니더.

˝ 인데 요새사람: 그렁걷또안해예.

˝ 그렁걷또안하고 여사로키아.

˝ 여사로키아서마 하이구 갇따가오마마 (제보자 보호) 근지러산능게 애
가씨:서.

ᄀ 옛날에는 무슨 의원이 있나 약이 있나 뭐.

ᄀ 그래 모두 어른들이 조약을 해 가지고.

ᄀ 지금 사람들은 조약도 안 해요.

ᄀ 지금 애들 몸 가려움 그것을.

ᄀ 저기 산에 가면 산딸기가 있습니다.

ᄀ 산딸기가 있는 것이 산딸기 그것도 여러 종류입니다.

ᄀ 보얗게 쑥이파리같이.

ᄀ 그렇게 해서 요래 딸기가 자 자박자박 여는 것도 있고.

ᄀ 키가 크고 키 큰 나무 그것 가시가 숭숭한데.

ᄀ 거기에 또 딸기가 열어 가지고 그게.

ᄀ 그것을 인제 따서 모두 따먹기도 하고 이러는(데) 그것은 이름이 복분
자입니다.

아 예, 그 저기 가시 있는 그것이.

ᄀ 예, 가시 있는 그것이.

ᄀ 예, 그 그 딸기가 이름이 복분자입니다.

ᄀ 그래 그 복분자를 쪄다가 폭 삶아 가지고, 그 복분자 가시가 많습니다.

ᄀ 폭 삶아 가지고 그 물에다가 애들을 목욕을 시키고.

ᄀ 가려워 쌓는 것, 또 개나리 개나리 저게 이름이 뭣이니라.

ᄀ 저것이 또 이름이 있습니다.

ᄀ 저 개나리 저것을 해다가 폭 삶아 가지고.

ᄀ 그래 또 애들을 목욕을 시키고 이러면.

ᄀ 애들 그 몸 가려운 것 어릴 적 가려운 것은 낫는답니다.

ᄀ 이런데 요새 사람은 그런 것도 안 해요.

ᄀ 그런 것도 안 하고 예사로 키워.

ᄀ 예사로 키워서 뭐 아이구 갔다 오면 뭐 (제보자 보호) 긁어 쌓는 것이
애가 쓰여서.

- 애가씨이서죽께꼬 이러타마는.
- 그: (제보자 보호) 그:카고 (제보자 보호) 그카고.
- 그러고모미 근지러웅걸: 바:써예.
- 우리는 칠람매르키아도 그렁거암반는데.
엔나레 저: 기게가틍거가꼬 머리르 앙 까낌니까? 그라믄.
요건 머 머리.
- 기게톡:.
고고 함.
- 기게독: 그기: 예 수~악캄니더⁴²⁾ 그기이 기게독 그기:.
그건 우떧슴니꺼?
- 구구러언자 기게똑:그기: 올라노마.
- 망:머리가머 까지고.
- 그런능그굴:.
- 그 기게지름그거르 또 바르데.
- 구구러바르고 머: 우찌욷:우째또그래 나삽:떠더.
- 기게도:기 그래오르는사라미 이십떠더.
엔나레 누네머 다래끼산능거 이렁걷또 낟찌예?
- 예:.
그으는 우땐슴니꺼?
- 다래끼그은또 와그래 나삳텅공?
- 다랙기가.
- 우리지베 저거⁴³⁾어르~이그래 다래끼가나삳십떠더.
- 그때머: 시집옹게⁴⁴⁾ 수물시살 자신는데.
- 머: 한창이거등.
- 그래 다래끼가 나사십떠더.
- 그래 다래끼가낭:께네 (제보자 보호) 모도그래예.

˭ 애가 쓰여서 죽겠고 이렇던만은.

˭ 그 (제보자 보호) 그렇게 하고 (제보자 보호) 그렇게 하고.

˭ 그리고 몸이 가려운 것을 봤어요.

˭ 우리는 칠남매를 키워도 그런 것 안 봤는데.

옛날에 저 기계 같은 것 가지고 머리를 깎이잖습니까? 그러면.

요것은 뭐 머리.

˭ 기계독.

그것 한 번.

˭ 기계독 그것이 고약합니다 그것이, 기계독 그것이.

그건 어떻습니까?

˭ 그것을 인제 기계독 그것이 올라 놓으면.

˭ 막 머리가 뭐 까지고.

˭ 그런 그것을

˭ 그 기계 기름 그것을 또 바르데.

˭ 그것을 바르고 뭐 어찌 어찌 어찌 또 고칩디다.

˭ 기계독이 그렇게 오르는 사람이 있습디다.

옛날에 눈에 뭐 다래끼라고 하는 것 이런 것도 났지요?

˭ 예.

그것은 어땠습니까?

˭ 다래끼 그것도 왜 그렇게 나 쌓던지?

˭ 다래끼가.

˭ 우리집에 자기들 어른이 그렇게 다래끼가 나 쌓습디다.

˭ 그때 뭐 시집오니까 스무세 살 자셨는데.

˭ 뭐 한창이거든.

˭ 그래 다래끼가 나 쌓습디다.

˭ 그래 다래끼가 나니까 (제보자 보호) 모두 그래요.

˜ 다래끼 나사:.

˜ 아유 그래애로 무우심:더.

다래끼로 우째 나샀슴니까?

˜ 구래언자구군 그걷또또그리 익:끼터짐니더.

˜ 마악 *끄그끄그기:* 골마가주고또 터짐니더.

˜ 그래터지고나마 그래 구러구러낙꼬.

˜ 터질따낸:또 익킬따네[45] 욕보고.

˜ 그 욱 머 방수도[46] 하고.

˜ 엔나레는 어리:[47] 얼기빌[48] 챔비시[49] 이신는데.

˜ 얼기비슬가주고 엔탈[50] 살짜리가[51] 이섣심니더.

˜ 대샅짜리예?

˜ 사 삭자리아심미꺼?

예: 저기 미테까능거아임니까?

˜ 삭.

머 저쩌기: 그 맨바다게.

˜ 맨바다겐 까라노~이 요새는 그 누부자도몬한다컵떠더.

˜ 그따다가 와독와독와독와독이래언자 어리비슬[52] 따까가주고.

˜ 그래 그: 다래끼다 대애고 대애고 그래 찌지마는.

˜ 또 우짬: 주저안썸니더.

또 엔나레 먿 또 다리끼 그으 오 그하라고 양밥 잍뜨 쓰고 **.

˜ 예 양바비[53] 이슴니더.

양밥 말스매 보이소 그 재민능거 ***.

˜ 양바블언자 그으르 저: 지레언자 가다가.

˜ 가다가언자 돌미~이를 조오가고 지블지이노코.

˜ 고 눈쑤풀[54]하나 빼애서 그 아네다 여어노코

˜ 그 그래 그 구운마 니등아[55]가다가 차부마상는다커디~이 ***. (웃음)

- 다래끼 나 쌓아.

- 아유 그렇게 애를 먹었습니다.

다래끼를 어떻게 고쳤습니까?

- 그래 인제 그것은 그것도 또 그렇게 익어(익게 되어) 터집니다.

- 막 그 그 그 그것이 곪아 가지고 또 터집니다.

- 그래 터지고 나면 그래 그러구러 낫고.

- 터질 동안에는 또 익힐 동안에 고생하고.

- 그 뭐 방수도 하고.

- 옛날에는 얼레 얼레빗 참빗이 있었는데.

- 얼레빗을 가지고 옛날 삿자리가 있었습니다.

대삿자리요?

- 사 삿자리 아십니까?

예, 저기 밑에 까는 것 아닙니까?

- 삭.

뭐 저 저기 그 맨바닥에.

- 맨바닥에 깔아놓으니 요새는 거기에 누워 자지도 못한다고 합디다.

- 거기에다가 와독와독와독와독 이렇게 인제 얼레빗을 닦아 가지고.

- 그래 그 다래끼에다 대고 대고 그렇게 지지면은.

- 또 어쩌면 주저앉습니다.

또 옛날에 뭐 또 다래끼 그 하라고 비법 쓰고 **

- 예 비법이 있습니다.

비법 말씀 해 보십시오, 그 재미있는 것 ***.

- 비법을 인제 그것을 저 길에 인제 가다가.

- 가다가 인제 돌멩이를 주워 가지고 집을 지어 놓고.

- 그 눈썹을 하나 빼서 그 안에 넣어 놓고.

- 그 그래 그만 누구든지 가다가 차 버리면 삭는다고 하더니, ***. (웃음)

‾ 그래도사코 에이그 애무거심니더, (제보자 보호) 다래끼해:서.

‾ 야:는[56] 안해받따.

‾ 그:래 애로무우예.

‾ 그건떠머: 때르따라 그러틍강.

‾ 그거 큰 야:드리 그래 해 사: 우리 둘째가 그래 다래끼르 해사:.

‾ 땅거는 그래안해사턴데.

‾ 다래끼르 어채컨마~이해사:.

다래끼가 주로 우게남니꺼 아이모 미테남니꺼?

‾ 우에 남니더.

우게.

미테 나능거는 업섣슴니까?

‾ 미테나마 민다래끼구.[57]

‾ 우에나모 모 욷다래끼고 머:그에.

‾ 그 우에나능그기: 그:랙 대단심니더.[58]

‾ 아이고 우리둘째가그래 다래끼를 해삳떠~이.

저: 또 게을데먼 또 그.

요:서느 고뿌리라 캠슴니까, 강기라 캠슴니까?

‾ 강기라커기도하고 고뿌리라커기도하고.

그거 한먼 또 걸리몬.

어떤는지 우째 나산는지?

‾ 그래 걸리노마:.

‾ ***.

‾ 엔나레는 또 빙원도[59] 억꼬 그러~잉께네.

‾ 인자 주루 머: 애:들 뜨시기하고.

‾ 뜨시기하고 고마지치믈해도 그래가:꼬도 놀로댕기고.

‾ 그래사마 뜨시기해서 옫또쏘게르[60]나:이피고.

˝ 그렇게도 하고 아이고 애먹었습니다, (제보자 보호) 다래끼 해서.

˝ 이 애는 안 해 봤다.

˝ 그렇게 애를 먹어요.

˝ 그것도 뭐 때를 따라 그렇든지.

˝ 그거 큰아이들이 그렇게 해, 우리 둘째가 그렇게 다래끼를 해 쌓아.

˝ 다른 애는 그렇게 안 해 쌓던데.

˝ 다래끼를 어쨌건 많이 해 쌓아.

다래끼가 주로 위에 납니까 아니면 밑에 납니까?

˝ 위에 납니다.

위에.

밑에 나는 것은 없었습니까?

˝ 밑에 나면 민다래끼고.

˝ 위에 나면 뭐 윗다래끼고 뭐 그래.

˝ 그 위에 나는 그것이 그렇게 대단합니다.

˝ 아이고 우리 둘째가 그렇게 다래끼를 해 쌓더니.

저 또 겨울 되면 또 그.

여기에서는 고뿔이라고 했습니까, 감기라고 했습니까?

˝ 감기라고 하기도 하고 고뿔이라고 하기도 하고.

그것 한 번 또 걸리면.

어땠는지 어떻게 고쳤는지?

˝ 그래 걸려 놓으면.

˝ ***.

˝ 옛날에는 또 병원도 없고 그러니까.

˝ 인제 주로 뭐 애들 따뜻하게 하고.

˝ 다뜻하게 하고 그냥 기침을 해도 그렇게 해서도 놀러 다니고.

˝ 그렇게 하면 따뜻하게 해서 옷도 솜을 놓아 입히고.

- 그래 뜨시기해서 그래갸:인 그래그래 언자 뜨싱거해미기고.[61]

- 그래마 강기가떠러지고.

- 엔나레는 짐치르다마가주고.

- 짐치르다마가: 짐치입파리르여어서 나주로[62] 그 뜨신 국시기[63]그기:
참: 조습니더.

- 예 그거를 무그만 마: 이래 강기들린데 코가 툭: 티이고.

- 그러마 지침도낙꼬.

- 무시가 그리조습니더, 예.

- 무시르 삐지가주고 참지르믈 씩꼬.[64]

- 무시구글끼리가주고 그래 강기에 야:고어르~이고[65] 그래무우마 그래
머 강기가낙꼬.

- 그래 안사랄슴니:꺼?

- (웃음) 요새는 모도 비워네가고 이런는데.

- 그러구러 사라씨미더.

- 그래도 엔나레는이런머 나쁜 그렁거 머이 영:꼬.

- 그 강기: 머 고뿔 이샅치 그으샅치머:.

- 엔나레는 이 스 이런빙 이런소리 안핻심니더.

- 당노니 머: 당노라커는 이기 엔나레는 이기 조갈삥이라[66] 캐:씀니더.

- 조갈뺑.

- 물로무거사아서 조갈뺑이라캐심니더.

- 에 지끄믄당노라커데.

- 예 그 혹시 이저네도 이섿써 익끼는 예.

- 아이구 아무는 조갈삐~이걸릳딴다 이쿠고.

- 그래도머 비워~이이써 비워네가반나머 구카다가머 중는사라믄죽꼬
사는사람사라예.

˸ 그래 따뜻하게 해서 그렇게 해서 그렇게 그렇게 인제 따뜻한 것 해 먹이고.

˸ 그렇게 하면 감기가 떨어지고.

˸ 옛날에는 김치를 담가 가지고.

˸ 김치를 담가서 김치 이파리를 넣어서 낮에 그 따뜻한 김치죽 그것이 참 좋습니다.

˸ 예, 그것을 먹으면 뭐 이렇게 감기 걸린 데 코가 툭 트이고.

˸ 그러면 기침도 낫고.

˸ 무가 그렇게 좋습니다, 예.

˸ 무를 삐져 가지고 참기름을 섞고.

˸ 무국을 끓여 가지고 그래 감기에 아이고 어른이고 그렇게 먹으면 그래 뭐 감기가 낫고.

˸ 그렇게 살았잖습니까?

˸ (웃음) 요새는 모두 병원에 가고 이렇는데.

˸ 그러구러 살았습니다.

˸ 그래도 옛날에는 이런 뭐 나쁜 그런 것 뭐 없고.

˸ 그 감기 뭐 고뿔 이랬지 그랬지 뭐.

˸ 옛날에는 이 스 이런 병 이런 소리 안 했습니다.

˸ 당뇨니, 뭐 당뇨라고 하는 이것이 옛날에는 이것을 조갈병이라고 했습니다.

˸ 조갈병.

˸ 물을 먹어 쌓아서 조갈병이라고 했습니다.

˸ 예 지금은 당뇨라고 하데.

˸ 예, 그 간혹 이전에도 있었어, 있기는, 예.

˸ 아이고 아무개는 조갈병이 걸렸단다, 이렇게 말하고.

˸ 그래도 뭐 병원이 있어 병원에 가봤나 뭐, 그러다가 뭐 죽는 사람 죽고 사는 사람 살아요.

혹시 어머~이 저기 동네에: 중풍 걸린 사람 함 보신 저기 이슴니꺼? 중풍.

- 중풍?

- 이 동네느 그느사람엄슴니더.

머 이 동넨 아이더라도 그 중풍은 어 어떠 어떻슴니까?

- 중풍이라카능거는.

- 그기: 풍아이미:꺼?

- 풍으푸~으로 바라므로오능긴데.

- 그 바라므로오는데 여: (제보자 보호).

- 요새느 그 빙도 안죽습띠더.

- 안 죽꼬 머: 자::꾸 비우네 댕깅께네.

- 머 그대:로 유지해가고 고래도 사라예.

- 안죽십띠더.

- 그: 그: 그런빙 들리가주고.⁶⁷⁾

- 욕보는사람: 보고.

- 모 몬나수:고 고마 중풍환자가 데:갸:꼬.

- 그래 그: 그마 시월닝기다가 안죽심니꺼?

- 그너믄 벵은 머슨넘: 병인지.

- 완따커마 사람조짐니더.

- 그 조심해야뎀니더.

예: 저: 또 이 그: 임속이거 잘 몬무:가지고 생기는벵도 안일슴니까?

에 머: 설사도 그러코 그지예?

토사강낭카능거또 그러코.

- 그 우째 저 저:게음스글 잘몬무막 그는수가잇슴니더.

- 음스글 우예⁶⁸⁾ 차붕거를묵꼬 보마:.

- 쏭냉한사라믄또 설사삥이 오고.

- 그래 설사뻥 이래 음슥잘몬무우서 오는빙은.

혹시 어머니 저기 동네에서 중풍 걸린 사람 한 번 보신 적이 있습니까? 중풍.

˗ 중풍?

˗ 이 동네에는 그런 사람 없습니다.

뭐 이 동네는 아니더라도 그 중풍은 어 어떠 어떻습니까?

˗ 중풍이라고 하는 것은.

˗ 그것이 풍이잖습니까?

˗ 풍으 풍으로 바람으로 오는 것인데.

˗ 그 바람으로 오는데 여기 (제보자 보호).

˗ 요새는 그 병도 안 죽습디다.

˗ 안 죽고 뭐 자꾸 병원에 다니니까.

˗ 뭐 그대로 유지해 가고 그렇게도 살아요.

˗ 안 죽습디다.

˗ 그 그 그런 병 걸려 가지고.

˗ 고생하는 사람은 (고생)하고.

˗ 못 고치고 그만 중풍 환자가 돼 가지고.

˗ 그래 그 그냥 세월 넘기다가 죽잖습니까?

˗ 그놈의 병은 무슨놈의 병인지.

˗ 왔다고 하면 사람 조집니다.

˗ 그 조심해야 됩니다.

예, 저 또 이 그 음식 이거 잘 못 먹어서 생기는 병도 있잖습니까?

뭐 설사도 그렇고 그렇지요?

토사곽란이라고 하는 것도 그렇고.

˗ 그 어떻게 저 저기 음식을 말 못 먹으면 그런 수가 있습니다.

˗ 음식을 어떻게 찬 것을 먹고 보면.

˗ 속이 찬 사람은 또 설사병이 오고.

˗ 그래 설사병 이래 음식 잘 못 먹어서 오는 병은.

⌐ 머: 우리는마주루 참사를 마~이안하고 그애쪼끄쪼끔.

⌐ 예: 한 오큼썩폭:: 꼬아가주고.

⌐ 그 파:바: 이으쓰 바븐하먼 씩씀니더.

⌐ 그래 매:매거치뿌고.[69]

⌐ 찹살로 폭:: 꼬아가:꼬.

⌐ 그래 뜨시구르해가:꼬 그 힌:주글한그륵무우뿌마 여름배느고마나서뿜니더.

⌐ 그기: 제엘야김니더.

⌐ 여름배아풍거는.

⌐ 그러코또 부인드른 이래마쏘:기차바서 이래 아파산는사라미 이심니더.

⌐ 인는데.

⌐ 저::기 나가마는 융무초[70] 아시지예?

⌐ 융무추그기 그리조슴니더.

예: 씨븡거아임니까?

⌐ 그애 융무초로 비:다가.

⌐ 어 대추가조슴니더.

⌐ 예 대추캉[71] 융무추캉 가치여어가주고.

⌐ 그또 부인드른 백또래[72]도조치예.

⌐ 그러~이 여어가:꼬 폭::쌀마무마.

⌐ 그기: 보약쭝 그런보야기업씀니더.

⌐ 어~어 엔나레 정승지베 저: 혼자덴 오 과보가 애기르가아 애기르가진는데.

⌐ 구러디: 열딸채아서노잉께네 애르난:는데.

⌐ 구: 구루차모고마 그지베모살게 안뎀니꺼?

⌐ 그 그래언자 큰 쥐르[73]직꼬.

˜ 뭐 우리는 뭐 주로 찹쌀을 많이 안 하고 그래 조금 조금.

˜ 예, 한 움큼씩 폭 고와 가지고.

˜ 그 팍팍 ??? 밥은 하면 씻습니다.

˜ 그래 매매 씻어 버리고.

˜ 찹쌀을 폭 고와 가지고.

˜ 그래 따뜻하게 해 가지고 그 흰죽을 한 그릇 먹어 버리면 여름 배는 그만 나아 버립니다.

˜ 그게 제일 약입니다.

˜ 여름 배 아픈 것은.

˜ 그렇고 또 부인들은 이래 뭐 속이 차서 이렇게 아파 쌓는 하는 사람이 있습니다.

˜ 있는데.

˜ 저기 나가면은 익모초 아시지요?

˜ 익모초 그것이 그렇게 좋습니다.

예, 쓴 것 아닙니까?

˜ 그래 익모초를 베어다가.

˜ 어, 대추가 좋습니다.

˜ 예, 대추랑 육무초랑 같이 넣어 가지고.

˜ 그 또 부인들은 백도라지도 좋지요.

˜ 그렇게 넣어 가지고 폭 삶아 먹으면.

˜ 그것이 보약 중 그런 보약이 없습니다.

˜ 응, 옛날에 정승집에 저 혼자 된 어 과부가 아기를 가 아기를 가졌는데.

˜ 그러더니 열달 채워서 놓으니까 애를 낳았는데.

˜ 그 그러면 고만 그 집에 못 살게 되잖습니까?

˜ 그 그래 인제 큰 죄를 짓고.

¯ 그: 그 과보가 지: 약해무웅기: 생각키:써.

¯ 이 야글먹꼬내가 이런이리인는데 시퍼서.

¯ 물로팔팔끼리다가 그 아:로무레다 조:여뽕게 융무추더람니더.

¯ 그망큼 융무추가조탐니더 부인들게.

¯ 그: 엔나레느 (웃음) 그엔나레는 그런마리이선찌예.

¯ 그래 엔나레느 그래가고 그래가꼬도모도 또부인드리 야글해묵꼬.

¯ 또 낙꼬.

¯ 엔날아이라도 요즘도 부인드른 배:짝애비느사람.

¯ 머: 또쏘:기 냉해가:꼬 욕보는사람 그느사라믄 살찌느사라믄 덜조코.

¯ 그래 융무초가 제일조슴니더.

¯ 이 아무부인이라도.

¯ 아:무부인이라도 융무초오 조심:더, 융무초하고대추하고느 참 지지림니더.[74]

어머~이 융무초 함 캐아바:스 보셨슴니꺼?

¯ 융무추 그거 한피이마세아노마 온지베씨가뎀니더.

¯ 그러가주고 그기:고마나가주고 이래무성하게크마.

¯ 비:가주고[75] 비테다[76]말류마[77] 안데고예.

¯ 그노믈 비:서 이래둥둥둥둥싸리가주고 그릉기다[78] 말륨:니더.

¯ 그늘에다가 말류:마.

¯ 안보하코 비테다말류:머 보:하~이바래이뿌고.

¯ 고래가주고 이:렁 바람안드가구로 나이롱 요새는마 나이롱안조슴니꺼?

¯ 포대:다가 꼬욱꼭발바여나마 심녀~이가도 갠찬심니더.

¯ 고래 탕: 여:노코.

¯ 그래 지끄믄머: 저: 액끼스약짜는데 안쌔:슴니꺼?

- 그 그 과부가 자기 약 해 먹은 것이 생각나서.
- 이 약을 먹고 내가 이런 일이 있는데 싶어서.
- 물을 팔팔 끓여서 그 아이를 물에 집어 넣으니까 익모초더랍니다.
- 그만큼 익모초가 좋답니다, 부인들에게.
- 그 옛날에는 (웃음) 그 옛날에는 그런 말이 있었지요.
- 그래 옛날에는 그래 가지고 그래 가지고도 모두 또 부인들이 약을 해 먹고.
- 또 낫고.
- 옛날 아니라도 요즘도 부인들은 바싹 야위는 사람.
- 뭐 또 속이 차서 고생하는 사람 그런 사람은, 살찌는 사람은 덜 좋고.
- 그래 익모초가 제일 좋습니다.
- 이 아무 부인이라도.
- 아무 부인이라도 익모초가 좋습니다, 익모초하고 대추하고는 참 짝꿍(?)입니다.

어머니 익모초 한 번 키워봤, 보셨습니까?
- 익모초 그것 한 포기만 세워 놓으면(심어 놓으면) 온 집에 씨가 됩니다.
- 그래 가지고 그것이 그냥 나 가지고 이렇게 무성하게 크면.
- 베어 가지고 볕에다 말리면 안 되고요.
- 그놈 베어서 이래 듬성듬성 썰어 가지고 그늘에다 말립니다.
- 그늘에다가 말리면.
- 안 보얗고 볕에다 말리면 보얗게 바래 버리고.
- 그렇게 해서 이런 바람 안 들어가게 나일론, 요새는 뭐 나일론 좋잖습니까?
- 포대에다 꼭꼭 밟아 넣어 놓으면 십 년이 가도 괜찮습니다.
- 그렇게 딱 넣어 놓고.
- 그래 지금은 뭐 저 진액 약 짜는 데 많잖습니까?

- 그래 마~이해가주고 그런데:가서 야글짜라가주고[79] 가따노코 일련:내 무구도데고.

- 안 조시미꺼? 세워리.

- 엔나레느 둥구리르[80]때:가주고 푹::꼬아가주고 그래무건습니더.

- 그래무건는데 부인들게느 그기 참:존습니더.

- 예 그래무그만 모미보하고.

- 오마 잔뱅치레 안해사코.

융무초그거는 꼳또색깔도 안이쁨니꺼?

- 꼬치마 짜잡:하~이이럳심니더 짜잔:짜잡:하~이이런능거.

- 극 그기: 지그믄 야글 쳐사:서예.

- 엔나레는 마낸습니더.

- 인데 야글쳐사:서 조매가업심니더 이런데도.

- 예 숭구서 재배안한다메는 업씀니더.

- 우리 늘근사람도 그기: 그래존습니더.

- 늘근사람도 마: 이마 쏘:기아푸고 이리히미엉꼬[81] 이럴때느 그거를무어 우.

- 저게[82]앙가도 지베서도 둥구리달마폭:: 쌀마가주고.

- 그래 비~이예[83]여어노코 요샌:냉장고가 오죽조슴니꺼?

- 그래가가 따뜯:해~이해가묵꼬.

- 꾸리나좀 태아가주고.

- 그르 그기: 억씨씹심니더.[84]

- 고래 꿀로좀 태아가주고 그래 모 항컵:석마시마.

- 마 쏘기수루루피이고 쏘글떠파고 그기: 존습니더.

- 조은냑쎈:심니더,[85] 엔나레도.

- 이런는데 지끄믄머:머 야글쳐사:서 약데능거업써예.

ˉ 그래 많이 해서 그런데 가서 약을 짜서 갖다 놓고 일년 내내 먹어도 되고.

ˉ 좋잖습니까? 세월이.

ˉ 옛날에는 (나무)그루터기를 때어 가지고 푹 고와 가지고 그렇게 먹었습니다.

ˉ 그렇게 먹었는데 부인들에게는 그것이 참 좋습니다.

ˉ 예, 그렇게 먹으면 몸이 좋아지고.

ˉ 오만 잔병치레 안 해 쌓고.

익모초 그것은 꽃도 색깔도 이쁘잖습니까?

ˉ 꽃이 마 자잘하니 이렇습니다, 자잘 자잘하니 이런 것.

ˉ 그 그것이 지금은 약을 쳐 쌓아서요.

ˉ 옛날에는 많았습니다.

ˉ 이랬는데 약을 치니까 좀처럼 없습니다, 이런 데에도.

ˉ 예 심어서 재배 안 하는 다음에는 없습니다.

ˉ 우리 늙은 사람(에게)도 그것이 그렇게 좋습니다.

ˉ 늙은 사람도 마 이 마 속이 아프고 이렇게 힘이 없고 이럴 때는 그것을 먹어 우.

ˉ 저기에 가지 않아도 집에서도 (나무)그루터기(로) 불을 때(?) 푹 삶아 가지고.

ˉ 그래 병에 넣어 놓고 요새는 냉장고가 오죽 좋습니까?

ˉ 그렇게 해서 따뜻하게 해 가지고 먹고.

ˉ 꿀이나 좀 타 가지고.

ˉ 그래 그것이 아주 씁니다.

ˉ 그래 꿀을 좀 타 가지고 그래 뭐 한 컵씩 마시면.

ˉ 마 속이 스르륵 펴지고 속을 데우고 그것이 좋습니다.

ˉ 좋은 약 많았습니다, 옛날에도.

ˉ 이랬는데 지금은 뭐 뭐 약을 쳐 쌓아서 약 되는 것 없어요.

˜ 나도지끔도 냉낭고다융무초로다리서 여어노코이씸니더.

˜ 그기:인자 내:내따네는뽀야기라.

˜ 언자 모 쏘:기착꼬 욕볼상하마또 그넘하나마시뿌마 갠찬코.

˜ 그러썸니:더 예.

˜ 그래서 음: 따라:들도 그러타커마 한솔 해주고.

˜ 미느리도 한솔 해주고.

˜ 그래 우리메느리드리 그으살슴니더.

˜ 어머님 그런야글해조사:서 우리가이래 건강함니더, 이캄니더.

저 어머~이도 사라게실때 융무초 저거 참:.

또 그: 윤동초하고.

그댄 노꼴라무하고 이렁거어가지고 폭:: 고아가지고.

˜ 모마푼사람 그그느 만신 삐골아푼데.

그래 그으서 맨날 뻬골아플때조타 그러시고.

그래고.

˜ 만신:: 삐고를.

(조사자 보호)

그라모 *** 말슴해주시던 그런 얘기 융모초니 머: 이렁거.

술로당가가구로 그라고 그래마: 누나가 그: 그래가꼬 누나가.

˜ 융무초를?

융모초나 이렁거를 너어가:꼬.

˜ 아 그그 옹갇 나무 약나무로 예:.

˜ 약나무로 일곡까지로 약나무로푹:: 싸리다가[86] 쌀마가주고.

˜ 예: 그예 그래 저:야글 해무우사:마.

˜ 이그예 부인드른 저 생사늘해사그런능가.

˜ 만:시니 그리아품니더.

˜ 나도 만:시니아파서 이농사질따가예.

⌐ 나도 지금도 냉장고에다 익모초를 다려서 넣어 놓고 있습니다.

⌐ 그것이 인제 내 내딴에는 보약이라.

⌐ 인제 뭐 속이 차고 고생할 것 같으면 또 그놈 하나 마셔 버리면 괜찮고.

⌐ 그렇습니다, 예.

⌐ 그래서 음 딸애들도 그렇다고 하면 한 솥 해 주고.

⌐ 며느리도 한 솥 해 주고.

⌐ 그래 우리 며느리들이 그렇게 해 쌓습니다.

⌐ 어머님 그런 약을 해 줘 쌓아서 우리가 이렇게 건강합니다, 이럽니다.

제 어머니도 살아 계실 때 익모초 저것 참.

또 그 인동초하고.

그때는 노나무하고 이런 것들을 폭 고와 가지고.

⌐ 몸 아픈 사람 그것은 만신 뼈골 아픈데.

그래 그래서 만날 뼈골 아플 때 좋다 그러시고.

그리고

⌐ 만신 뼈골를.

(조사자 보호)

그러면 *** 말씀해 주시던 그런 이야기 익모초니 뭐 이런 것.

술로 담궈서도(?) 그렇게 하고 그렇게 뭐 누나가 그 그렇게 해서 누나가.

⌐ 익모초를?

익모초나 이런 것을 넣어서.

⌐ 아 그것 온갖 나무 약나무로, 예.

⌐ 약나무를 일곱 가지를 약나무를 폭 썰어다가 삶아 가지고.

⌐ 예, 그래 그렇게 저 약을 해 먹어 쌓으면.

⌐ 이 그 여 부인들은 저 생산을 해 쌓아서 그런지.

⌐ 만신이 그렇게 아픕니다.

⌐ 나도 만신이 아파서 이 농사 짓다가요.

- 밤몬해주고 일꾼수발몬해서 농사마랄슴니더.
- 허:터굼아파사턴지.
- 그래 생산해사코하는사랑 그래 아파사:마.
- 머이이가:[87] 댕기민서 치머 치로박꼬.
- 물리치로 박:꼬 이산는그으느.
- 아무소양업심니더.
- 차::우리도 내소느로 머: 옹:가양나무로 구해가주고.
- 그때느머 사네가마마 양나무안쌔씀니꺼?
- 그래양낭글해다가 푹::쌀마가주고.
- 주:루그:렁거르 마~이해무운는데.
- 그래서그런능강[88] 어째서그런능고.[89]
- 지금 나사예.
- 그 늘궁께 그기나슴니더.
- 절믈쩨 그러큼아푸둥기.
- 그러코머.
- 날거튼[90]사라믄: 일도 무지무지핸심니더 예.
- 머 참 하느레해배킨나른 머 밤:나덥씨 일도억씨:해:심니더 머.
- 엄는가정에 드러와가주고.
- 머: 머슨요랑도업시 시가늘[91] 살미.[92]
- 움지이기도 마~이움지이고.
- 생산도[93] 마~이하고 그래그러텅강.
- 그래 아파서: 어 머이래갸:꼬는 농사몬직껜따카미 머어르~이.
- 마::큼그 농장 다뚜디리[94] 파라가주고.
- 자식들마다 공부씨이고.
- 머 장개디릴 방어더주고.
- 그려그러그려극 마: 나도 쪼까낼쩨시자아서 이적찌농사진:다꼬 골빙드

˗ 밥 못 해 주고 일꾼 수발 못 해서 농사 말았습니다.

˗ 어찌나 아파 쌓던지.

˗ 그렇게 생산하고 하는 사람 그렇게 아파 쌓으면.

˗ 뭐 의가(醫家)에 다니면서 치 뭐 치료 받고.

˗ 물리치료 받고 이러는 그것은.

˗ 아무 소용없습니다.

˗ 저 우리도 내 손으로 뭐 온갖 약나무를 구해 가지고.

˗ 그때는 뭐 산에 가면 뭐 약나무 많았잖습니까?

˗ 그래 약나무를 해서 푹 삶아 가지고.

˗ 주로 그런 것을 많이 해 먹었는데.

˗ 그래서 그런 것인지 어떻게 그런 것인지.

˗ 지금 나아요.

˗ 그 늙으니까 그것이 낫습니다.

˗ 젊을 적에 그렇게 아프던 것이.

˗ 그렇고 뭐.

˗ 나 같은 사람은 일도 무지무지 했습니다, 예.

˗ 뭐, 참 하늘에 해 박힌 날은 뭐 밤낮없이 일도 아주 많이 했습니다, 뭐.

˗ 없는 가정에 들어와 가지고.

˗ 뭐 무슨 요령도 없이 세간을(살림을) 살며.

˗ 움직이기도 많이 움직이고.

˗ 생산도 많이 하고 그래서 그렇던가.

˗ 그래 아파서 어 뭐 이래 가지고는 농사 못 짓겠다고 하면 뭐 어른이.

˗ 말끔 그 농장 다 남김없이 팔아 가지고.

˗ 자식들마다 공부시키고.

˗ 뭐 장가 들일 방 얻어 주고.

˗ 그러구러 그러구러 마 나도 조그마할 적 시작해서 이때가지 농사짓는

런는데.

- 나도좀 핀타:갈란다.

- 이 동네서 다그캄니더.

- 천:지 그어른거치 그래마음무고 마음대러해뿌느느느 어른 엄따컴니
더.

- 고마농사도 마라마라뿝띠더.

- 다: 너그인자는 무꼬사더룩 다내가 해나스~이.

- 너그야 우예사등가 살도록내가 다: 따가나스~이.

- 너그버리묵꼬사라라.

- 에이 이 이래가:꼬느 누구매도[95] 몬전딘다.[96]

- 마 아:우 나도농사 안질란다.

- 한 시보넌 피낼심니더.

- 핑코 자기마: 추립다하고.

- 그무마 펜타:간심니더.

- 그래자석드리 우리아부지참: 대단하신어르~이지.

- 이 농사지:마 농사몬맘니더,[97] 욕시미나서예.

- 이거를 농사르지야 도~이안나옴니꺼?

- 이렁게 자기도사러여데고 자슥뜰또보구즈글[98] 해주:야살지.

- 이런는데 우리이집 이어르는마.

- 언자는마 너그야 마: 우웨살기나.

- 나는 내대로살고 너그는 너그대로살고.

- 그래 마 농사안직꼬 함머사라볼란다.

- 그리 때리치아뿌고 그래머 좀 핑게살다가 가시고나~이.

- 자슥드리 그래 들걸린다컵띠더.

- 예 나가[99]마내도 농사직고살라꼬.

- 머 자슥들생강는다꼬 자:꾸일르해삳스마.

다고 골병 들었는데.

˝ 나도 좀 편하다가 가련다.

˝ 이 동네에서 다 그렇게 말합니다.

˝ 천지에 그 어른같이 그렇게 마음먹고 마음대로 해 버리는 어른 없다고 합니다.

˝ 그만 농사도 말아 말아 버립디다.

˝ 다 너희 인제는 먹고 살도록 다 내가 해 놨으니.

˝ 너희야 어떻게 살든지 살도록 내가 다 닦아 놓았으니.

˝ 너희 벌어서 먹고 살아라.

˝ 어이, 이 이렇게 해서는 너희 엄마도 못 견딘다.

˝ 마 아이구 나도 농사 안 지으련다.

˝ 한 십오 년 편했습니다.

˝ 편하고 자기 마 나들이 다 하고.

˝ 그 뭐 마 편하다가 갔습니다.

˝ 그래 자식들이 우리 아버지 참 대단하신 어른이지.

˝ 이 농사 지으면 농사 그만두지 못합니다, 욕심이 나서요.

˝ 이것을 농사를 지어야 돈이 나오잖습니까?

˝ 이러니까 자기도 살아야 되고 자식들도 마련을 해 줘야 살지.

˝ 이런데 우리 이 집 이 어른은 마.

˝ 인제는 뭐 너희야 뭐 어떻게 살거나.

˝ 나는 나대로 살고 너희는 너희대로 살고.

˝ 그래 뭐 농사 안 짓고 한 번 살아보련다.

˝ 그래 때려치워 버리고 그래 뭐 좀 편하게 살다가 가시고 나니.

˝ 자식들이 그래 (마음에) 덜 걸린다고 합디다.

˝ 예, 나이가 많아도 농사 짓고 살려고.

˝ 뭐 자식들 생각한다고 자꾸 일을 해 쌓았으면.

ˉ 하이구 우라버지가 그러케 그래하시고 가신는데시퍼서 걸리:낀데.

ˉ 일 일찌기마라뿌고.

ˉ 딱 자기 고마마 단도리[100]다해각꼬마.

ˉ 놀로댕기고.

ˉ 마: 추룹댕기고.

ˉ 그래그마 피 핑키그래 좀 사시다가신심니더.

ˉ 그래 그런어르~이 어럽따컴니더, 동네서도.

그럴슴니더.

ˉ 예 동네서도어럽따컴니더.

농사: 여페보고는 안질수억꺼든녜 예:.

ˉ 예: 안질수업담니더.

ˉ 이런는데 이어르는 고래탁 치아뿌고.

ˉ 그래언자 장:술로 애중하시지.

ˉ 애중하시도 참:: 술하나는 정신익끼자심니더, 요새 내가 야:로고캄니더.

ˉ 우리우:우리 이 이 선새~이[101] (제보자 보호).

(제보자 보호)

ˉ 아부지 이런말슴 이즈머안덴대이.

ˉ 너그한테 어띠키 당부로하고 가신노?[102]

ˉ 아무리 너그아부지느 수리조아도.

ˉ 수를 사이믈[103]하고 술로무우야지.

ˉ 수른 함부둥[104]무머 안덴다.

ˉ 수를 함부덩무:마:.

ˉ 함부두룽 뭉:다 수를 마~이무머 모메 해가오고.

ˉ 함부두룽 노는사라믄 주색잭끼 조극 조아하고.

ˉ 노름조아하는 사람은 살리메 페가오고.

﹂ 아이구 우리 아버지가 그렇게 그래 하시고 가셨는데 싶어서 걸린 건데.

﹂ 일 일찍이 말아 버리고.

﹂ 딱 자기 그만 뭐 단속 다 해 가지고 마.

﹂ 놀러 다니고.

﹂ 마 나들이 다니고.

﹂ 그래 그냥 펴 편하게 그렇게 좀 사시다가 가셨습니다.

﹂ 그래 그런 어른이 어렵다고 합니다, 동네에서도.

그렇습니다.

﹂ 예, 동네에서도 어렵다고 합니다.

농사 옆에 보고는 안 지을 수 없거든요, 예.

﹂ 예, 안 지을 수 없답니다.

﹂ 이런데 이 어른은 그렇게 탁 치워 버리고.

﹂ 그래 인제 늘 술을 애중하시지.

﹂ 애중하셔도 참 술 하나는 정신 있게 자십니다, 요새 내가 애를(애에게) 그렇게 말합니다.

﹂ 우리 우 우리 이 이 선생이 (제보자 보호).

(제보자 보호)

﹂ 아버지 이런 말씀 잊으면 안 된다이.

﹂ 너희에게 어떻게 당부를 하고 가셨느냐?

﹂ 아무리 너희 아버지는 술이 좋아도.

﹂ 술을 사양을 하고 술을 먹어야지.

﹂ 술은 함부로 먹으면 안 된다.

﹂ 술을 함부로 먹으면.

﹂ 함부로 먹는다, 술을 많이 먹으면 몸에 해가 오고.

﹂ 함부로 노는 사람은 주색잡기 좋아 좋아하고.

﹂ 노름 좋아하는 사람은 살림에 폐가 오고.

￣ 절::때로 내 마를 기피드르래이, 이카고가신는데.

￣ 너그아버지 말씀 허어느르 드르마안덴대이, 내가 더러 이캄니더.

(제보자 보호)

￣ 구른데도 술 끈는사람: 딱끄너뽑띠더.

￣ 머: 우리크나들또 술 조아하고 둘째도 술로 애중핸는데.

￣ 딱 끄너뽑띠더.

(제보자 보호)

어머~이그라고 언제또 지긍까진 맥깨언자머 벵거퉁거가지고 말스믈하신는 데.

이건말고: 또: 어떤머 벵드리 또안이섿슴니 예를드러서.

￣ 아는쌈치[105] 대답하겐심니더.

예: 그: 저네 얼굴 얼근사람들 이섿찌예?

￣ 예?

얼굴 얼근 사람.

￣ 얼근사람 이찌예.

머라캔슴니꺼 그거르갇따가.

￣ 얼근사라믄 그그옌나레는 주사도욱꼬.

￣ 병원도웅꼬.

￣ 그래가주고 그 소임이라꼬.

￣ 그그 큰손니미라컴니더.

￣ 그: 그그 중한 병이 어떨때오마.

￣ 온:동네가 해예.

￣ 예, 하마.

￣ 또 안얼꼬 잘:러무가는 사람: 잘러무가고.

￣ 그때 사람 애: 마니안주긷심니꺼?

￣ 그래 암만 마~이나아도 몽키앋슴니더.

˼ 절대로 내 말을 깊이 들어라이, 이렇게 하고 가셨는데.

˼ 너희 아버지 말씀 허언으로 들으면 안 된다이, 내가 더러 이렇게 합니다.

(제보자 보호)

˼ 그런데도 술 끊는 사람은 딱 끊어 버립디다.

˼ 뭐 우리 큰아들도 술 좋아하고 둘째도 술을 애중했는데.

˼ 딱 끊어 버립디다.

(제보자 보호)

어머니 그러고 인제 또 지금까지는 몇 개 인제 뭐 병 같은 것 가지고 말씀을 하셨는데.

이것 말고 또 어떤 병들이 또 안 있었습니(까), 예를 들어서.

˼ 아는 만큼 대답하겠습니다.

예, 전에 얼굴 얽은 사람들 있었지요?

˼ 예?

얼굴 얽은 사람.

˼ 얽은 사람 있지요.

뭐라고 했습니까, 그것을 가지고.

˼ 얽은 사람은 그 그 옛날에는 주사도 없고.

˼ 병원도 없고.

˼ 그래 가지고 그 손님(천연두)이라고.

˼ 그것 큰손님이라고 합니다.

˼ 그 그 중한 병이 어떨 때 오면.

˼ 온 동네가 해요.

˼ 예, 하면.

˼ 또 안 얽고 잘 넘어가는 사람은 잘 넘어가고.

˼ 그때 사람 애 많이 죽였잖았습니까?

˼ 그래 아무리 많이 낳아도 못 키웠습니다.

- 홍진소이메 다이러뿌고.
- 칠람매팔람매도 자:꾸 이러뿌고이라뿌고.
- 그래아: 다주일뿌고.
- 그때느머: 이 자슥궝[106] 몬한사래미 만슴니더
- 요새는 이워니좋아서.
- 가서 방치르안함니꺼?
- 이리 이릴쩨기머: 방치르하마.
- 그러 그래구마갠찬테예 예:.
- 이인마 머겐창코.
- 아유 머: 그그 소~악캄니더.
- 그래 마 잘만하마얼거뿌고.
- 예 그거르 잘몬하머 얼거뿌고.
- 또 우째 그또저지리하머[107] 얼거뿌고 그러심니더.
- 그그르 참:: 그 씨길쩨게[108] 조시믈해야데는데.
- 우째 엔나레느 부어케다불로때:가꼬 생선도꾹꼬예.
- 지사로지내마 생선도 꾹꼬찌고하는데.
- 그그런지슬 하고나마 고마그리 얼거뿜니더.
- 예: 참: 조심함니더.
- 인데 홍진도[109] 머요새아:드른 홍진도안함니더.
- 머: 점:부 주사르마치서그랭:께 홍진함니꺼? 안함니더.
엔나레 ** 그: 꼬옥 핻찌예?
- 예: 꼭해기리예.[110]
- 그거르씨기나:야 이젇뿐다안캐심니꺼?
- 또 그따다가우째 그걸 그그콩 콩 과개그기오마.
- 잘몬하마마 다안주긴심니꺼?
- 그래그래가:꼬 잘 핸 사라믄또 어러거뿌고.

﹁ 홍역 손님에 다 잃어 버리고.

﹁ 칠남매 팔남매도 자꾸 잃어 버리고 잃어 버리고.

﹁ 그렇게 애 다 죽여 버리고.

﹁ 그때는 뭐 이 자식 구경 못한 사람이 많습니다.

﹁ 요새는 의원이 좋아서.

﹁ 가서 예방을 하잖습니까?

﹁ 이리 어릴 적에 뭐 예방을 하면.

﹁ 그래 그렇게 그만 괜찮데요, 예.

﹁ 이 마 뭐 괜찮고.

﹁ 아이구 뭐 그것 흉악합니다.

﹁ 그래 뭐 잘못하면 얽어 버리고.

﹁ 예, 그것을 잘못 하면 얽어 버리고.

﹁ 또 어떻게 그 또 잘못 저지르는 일을 하면 얽어 버리고 그렇습니다.

﹁ 그것을 참 시킬 때에 조심을 해야 되는데.

﹁ 어떻게 옛날에는 아궁이에다 불을 때서 생선도 굽고요.

﹁ 제사를 지내면 생선도 굽고 찌고 하는데.

﹁ 그 그런 짓을 하고 나면 그만 그렇게 얽어 버립니다.

﹁ 예, 참 조심합니다.

﹁ 이런데 홍역도 뭐 요새 아이들은 홍역도 안 합니다.

﹁ 뭐 전부 주사를 맞혀서 그렇게 하니까 홍역 합니까? 안 합니다.

옛날에 ** 그것 꼭 했지요?

﹁ 예 꼭 하고말고요.

﹁ 그것을 시켜 놓아야 잊어 버린다고 하잖았습니까?

﹁ 또 거기에다 어쩌다 그것 그 큰 큰 과객(손님) 그것이 오면.

﹁ 잘못하면 마 다 죽였잖습니까?

﹁ 그 그래 가지고 잘 한 사람은 또 얽어 버리고.

- 그그리히미드럴심니더.

- 이 우리 쌍디~이 키울젬마해도 그때매해도좀 세워리어드바가:꼬.

- 비원도 마~이엉꼬 이러마.

- 그때는또 배길지치믈[111]해.

- 배길지치믈하마 배길르해얘뎀니더.

- 크: 두리 배길지치믈 허거더거가 그래애 요글보고.

- 그래 고때느또 이워니이서서.

- 그래댕김: 주사르마치고이래도 그리키요글보고.

- 요건뜨른또 홍진도또 순하게합떠더.

- 근:또 세월땍 따라하능강.

- 그래 순하게하고.

- 그머:이거 우리는 (제보자 보호) 일건짜~이키얕슴니더.

- 그렁거르 잔빙치리 마~이안해예.

- 그래 마~이안하고 그래잘 큽떠더.

- 그기엔나레는 홍진그그 참:무섭심니더.

- 직끄믄 그런때미러 아: 하나 둘 다앙키암니꺼?

뽈치기는 우째 핻습디꺼?

- 예?

뽈치기.

- 뽈치기?

- 뽈치기[112]도해사얕찌.[113]

뽈치기는 우우우째서 생기는검니꺼?

- 뽈치기는 또 무다:~이[114]그머 태게 모~아리[115]가 이래생기거마.

- 모~아리가생기가:꼬 고마 그기: 모~아리가자꾸 커가:꼬.

- 벌:거~이 해가:꼬 그래 그 볼치기라고해산심니더.

- 그래해도머 개 그카다갠찬코.

- 그 그렇게 힘이 들었습니다.
- 이 우리 쌍둥이 키울 적만 해도 그때만 해도 좀 세월이 어두워 가지고.
- 병원도 많이 없고 이래 마.
- 그때는 또 백일기침을 해.
- 백일기침을 하면 백일을 해야 됩니다.
- 그 둘이 백일기침을 헉 얻어 가지고 그렇게 고생을 하고.
- 그래 그때는 또 의원이 있어서.
- 그래 다니면서 주사를 맞히고 이렇게 해도 그렇게 고생을 하고.
- 이것들은 또 홍역도 또 순하게 합디다.
- 그것도 세월 때(?) 따라 하는지.
- 그렇게 순하게 하고.
- 그 뭐 이것 우리는 (제보자 보호) 일 같지 않게 키웠습니다.
- 그런 것을 잔병치레 많이 안 해요.
- 그래 많이 안 하고 그래 잘 큽디다.
- 그것 옛날에는 홍역 그것 참 무섭습니다.
- 지금은 그렇기 때문에 애를 하나 둘 다 키우잖습니까?

볼거리는 어떻게 했습디까?

- 예?

볼거리.

- 볼거리?
- 볼거리도 해 쌓았지.

볼거리는 어 어 어떻게 해서 생기는 것입니까?

- 볼거리는 또 무단히 그 뭐 턱에 멍울이 이렇게 생기건만.
- 멍울이 생겨 가지고 그만 그것이 멍울이 자꾸 커 가지고.
- 벌겋게 해 가지고 그래 그 볼거리라고 해 쌓았습니다.
- 그렇게 해도 뭐 괜 그러다가 괜찮고.

그음 터잠니꺼? 어쩜니꺼?
˗ 그래 그애똔 그건떠마 상는 머:야기 일 머어슬 조야글 해산치:.
˗ 자다가 저 밤추미[116] 제일 조타쿠고.
˗ 그래 예 할매드리 여페델:꼬자미서:.
˗ 마런하고[117] 그밤추믈 자:꾸발라사.
˗ 그래고마 상는수가익꼬.
˗ 그 밤춤도야기졷슴니더.
예 이래 이래 해 가 발락껜네예 볼라.
˗ 그이 그래 삭심니더.
예:. (두 사람 웃음)
어머~이 혹시그: 여개 코미테요개 째:지가지고.
말 잘 몬하는 사람도 안이섣슴니까?
그름 머라 ***.
˗ 째보.[118]
에 고고함말슴 좀해주이소.
˗ 째보: 머그그른 사람 배속:빙스~이지.
˗ 배소게서 고래가:나왈찌.
˗ 고래가:나오매 이지저네느 그으를 도리가업서가:꼬 째보가데:가: 안사
랃심니꺼?
˗ 이런데 지꾸믄짐:는다컵띠더.
˗ 이래딱 집:뿌머머 갠찬타컵띠더.
˗ 무어 이 태중에 저: 잘 몬하마.
˗ 저저리하머 그러탐니더.
˗ 예 머르 자즈잘: 저지르하마.
˗ 머: 꾹뚜굴[119] 곤친다.[120]
˗ 머: 태중에머 머: 손 몬댈때다 소늘대고나마.

그럼 터트립니까? 어떻게 합니까?

˜ 그래 그래 또 그것도 뭐 삭는 뭐 약이 있 뭣을 조약을 해 쌓지.

˜ 자다가 저 밤침이 제일 좋다고 하고.

˜ 그래 예, 할머니들이 옆에 데리고 자면서.

˜ 말 안 하고 그 밤침을 자꾸 발라 쌓아.

˜ 그래 그만 삭는 수가 있고.

˜ 그 밤침도 약이 좋습니다.

예, 이렇게 이렇게 해 가지고 발랐겠네요, 발라.

˜ 그게 그렇게 삭습니다.

예. (두 사람 웃음)

어머니 혹시 그 여기 코밑에 여기 째져 가지고.

말 잘 못하는 사람도 있잖았습니까?

그것을 뭐라고 {X했습니까X}?

˜ 언청이.

예 그것 한 번 말씀 좀 해 주십시오.

˜ 언청이 뭐 그런 사람은 배냇병신이지.

˜ 배 속에서 그렇게 해서 나왔지.

˜ 그렇게 해서 나오면 이전에는 그것을 도리가 없어서 언청이가 돼서

살았잖습니까?

˜ 이랬는데 지금은 깁는다고 합디다.

˜ 이렇게 딱 기워 버리면 뭐 괜찮다고 합디다.

˜ 뭐 이 태중에 저기 잘 못하면.

˜ 저지르는 일을 하면 그렇다고 합디다.

˜ 예 뭣을 잘 잘 저지르는 일을 하면.

˜ 뭐 굴뚝을 고친다.

˜ 뭐 태중에 뭐 뭐 손 못 델 데에다 손을 대고 나면.

⁻ 그런때미로: 임시~이데마 조시믈안함니꺼?

⁻ 임시~이데마모도 그 그:느손대마안덴다.

⁻ 그그느 하 그이른하마안덴다 이래.

⁻ 조시믈함니더 조심하능거마낻찌예.

⁻ 머: 홍진씨이고 이렁걷또 조시믈하고 가리고.[121]

⁻ 너머[122] 장사도[123]가지마라.

⁻ 머: 마~이가릳심니더.

⁻ 그럼 가리야뎀니더.

⁻ 그래머: 굳 이 이저네는 똥물도 퍼내고안이랟슴니꺼?

⁻ 추무리로[124]가: 저다내고.

⁻ 그래 그렁걷또 하지마라:.

⁻ 가리능기 만심니더.

혹시 그: 압 몬보는사라믄 업섣슴니꺼?

저: 동네나 또 엽동네나 암모뽀는사람?

⁻ 암모뽀느사람: 혹:시이찌예.

그:는 머라캔슴니꺼?

⁻ 혹:시 인는데 그으는또 사다가 벵신[125]데는수도익꼬.

⁻ 사다가그래 봉사데는수도익꼬.

⁻ 또온 배속: 봉사도익꼬.

⁻ 예 배쏙:봉사도 이래.

⁻ (제보자 보호) 보~잉께네.[126]

⁻ 구리~이가 저: 담부라~아 이리타고 드가능거로.

⁻ 그그기 임신할때.

⁻ 구구머 풀찍깨[127]가아~이심니꺼?

⁻ 머일 이래댇:따커등강 이랟능가.

⁻ 그 야:르나아노옹게 고마누~이 누~이봉사예.

˘ 그렇기 때문에 임신이 되면 조심을 하잖습니까?

˘ 임신이 되면 모두 그 거기는 손 대면 안 된다.

˘ 그것은 하 그 일은 하면 안 된다, 이렇게 말해.

˘ 조심을 합니다, 조심하는 것 많았지요.

˘ 뭐 홍역 시키고 이런 것도 조심을 하고 가리고.

˘ 남의 장사(에)도 가지 마라.

˘ 뭐 많이 가렸습니다.

˘ 그놈 가려야 됩니다.

˘ 그래 뭐 구 이 이전에는 똥물도 퍼내고 이랬잖습니까?

˘ 추마리를 가지고 져다 내고.

˘ 그 그런 것도 하지 마라.

˘ 가리는 것이 많습니다.

혹시 그 앞 못 보는 사람은 없었습니까?

저 동네(에)나 또 옆동네(에)나 앞 못 보는 사람?

˘ 앞 못 보는 사람이 혹시 있지요.

그거는 뭐라고 했습니까?

˘ 혹시 있는데 그것은 또 살다가 병신 되는 수도 있고.

˘ 살다가 그렇게 봉사되는 수도 있고.

˘ 또 배냇봉사도 있고.

˘ 예, 배냇봉사도 이래.

˘ (제보자 보호) 보니까.

˘ 구렁이가 저 담벼락 이렇게 타고 들어가는 것을.

˘ 그 그게 임신할 때.

˘ 그것 뭐 부집게가 있잖습니까?

˘ 뭐 이렇게 대었다고 하던가 이랬는가.

˘ 그 애를 낳아 놓으니까 고만 눈이 눈이 봉사요.

(제보자 보호)

⁻ 그렁 그렁걷또 조심해얘데고.

⁻ 그 그런질또 안해얘데는데.

⁻ 그런지슬하~이 조심해:데고.

또 배소게서부터 다리를 절고.

⁻ 예.

⁻ 또: 이 치끔 한 오십때: 육십때 그: 그숭간에는.

⁻ 소아마비르[128] 마~이핸:씸:더.

⁻ 소아마비를 그때느아묻 머: 조치도억꼬.

⁻ 고마 멀:건아:가 고마다리로 몬씨고.

⁻ 팔도몬씨고이래마 소아마비라컹기:써.

⁻ 그래갸:꼬맏 빙시~이가데: 쩔룩빠리가[129] 마:~이생기고.

⁻ 곰배파리 마~이생기고 앙그랟심니꺼?

곰배파리는?

⁻ 곰배파른마 이 팔몬씨고.

⁻ 마 팔몬씨고 이래갸: 마 이 이래 장: 이 이래가 댕기는 사암 그기 곰배파리고.[130]

아 예 *** 이섣따 그지예?

혹시 이 등이이래 부가:꼬 여 툭:티:노:고 이런사람들 업섣슴니꺼?

그으는 머라캔슴니까?

⁻ 만치예.

⁻ 그런사람:머 함부두룩 모더 주루부인드리그러씸니더.

(제보자 보호)

아이 저기.

⁻ 머 부인드리 머: 예 이를 함부두루하고.

⁻ 머: 애기노코 함부두루 꿈지이고.

(제보자 보호)

˘ 그런 그런 것도 조심해야 되고.

˘ 그 그런 짓도 안 해야 되는데.

˘ 그런 짓을 하니, 조심해야 되고.

또 뱃속에서부터 다리를 절고.

˘ 예.

˘ 또 지금 한 오십대 육십대 그 그 순간(무렵)에는.

˘ 소아마비를 많이 했습니다.

˘ 소아마비를 그때는 아무 뭐 조치도 없고.

˘ 그만 멀쩡한 애가 그만 다리를 못 쓰고.

˘ 팔도 못 쓰고 이러면 소아마비라고 하는 것이 있어.

˘ 그래 가지고 그만 병신이 되어서 절름발이가 많이 생기고.

˘ 곰배팔이 많이 생기고 그랬잖았습니까?

곰배팔이는?

˘ 곰배팔은 마 이 팔 못 쓰고.

˘ 뭐 팔 못 쓰고 이렇게 해서 뭐 이 이래 늘 이 이렇게 다니는 사람 그 것이 곰배팔이고.

아 예 *** 있었다 그죠?

혹시 이 등이 이렇게 굽어가지고 여기 툭 튀어 나오고 이런 사람들 없었습니까?

그것은 뭐라고 했습니까?

˘ 많지요.

˘ 그런 사람이 뭐 함부로 모두 주로 부인들이 그렇습니다.

(제보자 보호)

아니 저기.

˘ 뭐 부인들이 뭐 예 일을 함부로 하고.

˘ 뭐 애기 낳고 함부로 움직이고.

⌐ 우리는 우리아:드리 그:칸다.

⌐ 우리엄마느 그러쿰 저:게 이를마~이해:도.

⌐ 그래도 어데나서매 자세가끋끋해서 갠찬타이:캄니더.

⌐ 그으르마 어떤사라믄 땅을물고안댕김니꺼?

⌐ 하아: 땅을물고 댕기느사람 이동네도 만슴니더.

⌐ 그런 사람드른모도 태정 태중에모드 병을어더가:꼬

⌐ 머 생산하고 조리 잘 몬하고.

⌐ 함부두룽 마꿈지:고 그래가: 병언는 사래미만심니더.

⌐ 또: 우째혹:시머: 엔나레느 꼬치도따가주고 지붕에너럳슴니더.

⌐ 집찌붕에.

⌐ 발가아~이 안느러씸니꺼? (웃음)

⌐ 크래느러:가 꼬치늘러올라가다 또 자빠진사람도 익꼬.

⌐ 지붕에너찐사람도 빙시~이가데고.

⌐ 머 그런사라미 만심니더.

⌐ 사다가보마.

⌐ 예 이저네야그머: 사람머 사랑깜:니꺼?

이 기: 몬뜨는 사람은 업섬니꺼?

⌐ 몬든는 사람도이찌예.

⌐ 그거뜨 배쏙빙시~이.

⌐ 도 크다가 빙시~이데는 수가익꼬.

⌐ 크다가 귀에무리나사코.

⌐ 이 귀가 이으 양쭈게 으: 기:마꼬[131]가 노가가뿌가:꼬.

⌐ 그래가:꼬.

머가예:?

⌐ 귀:마꼬라커대.

⌐ 예.

˗ 우리는 우리 애들이 그렇게 말한다.

˗ 우리 엄마는 그렇게 저기 일을 많이 해도.

˗ 그래도 어디 나서면 자세가 꼿꼿해서 괜찮다, 이렇게 말합니다.

˗ 그것을 마 어떤 사람은 땅을 물고 다니잖습니까?

˗ 아주 땅을 물고 다니는 사람 이 동네에도 많습니다.

˗ 그런 사람들은 모두 태중 태중에 모두 병을 얻어 가지고.

˗ 뭐 생산하고 몸조리 잘 못하고.

˗ 함부로 뭐 움직이고 그렇게 해서 병 얻는 사람이 많습니다.

˗ 또 어찌 혹시 뭐 옛날에는 고추도 따 가지고 지붕에 널었습니다.

˗ 짚 지붕에.

˗ 발갛게 늘었잖습니까? (웃음)

˗ 그래 널어 가지고, 고추 널러 올라가다가 또 자빠진 사람도 있고.

˗ 지붕에서 떨어진 사람도 병신이 되고.

˗ 뭐 그런 사람이 많습니다.

˗ 살다가 보면.

˗ 예, 이전에야 그 뭐 사람 뭐 산 것입니까?

이 귀 못 듣는 사람은 없었습니까?

˗ 못 듣는 사람도 있지요.

˗ 그것도 배냇병신.

˗ 또 크다가 병신이 되는 수가 있고.

˗ 크다가 귀에 물이 나 쌓고.

˗ 이 귀가 이 양쪽에 고막이 녹아 버려 가지고.

˗ 그래 가지고.

뭐가요?

˗ 고막이라고 하대.

˗ 예.

⁻ 그기: 노가뿌가:꼬.

⁻ 자::꾸그그 고롬나산승거로 몬나수고.

⁻ 지꾸문곤치지만 몬곤치고나뚜~잉게.

⁻ 그기:고마 영글고 기:마빙시~이가 데:서 평상내[132] 몬득꼬.

⁻ 그러씹떠더.

(제보자 보호)

⁻ (제보자 보호) 질마[133]안덴다.

(제보자 보호)

⁻ (제보자 보호) 귀 어더븐사래미 그래도 마:믄 이 참 청백거치 글 그 그 개가:꼬.

⁻ 그 (제보자 보호) 키아고.[134]

(제보자 보호)

⁻ 그: 먹찌거리[135](제보자 보호).

(제보자 보호)

저: 또보몬 마를 몬하는사람도 안 이섰습니까?

⁻ 마를 몬하느사람.

더듬는 사람도 이슬?

⁻ 마를 마를몬하는 사암도 혹씨이씸니더.

⁻ 예: 마를 몬하는사람그그느또 버부리랑[136] 버부리랑 만내가:꼬.

(제보자 보호)

⁻ 버부리랑 버부랑 마차노~이.

⁻ 크이 여자느그래 야무치:예.

⁻ 야무친데[137] 마를 몬하는데.

(제보자 보호)

⁻ 그:캐사미 참 여자는 참 존는데.

⁻ 그그 그러구러삽떠더.

⁻ 그것이 녹아 버려 가지고.

⁻ 자꾸 그 고름 나 쌓는 것을 못 고치고.

⁻ 지금은 고치지만 못 고치고 놔 두니까.

⁻ 그것이 그만 굳고 그것이 마 뭐 병신이 돼서 평생 동안 못 듣고.

⁻ 그렇습디다.

(제보자 보호)

⁻ (제보자 보호) 길면 안 된다.

(제보자 보호)

⁻ (제보자 보호) 귀 어두운 사람이 그래도 마음은 이 참 청백같이 그 그래 가지고.

⁻ 그 (제보자 보호) 키우고.

(제보자 보호)

⁻ 그 귀머거리 (제보자 보호)

(제보자 보호)

저 또 보면 말을 못하는 사람도 있었잖습니까?

⁻ 말을 못하는 사람.

더듬는 사람도 있을?

⁻ 말을 말을 못 하는 사람도 혹시 있습니다.

⁻ 예, 말을 못하는 사람 그것은 도 벙어리랑 벙어리랑 만나 가지고.

(제보자 보호)

⁻ 벙어리랑 벙어리랑 맞춰 놓으니.

⁻ 그 이 여자는 그렇게 야무져요.

⁻ 야무진데 말을 못하는데.

(제보자 보호)

⁻ 그렇게 해 쌓으며(쌓아도), 참 여자는 참 좋은데.

⁻ 그그 그러구러 삽디다.

￣ 그래도: 갈쭐도 모르고.

￣ 어 머 머: 실랑도 버릴쭐도모르고 그래그래삽띠더. (두 사람 웃음)

￣ 엔나레는 그른사암도 다:: 젤호늘하고.

￣ 암::만 불쌍한사람도 겨로늘하고 이래사란는데 지끄믄 머.

￣ 사대육신: 다: 머 머 펑코 업 음 부모잘만내고 이는사암도 (제보자 보호) 장개몽가는사라미 꽉찬습니다.

￣ 이 (제보자 보호) 총가기 여남:치나일심니더.

￣ 그기 크니리라예.

￣ 그 장개르몽가예.

(제보자 보호)

￣ 매자가[138] 이서가주고.

￣ 그래언자 그 매자한테 부타글해가주고.

￣ 처제르[139] 딜:꼬완는데.

￣ 모리이로일랄 내일모리 이로일랄 겨론함니더.

￣ 근데 딜:꼬와가주고 이 수물니살멀따커더나 처자가.

￣ 딜:꼬와서마 이집 잘살고.

(제보자 보호)

￣ 막: 이 떠들고[140]잍찌.

(제보자 보호)

￣ 막: 이 이래 떠들고이승게 조아예.

￣ 그래 조아하미서.

￣ 우짼등가 시매서[141]가: 사우[142]가 (제보자 보호).

￣ (제보자 보호) 이 새디기로[143] (제보자 보호) 씨기닝기라.[144]

(제보자 보호)

￣ 그래 여개 (제보자 보호) 농께네 사라미참 착하담니더.

그래모리: 게론씨임니더.

˭ 그래도 갈 줄도 모르고.

˭ 어 뭐 뭐 신랑도 버릴 줄도 모르고 그렇게 그렇게 삽디다. (두 사람 웃음)

˭ 옛날에는 그런 사람도 다 결혼을 하고.

˭ 아무리 불쌍한 사람도 결혼을 하고 이렇게 살았는데 지금은 뭐.

˭ 사지육신 다 뭐 뭐 편하고 부모 잘 만나고 이런 사람도 (제보자 보호)
장가 못가는 사람이 꽉 찼습니다.

˭ 이 (제보자 보호) 총각이 여남은 이나 있습니다.

˭ 그것이 큰 일이에요.

˭ 그 장가를 못 가요.

(제보자 보호)

˭ 중매쟁이가 있어 가지고.

˭ 그래 인제 그 중매쟁이에게 부탁을 해 가지고.

˭ 처녀를 데리고 왔는데.

˭ 모레 일요일에 내일 모레 일요일날 결혼합니다.

˭ 그런데 데리고 와 가지고 이 스물네 살 먹었다고 하더나, 처녀가.

˭ 데리고 와서 마 이 집 잘 살고.

(제보자 보호)

˭ 막 이 떠받들고 있지.

(제보자 보호)

˭ 막 이 이렇게 떠받들고 있으니까 좋아요.

˭ 그렇게 좋아하면서.

˭ 어쨌든지 시누남편이, 사위가 (제보자 보호).

˭ (제보자 보호) 이 새댁을(새댁에게) (제보자 보호) 시키는거야.

(제보자 보호)

˭ 그래 여기에 (제보자 보호) 놓으니까 사람이 참 착하답니다.

˭ 그래 모레 결혼 시킵니다.

아 살고 인네예?

⎯ 예 살고이심니더.

(제보자 보호)

⎯ 사라미 그리조슴니더.

⎯ 조탐니더.

⎯ 그래언자 어른들로 그리싱길쭐 알고.

(제보자 보호)

⎯ 부모싱길쭐알고 가장싱길쭐알고 이래.

⎯ 그래 이 사래미 차캐:예.

(제보자 보호)

⎯ 엄마미테 안주[145]좀더: 더배아가주고 그래나와야데지 그래나오마 안덴다꼬.

⎯ 가실꺼정마 좀 딜꼬이스라캘.

⎯ (제보자 보호) 따라가고지바요[146] 가고지바요 이산다앙캄니꺼?

(웃음)

⎯ 그래 얼라맨치르[147](제보자 보호).

⎯ 이래잉께네 이 지베온사람: 참: 자롼슴니더.

(제보자 보호)

⎯ 지끔 장개몽가는 그기 크닐아임니꺼?

⎯ 그기: 크니림니더.

(제보자 보호)

어머~이혹시저: 그머 벵을나살라고 무대~이나머: 박수가튼.

무당이나박수가튼사람들 처~애가:꼬굳하고 이렁거함문 보신경엄잉스심니꺼?

⎯ 읻찌예.

⎯ 이찌예.

아 살고 있네요?

⎯ 예, 살고 있습니다.

(제보자 보호)

⎯ 사람이 그렇게 좋습니다.

⎯ 좋답니다.

⎯ 그래 인제 어른들을 그렇게 섬길 줄 알고.

(제보자 보호)

⎯ 부모 섬길 줄 알고 가장 섬길 줄 알고 이렇게.

⎯ 그래 이 사람이 착해요.

(제보자 보호)

⎯ 엄마 밑에(서) 아직 좀 더 더 배워 가지고 그렇게 나와야 되지 그렇게 나오면 안 된다고.

⎯ 가을까지만 좀 데리고 있으라고 해.

⎯ (제보자 보호) 따라가고 싶어요 가고 싶어요 이렇게 말한다고 하잖습니까?

(웃음)

⎯ 그래 아기처럼 (제보자 보호).

⎯ 이러니까 이 집에 온 사람 참 잘 왔습니다.

(제보자 보호)

⎯ 지금 장가 못 가는 그것이 큰일이잖습니까?

⎯ 그것이 큰일입니다.

(제보자 보호)

어머니 혹시 저 그 뭐 병을 고치려고 무당이나 뭐 박수 같은.

무당이나 박수 같은 사람들 청해서 굿하고 이런 것 한 번 보신 경험 있으십니까?

⎯ 있지요.

⎯ 있지요.

˘ 우리: 기뜰:[148] 절믈쩨는 그렁거 마:~이핸습니더.

˘ 그런일르 마:~이핸습니더.

˘ 이 지끄믄다 빙워네가고.

말슴좀.

˘ 어머 무당이 무슨 소양이이심니꺼? 이런는데그.

˘ 그때쭘치느[149]머: 무당: 억씨: 모도 마~이해심니더.

˘ 그그는머: 난는다쿠고 나순다쿠고.

˘ 지금 그그업서도 사는데.

˘ 마~이핸찌예.

˘ 혹:시 참 답따:믄 새미판다꼬.

˘ 그래가:꼬또 호험보는사라믄 보고.

˘ 지금 무당엄심니더.

그: 무당이 구슬하먼 어짬니까? 바믈새가아서함니꺼? 우째함니꺼?

바믈 새아가꼬함미까? 우짬니까?

˘ 예: 엔나레는 바믈새아고 뚜디리고 이래 구슬 핸는데.

˘ 요즈:믄 돈마 마~이도라쿠고.[150]

˘ 고마 대강해어뿌고 그래안한담니더.

˘ 그래머 크래 머 무당써서 난는병도 익꼬.

˘ 요즈:믄머 점재~이그: 마~이안조아함니더.

동네에 머데머 무당이 누가읻섬니까?

사람 동네사라미 무당이덴 그런사람 읻슴니?

˘ 이 동네는 무당안남니더.

머 무당그믈또머 타고 시~이내리야 덴다사태예.

그런걸.

˘ 그렁거머 마학 꾸씩 그글또 싱꾸슬 해얘뎀니더.

그함먼 말씀해주이소.

- 우리 ?? 젊을 적에는 그런 것 많이 했습니다.
- 그런 일을 많이 했습니다.
- 이 지금은 다 병원에 가고.

말씀 좀.

- 어 뭐 무당이 무슨 소용이 있습니꺼? 이렇는데, 그.
- 그때 쯤에는 뭐 무당을 아주 모두 많이 했습니다.
- 그것은 뭐 낫는다고 하고 고친다고 하고.
- 지금 그것 없어도 사는데.
- 많이 했지요.
- 혹시 참 답답하면 우물 판다고.
- 그래 가지고 또 효험 보는 사람은 보고.
- 지금 무당 없습니다.

그 무당이 굿을 하면 어떻게 합니까? 밤을 새가면서 합니까? 어떻게 합니까?

밤을 새워 합니까? 어떻게 합니까?

- 예 옛날에는 밤을 새워 두드리고 이렇게 굿을 했는데.
- 요즘은 돈만 많이 달라고 하고.
- 고만 대강 해 버리고 그렇게 하지 않는답니다.
- 그래 뭐 그래 뭐 무당 써서 낫는 병도 있고.
- 요즘은 뭐 점쟁이 그 많이 안 좋아합니다.

동네에 어디 뭐 무당이 누가 있었습니까?

사람 동네사람이 무당이 된 그런 사람 있습니까?

- 이 동네(에)는 무당 안 납니다.

뭐 무당 그것도 뭐 타고 신이 내려야 된다고 하대요.

그런 것.

- 그런 것 뭐 막 그 신 그것도 내림굿을 해야 합니다.

그것 한 번 말씀해 주십시오.

- 싱꾸슬[151]하마 시~이들리가: 살리믈몬살고.
- 만:날 시~이들리가 댕기미서.
- 그래 그:사타가.
- 그래언자 또 또 무당이 무당한테가따 저믈해가주고.
- 또 뜨 저무당이또 구슬해:라쿠고.
- 막: 시늘청해안차라쿠고 그래갸:꼬.
- 고마 시~이부터가: 모메부터가:꼬.
- 그래곰: 무당이데데예.
- 그래무다~이데갸:꼬 마: 댕기미뚜디리고.
- 마: 점재~이가데고 그머 그럴십띠더 무당도.
- 머 이동네는 그른사라미 업써도.
- 모 무당데는사래미 그래뎁:띠더.
- 그: 마: 시~이부터가:꼬.
- 엔나레는 그음: 시 사래미 신도마~이부터예.
- 지끄믄그른사람 업씸니더.

시니부투모 어떠슴니꺼? 쫌 평소하고 사라미달라짐니꺼?

- 시~이 붇 시~이 부트머 사래미다르지예.
- 예 다르고 하는 행동도다르고.
- 고마마 홍실상실한[152]소리해싸코.
- 그 신 그기: 올키드러가주고 도늘버리묵꼬 살마느갠찬는데.
- 잘몬들먼 직꾸석조지고[153] 그럴씸니더.
- 구래도 엔나레는 장가로가고 시지불가도.
- 그기 애드리 게론잘몬하마 (제보자 보호) 게로늘해노마 (제보자 보호).

(제보자 보호)

- (웃음) 그걸 참이릅 그렁걸또 어러바예.

˜ 내림굿을 하면 신이 들려서 살림을 못 살고.

˜ 만날 신이 들어서 다니면서.

˜ 그래 그렇게 해 쌓다가.

˜ 그래 인제 또 또 무당이 무당한테 가서 점을 해 가지고.

˜ 또 또 저 무당이 또 굿을 하라고 하고.

˜ 막 신을 청해 앉히라고 하고 그래 가지고.

˜ 그만 신이 붙어 가지고 몸에 붙어 가지고.

˜ 그래 그만 무당이 되데요.

˜ 그래 무당이 돼 가지고 마 다니면서 두드리고.

˜ 뭐 점쟁이가 되고 그 뭐 그렇습디다, 무당도.

˜ 뭐 이 동네(에)는 그런 사람이 없어도.

˜ 뭐 무당 되는 사람이 그렇게 됩디다.

˜ 그 마 신이 붙어 가지고.

˜ 옛날에는 그 음 신 사람이 신도 많이 붙어요.

˜ 지금은 그런 사람 없습니다.

신이 붙으면 어떻습니까? 좀 평소와 사람이 달라집니까?

˜ 신이 붙 신이 붙으면 사람이 다르지요.

˜ 예, 다르고 하는 행동도 다르고.

˜ 그냥 마 흥실상실한 소리 해 쌓고.

˜ 그 신 그것이 옳게 들어 가지고 돈을 벌어 먹고 살면은 괜찮은데.

˜ 잘 못 들면 집안 망치고 그렇습니다.

˜ 그래도 옛날에는 장가를 가고 시집을 가도.

˜ 그것이 애들이 결혼 잘못하면 (제보자 보호) 결혼을 해 놓으면 (제보
자 보호).

(제보자 보호)

˜ (웃음) 그것 참 어렵, 그런 것도 어려워요.

- 요새느 그렁기업찌마느.
- 엔나레는 그래씀니더.
(제보자 보호)

⁻ 요새는 그런 것이 없지만은.

⁻ 옛날에는 그랬습니다.

(제보자 보호)

■ 주석

1) '나사슴니더'[LLHHL]. 나 쌓습니다, 나곤 합니다. '삻(쌓)-'은 경남방언에서 발견되는 독특한 보조동사의 하나이다. 동작의 되풀이를 나타내는데, 아주 생산적으로 쓰이는 말이다.

2) '어시땀띠'[HLLL]. 땀띠의 일종. 아래 부분의 발화를 들어보면, 이 땀띠는 얼굴이나 몸에 보통 땀띠보다 큰 소름 같은 것이 돋고, 일정 시간이 지나면 곯은 뒤 주저앉는데, 당분간 그 자리 주위는 푸르스럼한 빛이 난다고 한다. 특히, 해산하는 여자들이 지나치게 몸을 덥게 할 때 잘 생긴다고 한다.

3) '공깁띠더'[HLLL]. 곪습디다. '곪다'를 경남방언에서는 '공기다'[HLL]라고 한다. '-ㅂ띠더'는 '-ㅂ디다'의 경남방언형인데, 이는 '-ㅂ더이다'에서 온 것이다.

4) '터리이가'[LHLL]. 털이. '터리이'[LHL]는 일반적으로 '터레기, 터리기'[LHL]로 발화된다. '터레기'는 '털+에기'로 형태 분석되고, 여기에서 고모음화가 적용되면 '터리기'가 되는데, 여기에서 'ㄱ'이 약화·탈락하면 '터리이'가 된다.

5) '사랑게'[LHH]. 사람에게. 이 지역어 이른바 여격조사의 한 특징은, 기원적으로 속격조사인 '에'('에게'의 '에')를 지배하지 않고 그냥 '게'를 체언 뒤에 통합한다는 점이다. 중세국어에서는 절대 다수의 예가 속격조사 '-이/의, ㅅ'을 지배했지만, 다음과 같이 속격조사를 요구하지 않고 체언 뒤에 바로 통합하는 '게'도 있었다. 〈보기〉 五百釋女ㅣ … 華色比丘尼게 出家ᄒᆞ야 (월석 10:23). 물게 두 쓸 나고 (남명, 상:67). '사랑게'에 있는 받침 'ㅇ'은 '사람게'에 있는 받침 'ㅁ'이 'ㄱ' 앞에서 역행동화된 예이다.

6) '사랑기:'[LHH:]. 사람에게. '기:'는 '게'에서 변한 것이다.

7) '오르마'[LHL]. 옮으면. '(병이) 옮다'의 경남방언은 '오르다, 오리다'[LHL]이다.

8) '요글'[HH]. 고생을, 수고를. 경남방언에서 '욕보다'는 '수고하다, 고생하다'의 뜻이지, 표준어처럼 '욕을 보는' 의미가 아니다.

9) '야게'[HH]. '야기'(주격)라고 발화할 부분이 '야게'와 같이 발화한 것이다.

10) '개똥하고'[LHHL]. 개똥하고, 개똥과. 경남방언에서 공동격조사는 '하고'[HL]이다. '와/과' 공동격조사는 존재하지 않는다.

11) '그르게다가'[HLLLL]. 그릇에다가. '그릇'을 경남방언에서는 '그륵'[HL]이라고 한다.

12) ‘아:들’[HˆL]. 아이들. ‘아:들’[HˆL]은 ‘아이들’이라는 뜻이고, ‘아들’[HL]은 ‘아들’
    이라는 뜻이다.

13) ‘태여리라꼬’[HLLLL]. ‘태열이라고’. ‘태열’[HL]은 부스럼과 같은 질병의 일종이
    다. 아래에 나오는 제보자 할머니의 발화 내용 참조.

14) ‘나:노:마’[HˆL:L]. 낳아 놓으면. 보편적인 경남방언에서는 ‘낳다’도 ‘낳다’[HL]이
    고, ‘놓다’도 ‘낳다’[HL]이다. 그러나 창녕지역어에서 ‘놓다’는 ‘놓다’[HL]이다.

15) ‘맨:치러’[HˆL]. 처럼. ‘맨치러’는 ‘처럼’의 뜻을 갖는 이 지역어이다. ‘맨’을 강
    화해서 발음하면 하강조인 ‘맨:’[Hˆ]이 된다.

16) ‘만:치러’[HˆLL]. ‘맨:치러’로 발화하려던 것이 이렇게 발화된 것이다.

17) ‘근질기’[LHL]. 긁기. 경남방언에는 ‘근질다’[LHL]와 ‘간질다’[LHL]가 있고, 그 의
    미도 다르다. 전자는 ‘긁다’의 뜻이고, 후자는 ‘간질이다’의 뜻이다.

18) ‘쌍디~이’[LHL]. 쌍둥이.

19) ‘히~이’[HL]. 형.

20) ‘이리끼버텀’[HHHHL]. 어릴 적부터. ‘어릴 적’이 ‘이리끼’[HHH]로 발화된 것은
    의외이다. 보편적인 경남방언은 ‘에릴짝’[HLL]이기 때문이다. ‘버텀’[HL]은 보조
    사 ‘부터’의 창녕지역어이다. ‘버텀’은 ‘부텀’으로도 발음된다.

21) ‘안주꾸중’[HLLL]. 아직까지. ‘안주’[HL]는 ‘아직’의 경남방언이다. ‘(술의) 안주’
    도 음소 및 성조가 이와 꼭 같다. ‘꾸중’[HL]은 보조사 ‘까지’의 이 지역어이다.
    보편적인 경남방언은 ‘꺼정’[HL]이다.

22) ‘위솔려도’[LLHL]. 외손녀도. ‘위솔려’의 ‘위’는 단모음 [y] 발음이다. [y] 발음이
    없는 경남방언에 비추어 보면, 제보자 할머니의 이 발음은 특이한 것이다.

23) ‘이드르믄’[HLLL]. 여드름은.

24) ‘보잉께네’[HLLL]. 보니까. ‘보잉께네’는 ‘보-+-잉께네(←인께네)’로 형태 분석
    가능하다. ‘-잉께네’는 이유나 원인을 나타내는 연결어미인데, ‘-잉’에 있는 ‘이’
    는 조모음 ‘으’의 변형이다. ‘보잉께네’는 ‘봉께네’로 잘 축약되고, ‘네’는 실현되
    지 않기도 한다.

25) ‘짤고’[HH]. 짜고. ‘짜-’의 이 지역어는 ‘짤-’이다. 〈보기〉 짤라가주고(짜 가지
    고, 짜서).

26) ‘삼비질사름’[HHHHL]. 삼베 길쌈. ‘삼비’[HH]는 ‘삼베’의 창녕지역어이다. ‘질사
    름’은 ‘질삼’[HH]을 잘못 발화한 것이다.

27) 나사고[LHL]. 낫게 하고. ‘낫게 하다’를 경남방언에서는 ‘나사다, 나수다’[LHL]
    라고 한다. ‘낫-+-아/우-+-다’로 형태 분석된다. ‘-아/우-’는 사동 접미사이다.

28) '입때'[HH]. 이때. '입'에 있는 'ㅂ'은 이 말이 역사적으로 '이+ㅄ'에서 온 것이기 때문이다. 경남에서 '이때'를 '입때'라고 하는 지역은 많지 않다.

29) '그러마는'[LLHH]. 의미 불명이다. '그러마'[LLH]는 '그너마'인 것으로 보인다. '그너마'는 '그+넘(=놈)+아'에서 온 말인데, '그놈, 그녀석' 정도의 의미이다. 꼭 욕이 아니라, 다소 마음에 들지 않는 대상에 대하여 쓰는 말이다.

30) '조~오'[HL]. 종이. '종이'의 경남방언은 완전 동화와 비모음화가 실현되어 '조~오'로 발음된다.

31) '소태낭기'[LLHL]. 소태나무가. '낭기'는 '낡+이〉낡+이'로 변화한 결과다.

32) '소태나무'[LLLH]. 소태나무. 여기에서는 '낡'이 '나무'로 발화되었다.

33) '소태낭글'[LLHL]. 소태나무를. '낭글'은 '낡+을'에서 변화한 것이다.

34) '안나싸:씸니꺼'[LLH^LLL]. 고치잖았습니까, 낫게 하지 않았습니까. '안+낫+-아+-았+-심-(←-습-)+-니+-꺼'로 형태 분석된다. '-아-'는 사동 접미사이고, '-았-'은 과거시제 선어말어미이다.

35) '오턴:자'[HL:L]. 옻은 인제. 표준어 '옻'은 창녕지역어에서 '옽'이다.

36) '밤낭게다'[LHLL]. 밤나무에다. '낭게'는 '낡+에'에서 변한 말이다.

37) '정구치'[LHL]. 부추. '부추'의 경남방언은 '정구지'[LHL]계와 '소풀'[HL]계로 나뉜다. 창녕지역어는 전자에 드는데, '정구지'가 '정구치'로 발화된 것이다.

38) '나사삼:'[LLH^]. '나사샇-'(고치곤 하-)과 관련된 발화를 하려다가 이런 발화로 중단되었다.

39) '쑹니파리'[HHHL]. 쑥이파리. '이파리'[LHL]를 앞에서는 '이푸리'라고 했는데, 여기에서는 '이파리'로 발화되었다.

40) '복분재로'[HHHL]. 복분자로. '복분자'가 '복분잼니더'와 같이 움라우트 되는 환경의 어형에 이끌려 '복분재'로 재구조화한 어형이다. 그러나 곧 바로 뒤에 나오는 '복분자가'를 보면, '복분재'로의 재구조화는 완전한 것이 아님을 알 수 있다.

41) '이릴쪽'[HLL]. 어릴 적. '어릴 적'의 보편적인 경남방언은 '에릴짜'[HLL]이다. 주석 20번에서 '이리끼'[HHH]라는 말을 소개하면서, '어릴 적'으로 풀이한 바 있다. '이릴쪽'과 '이리끼' 사이의 상관성과 차이점을 밝히는 작업이 필요하다.

42) '수악캄니더'[HLLHL]. 고약합니다, '수악카다'[HLLL]의 어원은 '흉악하다'이다. 보편적인 경남방언은 '수앙카다'[HLLL]이다.

43) '저거'[LH]. 자기들. '자기들'에 해당하는 이 지역어 재귀대명사는 '저거'이다. 단수 재귀대명사 '저'에 해당하는 이 지역어는 '지'이다.

44) '옹게'[HL]. 오니까. '-ㅇ게'는 '-ㄴ게'에서 변한 말이다. 이유나 원인을 나타내
는데, '-ㅇ게'로 발음되는 것이 대부분이고, '네'를 붙여 '-ㅇ께네'로 발화되는
것도 흔한 일이다.

45) '이킬따네'[HLLL]. 익힐 동안에. '따네'는 '동안에'에서 변한 말이다. 보통은 '따:
네'[H^L]처럼 발음한다.

46) '방수도'[LHL]. '방수+도'. '방수'의 정확한 뜻은 알기 어려우나, 질병에 걸리면
그것을 낫게 하기 위하여 취하는 여러 가지 전래하는 치료법을 이르는 말인
것은 분명하다. 과학적 근거가 없는 것이 대부분이다. 아래의 발화에는 '양
밥'[HL]이라는 발화가 나오는데, 이 '방수'는 '양밥'(≒비법)과는 다른 말이다.
'방수'는 일종의 치료법인 반면, '양밥'은 치료 행위와는 관련 없는, 미신적 방
법이기 때문이다. '방수'는 한자어 '方手'에서 온 말인지도 모른다.

47) '어리:'[LH:]. '어리빗'(=얼레빗)을 발화하려다가, '얼기빗'으로 나아간 부분이
다. 제보자 할머니의 머리에는 표준어 '얼레빗'에 가까운 '어리빗' 정도의 단어
가 더 들어가 있는 것으로 보인다. 실제로 아래에서는 '어리비슬'[LHLL]이라는
발화가 나온다.

48) '얼기빋'[LHL]. 얼레빗. 보편적인 경남방언의 하나이다.

49) '챔비시'[HLL]. 참빗이. '참빗'을 '챔빗'[HL]이라고 하는 것도 전형적인 경남방언
의 하나이다.

50) '엔탈'[LH]. '엔날'(=옛날)을 발화하려다 잘못 발화한 것이다.

51) '살짜리'[LHL]. 삿자리. '살짜리'도 아니고, '삳짜리'도 아닌 발음이다. 아래의
발화에서는 '삭자리'[LHL]로 나온다.

52) '어리비슬'[LHLL]. 얼레빗을. 제보자 할머니는 '얼레빗'을 '얼기빗'과 '어리빗'으
로 발화하였다. 전형적인 경남방언은 전자이다.

53) '양바비'[HLL]. '비법' 정도로 풀이된다. 주석 46번도 참조.

54) '눈쑤풀'[LHL]. 눈썹을. '눈쑵+울(대격조사)'.

55) '니등아'[HHL]. 누구든지. '뉘+든가〉뉘등가〉니등가〉니등아' 정도의 변화를 거
친 말이다.

56) '야:는'[H:H]. 이 애는. 자료 수집 현장에 제보자 할머니의 막내아들이자, 필자
의 후배·제자인 시인 성기각 박사가 자리를 함께 하고 있었다.

57) '민다래끼구'[LLLHL]. 민다래끼고.

58) '대단심니더'[LLHHL]. 대단합니다. '대단+-심니더(=-습니다)'. '대단'은 어근인
데, 어근이 접미사를 취하지도 않고 바로 종결어미(복합) '-심니더'를 통합하

는 것이 이채롭다.

59) '빙원도'[LHH]. 병원도.

60) '쏘게르'[HHL]. 솜을. '솜'을 경남방언에서는 '쏘케'[HH]라고 한다. 여기에서는 '쏘게'라고 발화되었다.

61) '미기고'[HLL]. 먹이고. '먹-+-이-+-고〉메기고〉미기고'. '미기고'는 '미이고'로 발화되기도 한다.

62) '나주로'[HHL]. 낮으로, 낮에. '낮+우로(구격조사)'.

63) '국시기'[LHL]. 김치죽. '국시기'는 '국시이'로도 들린다.

64) '씩꼬'[HL]. 섞고. 표준어 '섞다'는 경남방언에서 '썪따'인데, 여기에서는 '썪다'로 발음되었다.

65) '아:고어르~이고'[H^LLHHL]. 아이고 어른이고. '(이)고'는 접속조사의 하나.

66) '조갈뻥이라'[HLLL]. 조갈병이라. '조갈뻥'[HLL]은 바로 아래 발화에서는 '조갈뻥'으로 발화된다.

67) '들리가주고'[LLHLL]. 걸려 가지고. '걸리다'를 경남방언에서는 '들리다'[LHL]라고 한다.

68) '우예'[LH]. 어떻게.

69) '거치뿌고'[HLLL]. 씻어 버리고. '뿌고'는 '삐고'와 함께 '버리고'의 경남방언이다.

70) '융무초'[HHL]. 익모초.

71) '대추캉'[LHH]. 대추랑. '캉'은 경남방언 공동격조사 및 접속조사의 하나이다. 여기에서는 접속조사로 쓰였다.

72) '백또래'[LLH]. 백도라지. '도라지'의 창녕지역어는 '도래'[LH]이다.

73) '쥐르'[LH]. 죄를. '죄'의 보편적인 경남방언은 '제'인데, 제보자 할머니는 여기에서 이를 단모음 '쥐'로 발음하였다. '르'는 유음이나 모음 뒤에 오는 경남방언 대격조사의 하나이다.

74) '지지림니더'[HLLLL]. 짝꿍(?)입니다. '지질+이-+-ㅁ니더'. '지질'은 문맥 상 '짝이 서로 잘 맞는 것'의 의미이다. '제(재귀대명사의 속격형)+길(道)'에서 온 말인 듯하다.

75) '비:가주고'[H:HLL]. 베어 가지고, 베어서.

76) '비테다'[HLL]. 볕에다. '비테가'의 성조가 [HHL]가 되면, 그것은 '빛에다'의 의미를 갖는 경남방언이 된다.

77) '말류마'[LHL]. 말리면. '말리다'를 경남방언에서는 '말류(:)다'[LH(^)L]라고 한다.

78) '거릏기다'[LHLL]. 그늘에다. '거릏기다'의 어형 분석은 쉽지 않다. 거릏+이(=에)+다'로 분석된다면, '그늘'을 뜻하는 말은 '거릏'인데, 이것은 쉽게 접할 수 있는 말이 아니다. 아래 발화에서는 바로 '그늘'이 등장한다.

79) '짜라가주고'[HHHLL]. 자 가지고, 짜서. '짜다'의 창녕지역어는 '짤다'[HH]이다.

80) '둥구리르'[LHLL]. (나무)그루터기를. '둥구리'[LHL]는 나무 줄기를 베어낸 토막을 가리키는 말인데, 특히 뿌리에 가까운 부분을 지칭할 때가 많다. 뿌리까지를 포함하면 '깨뚱구리'[LLHL]가 된다.

81) '엉꼬'[LH]. 없고. '엉꼬'를 얻기 위해서는 기저형을 '없-'으로 설정하지 않을 수 없다. '없다'의 전형적인 경남방언은 '없다'이다.

82) '저게'[HL]. 저기에. '저기'는 약초 원액을 짜는 곳을 말한다.

83) '비~이예'[HLL]. 병에. 경남방언에서 '병'은 '베~이, 비~이'[HL]라고 한다. 음절이 늘어난 것이 주목된다.

84) '씹심니더'[HHLL]. 씁니다. '쓰다'의 경남방언은 '씹다'[HH]이다.

85) '쎌:심니더'[H^LLL]. 많습니다. '많다'의 경남방언은 '만타(←많다)[LH]'가 있고, 별도로 '쎌:다'[H^L]가 더 있다. 그런데 '쎌:다'는 시제로는 현재시제인데, 형태는 과거시제를 포함한 것이다. 따라서 문맥에 따라 현재시제로도 해석되고, 과거시제로도 해석된다. 여기에서는 과거시제로 해석된다.

86) '싸리다가'[HLLL]. 썰어다가, 썰어서. 표준어 '썰다'는 창녕지역어에서 '싸리다'[HLL]이다.

87) '이가:'[LH^]. 의가에, 의원에. 경남방언에서는 체언의 끝소리가 'ㅇ' 받침이거나 모음이면 그 뒤에 오는 처격조사는 체언의 마지막 모음에 완전 동화된다. '이가:'는 '이가에〉이가아〉이가:'로 변화된 결과이다.

88) 그런능강[HLLL]. 그런 것인지. '-능강'은 간접 의문문에 쓰인 복합 의문형 어미이다. 의문사가 없어서 '가' 형식으로 끝났다.

89) 그런능고[HLLL]. 그런 것인지. '-능고' 역시 간접 의문문에 쓰인 복합 의문형 어미이다. 의문사(어째서)가 있어서 '고' 형식으로 끝났다. '그런능고'는 '그런능공'으로도 자연스럽게 실현된다.

90) '날거튼'[LHH]. 나 같은, 나와 같은. '같다'에 해당하는 경남방언 '겉다'는 공동격을 지배한다. 그런데 '나'와 같은 일음절 대명사가 오면, '나'는 '날'로 변이한다. 구격조사 앞에서 일음절 대명사는 'ㄹ'를 더 첨가하게 되는데, 그때 형성된 어형이 그대로 체언으로 굳어진 것으로 이해된다.

91) 시가늘[LHH]. 세간을, 살림을. '세간'이 고모음화여 '시간'으로 발음된 것이다.

여기에서 '세간'은 '살림'을 뜻하는 말이다.

92) '살미'[LH]. 살며. 표준어 연결어미 '-며'는 이 지역어에서 '-며>-메>-미'라는, 단모음화에 이은 고모음화로 실현된다. '-면서'의 뜻을 가지기도 한다.

93) '생산도'[HLL]. 생산도. '생산'은 아이를 낳는 일을 가리킨다.

94) '뚜디리'[LHL]. '뚜디리'의 직접적인 표준어 대역은 '두들겨'이다. 그러나 문맥으로 보면, '남김없이'의 뜻이다.

95) '누구매도'[HHHL]. 너희 엄마도. '너그(=너희)+우매(=엄마)+도'로 분석된다. '엄마'에 해당하는 경남방언은 '오매, 우매, 어매'[HH] 등으로 실현된다.

96) '전딘다'[HLL]. 견딘다. '견디다'를 경남방언에서는 '전디다'라고 하는데, 첫 음절의 'ㄱ'은 구개음화하여 'ㅈ'으로 실현되는 데 반해, 둘째 음절의 'ㄷ'은 구개음화하지 않음이 눈길을 끈다. '견디다'가 역사적으로 '견듸다'였다는 점과 관련이 있다.

97) '몬맘니더'[LLHL]. 그만두지 못합니다. 특이한 부정 표현이다. 부정의 의미가 이미 들어 있는 '말다'를 다시 부정하는 법이 표준어에는 마련되어 있지 못하다. "못/안 말다', "말지 못/안하다'와 같은 표현이 불가능하다는 것이다. 그러나 경남방언에는 '못 말다'와 같은 표현도 가능하고, '안 말다'와 같은 표현도 가능하다. 〈보기〉 안 말래?(=그만두지 않을래?)

98) '보구즈글'[LLHL]. 마련을, 살도록 도움을. '보구즉+을'로 분석된다. '보구즉'은 '살도록 도와주는 것'의 의미이다.

99) '나가'[HH]. 나이가. '나이'의 경남방언은 '나'[H]이다.

100) '단도리'[LHL]. 단속. 일본말인 것으로 알려져 있다.

101) '선새~이'[LHL]. 선생이. '선생'은 제보자의 막내아들인 시인 성기각 박사를 말한다.

102) '가신노'[HHL]. 가셨느냐. 서술어가 용언이고 의문사가 있으면, 의문형 어미는 '-노'이다. 의문사는 '어터키'[LHH](=어떻게)이다.

103) '사이믈'[HLL]. 사양을. '수를 사이믈 하고' 먹는다는 것은, '마실 정도만' 마신다는 뜻이다.

104) '함부둥'[HLL]. 함부로. 아래에서는 '함부덩'으로 실현되었다. '함부로'의 뜻으로 경남방언에서는 '함부둥/덩' 말고도 '함부두록, 함부두룩, 함부두룽, 함부두로'[HLLL] 등이 더 있다. 더 아래에서는 '함부두룽'이 발견된다.

105) '아는짬치'[LLHH]. 아는 만큼, 하는 한도까지. '짬치'는 '그 범위 안에서, 그 범위 안까지' 등의 의미를 갖는 말이다.

106) '궁:'[L:]. 구경. '구경'은 경남방언에서 주로 '구겡, 기잉'[LH] 등으로 발화된다. '기잉'에서 더 축약이 되면 '깅:'이 되는데, 제보자 할머니는 이를 '궁:'으로 발음하였다. '궁:'은 '구경〉구겡〉구깅〉구잉〉궁:' 정도의 변화를 거친 말이다.

107) '저지리하머'[LHLHL]. 잘못 저지르는 일을 하면. '저지리'[LHL]는 '저질-(=저지르-)+-이(명사화 접미사)'로 분석되는 말이다. '저지르는 일'을 말한다. '저지리하다'와 같이 쓰인다.

108) '씨길쩌게'[HLLL]. 시킬 적에. 표준어 '시키다'를 경남방언에서는 '씨기다'[HLL]라고 한다. 본문에서 말하는 '시키는 것'은 천연두를 시작하는 것을 말한다.

109) '홍진도'[LHL]. 홍역도. '홍역'을 경남방언에서는 '홍진'[LH]이라고 한다.

110) '해기리예'[HHHL]. 하고말고요. 반드시 그러함을 나타내는 보편적인 경남방언 어미는 '-기로'이다. '예'는 표준어 '요'에 해당하는 청자 높임의 조사이다. 일반적인 경남방언이라면, 이 표현은 '하기로예'[LHLL]가 되는데, 제보자 할머니는 이를 다소 이상하게 발화하였다.

111) '지치믈'[HLL]. 기침을.

112) '뽈치기'[HHL]. 볼거리.

113) '사앗찌'[HLL]. 쌓았지, (하)곤 했지. '샇(쌓)-'은 경남방언에서 발견되는 독특한 보조동사의 하나이다. 동작의 되풀이를 나타내는데, 아주 생산적으로 쓰이는 말이다.

114) '무다~이'[LHL]. 무단히.

115) '모~아리'[LHL]. 멍울.

116) '밤추미'[HHL]. 밤침이. '침'(타액)을 경남방언에서는 '춤'[H]이라 한다.

117) '마런하고'[LLHL]. 말 안 하고. 말을 하지 않은 상태의 밤침이 약이 된다는 속설이 있다.

118) '째보'[LH]. 언청이.

119) '꾹뚜굴'[LHH]. 굴뚝을.

120) '곤친다'[HLL]. 고친다. '고치다'를 경남방언에서는 'ㄴ'이 첨가된 '곤치다'라고 한다.

121) '가리고'[HLL]. 가리고. '가리다'를 일반적인 경남방언에서는 '개리다'[HLL]라고 한다.

122) '너머'[HL]. 남의. '남의'는 일반적으로 '너무(←넘우)'[HL]로 발음되고, 여기에서처럼 '너머'로 발음되기도 한다.

123) '장사도'[LHH]. 장사(葬事)도. '장사(葬事)'는 성조가 [LH]이고, '장사'(물건을 사

서 파는 것)는 성조가 [HH]이다.

124) '추무리로'[LHLL]. 추마리로. '추마리'는 이동용 또는 저장용 용기류의 하나이다. 배는 부르고 아가리는 좁다는 것이 특징이다. 이를 동부 경남에서는 '추무리'라고 하고 중부 경남에서는 '추마리'라고 한다.

125) '벵신'[LH]. 병신. '병신'의 전형적인 경남방언은 '빙시~이'[LHH]이다. 아래의 발화에서는 '빙시~이'가 나온다.

126) '보~잉께네'[HLLL]. 보니까. '-잉께네'는 '-니까'에 해당하는 경남방언 연결어미의 하나이다.

127) '풀찍깨'[LHL]. 부집게.

128) '소아미비르'[LLLHL]. 소아마비를. '소아마비'라는 말은 요즘 들어 생긴 말이다. 이전에는 '쩔룩바리(←절룩발이)'라고 했다. '쩔룩바리'의 성조는 [LLHL], 또는 [LHLL]라고 했다. 아래의 발화에는 '쩔룩바리'가 나온다.

129) '쩔룩빠리가'[LHLLL]. 쩔룩발이가.

130) '곰배파리고'[LLHLL]. 곰배팔이고.

131) '기:마꼬'[L:HL]. 고막.

132) '펭상내'[LHL]. 평생 동안, 평생 내내.

133) '질마'[LH]. 길면. '길다'는 경남방언에서 '질다'[LH]로 실현된다. '-마'는 조건을 나타내는 연결어미의 하나이다.

134) '키아고'[HLL]. 키우고. '키우다'를 경남방언에서 '키아다'[HLL]라고 한다.

135) '먹찌거리'[LHHL]. 귀머거리.

136) '버부리랑'[HLLL]. 벙어리랑. '벙어리'를 경남방언에서는 '버부리'[HLL]라고 한다. '랑'은 공동격조사 또는 접속조사인데, 흔히 접할 수 있는 말이 아니다.

137) '야무친데'[LLHL]. 야무진데. '야무지다'를 경남방언에서는 '야무치다'[LLHL]라고 한다.

138) '매자가'[HLL]. 중매쟁이가. '매자'는 한자어 '媒子'이다.

139) '처제르'[LHH]. 처자를. '처자(처녀)'를 뜻하는 '처제'의 성조는 [LH]이고, '처제'(妻弟)를 뜻하는 '처제'는 성조가 [HL]이다.

140) '떠들고'[LHL]. 받들고. '떠들다'[LHL]는 말 그대로 떠드는 것을 말하지만, 여기에서의 의미는 '떠받들다'이다.

141) '시매서'[HHL]. 시누남편. 시집오는 여자의 입장에서 하는 이야기이니까, '시매서'가 된다.

142) '사우'[HL]. 사위.

143) '새대기로'[HHLL]. 새댁을. 여기에서는 '새댁에게'의 뜻이다. '새댁'은 경남방언에서는 '새대기'[HHL]라 한다. '로'는 모음 뒤에 오는 대격조사이다.

144) '씨기닝기라'[HLLLL]. 시키는거야. '-닝기라'는 '-능기라'에서 바뀐 것이다. '-능기라'는 '-는 거야에 대응되는 말이다. 의미를 더 풀어쓰면, '-ㄴ다 이 말이다' 정도가 된다. '거야는 '것+이-(계사)+-아(반말 어미)'에서 온 것이다. 경남 방언 '-능기라'는 '-는+것+일-(계사 '이-'의 기원형)+-아(반말 어미)'에 기원을 둔 말로 보인다. 이기갑(2003), 『국어 방언 문법』(태학사), 270~272쪽, 482쪽 등등에서는, 경상도 방언 등에 보이는 '-라'는 계사 뒤에 오는 '-어/아'의 변이형태의 하나로 다루고 있다. 계사 '이-'의 기원형이 '일-'이라는 논의는 김정대(2005), 「계사 '이-'의 기원형 *일-'을 찾아서」, 『우리말글』(우리말글학회) 35집, 1~41쪽을 참조하기 바란다. '시키다'를 경남방언에서는 '씨기다'[HLL]라고 한다.

145) '안주'[HL]. 아직. '(술의) 안주'도 '안주'[HL]이다.

146) '가고지바요'[LLHLL]. 가고 싶어요. 보조용언 '싶다'는 경남방언에서 '집다'[HL]이다.

147) '얼라맨치르'[LHHLL]. 아기처럼. '얼라'[LH]는 '아기'를 말하고, '맨치르'[HLL]는 '처럼'의 뜻인 창녕지역어이다.

148) '기뜰'[HH^]. 무슨 뜻인지 알기 어렵다. 문맥 상으로는 '클 때' 정도이다.

149) '쭘치느'[HHL]. 쯤은. '쭘치'[HH]는 '쯤, 무렵'에 해당하는 경남방언이다. 〈보기〉 오데쭘치 오노?(=어디쯤 오느냐?)

150) '도라쿠고'[LLHL]. 달라고 하고. '쿠'는 'ㄱ('고'에서 'ㅗ'가 탈락한 것)+후~(爲)'로 된 것으로 이해된다. 이런 환경에 있는 '爲'는 경남방언에서 '하, 허, 후' 등으로 발음된다. '라카능기, 라커능기, 라쿠능기' 참조. 창녕지역어는 '후, 허' 쪽이다.

151) '싱꾸슬'[HLL]. 내림굿을.

152) '홍실상실한'[LHLHL]. 정확한 뜻을 언명하기는 어려우나, '믿을 수도, 믿지 않을 수도 없는' 정도의 뜻이다. 무당이나 박수가 집안에 따라 이래저래 내뱉는 말인데, 어떤 것은 맞고 어떤 것은 맞지 않은 말을 하는 것을 두고 이런 표현을 한다고 한다.

153) '직꾸석조지고'[LLHHLL]. 집안 망치고. '집안 망치다'를 경남방언에서는 '직꾸석 조지다'라고 한다. '직꾸석'[LLH]은 '집구석'이라는 뜻이다.

제 4 장

약이 되는 식물, 여기에 다 모이다

어머~이아까그 융모초말스를 해주신는데예.

그은또 융모초도 약초아임니이꺼?

⁻ 약초지예.

그러믄:자 융모초는 아까 말사믈 하시서 드럭꼬예.

사니나드레 나가시가지고 약초 혹시머 캐본경험 이스심니까?

⁻ 약초 아~잉기 아~잉기 업슴니더.

⁻ 다:약촘니더.

고고쫌말씀해.

⁻ 저:저저 노구치~이[1]읻찌예?

⁻ 할미꼳.

⁻ 그 노구치도.

⁻ 엔나레는 딴냐기억꼬.

⁻ 노구치르 정월따레 모도.

⁻ 노구치르캐:다가.

⁻ 보:하~이 고뿌리르씩꺼가주고.

⁻ 고래폭:쌀마서 집찌비수를 해무운심니더.

⁻ 그 바블해가주고 고 술로해무:마.

⁻ 그기: 일려네 방베비라예.

⁻ 잔벵치리 안하고.

⁻ 모두다: 모메조코.

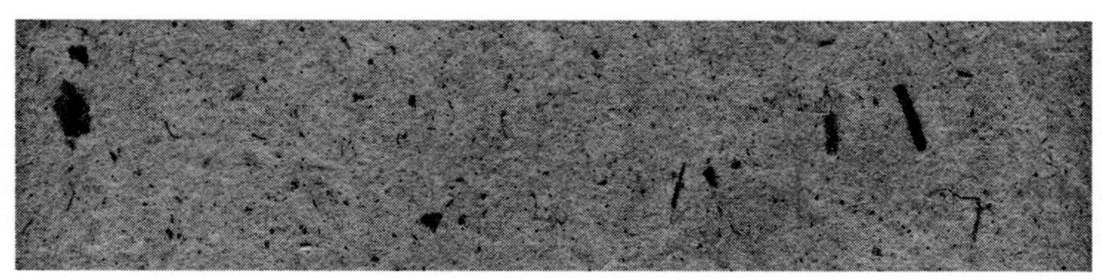

어머니, 아까 그 익모초 말씀을 해 주셨는데요.

그것도 익모초도 약초잖습니까?

˝ 약초지요.

그럼 인제 익모초는 아까 말씀을 하셔서 들었고요.

산이나 들에 나가셔서 약초 혹시 뭐 캐어 본 경험 있으십니까?

˝ 약초 아닌 것이 아닌 것이 없습니다.

˝ 이 약초입니다.

그것 좀 말씀해 {X주십시오X}.

˝ 저어 저 저 할미꽃 있지요?

˝ 할미꽃.

˝ 그 할미꽃도.

˝ 옛날에는 다른 약이 없고.

˝ 할미꽃을 정월달에 모두.

˝ 할미꽃을 캐다가.

˝ 보얗게 그 뿌리를 씻어 가지고.

˝ 그렇게 푹 삶아서 집집마다 술을 해 먹었습니다.

˝ 그 밥을 해 가지고 그 술을 해 먹으면.

˝ 그것이 일년의 예방이에요.

˝ 잔병치레 안 하고.

˝ 모두 다 몸에 좋고.

- 고래그그 노구치~이술로 해무마.

- 그리일런내 장수한다커미서.

- 그래 노구치술로 그래담마목꼬 이랜는데.

- 지끔머 그렁걷또 함니꺼:데.

- 노구치가 사랑게²⁾ 그리조탐니더.

- 이~이 지끄른 사네 오만::잡푸리나사:서 노구치도잘욱꼬예.

- 자럼는데 우리 여아:느 저가부지산소인데가무 마~이일따커미서 캐다
가여: 짜다라숭구사티~이.

- 봄새르³⁾마 나사심니더 꼬치 피:삳심니더.

- 지똥산⁴⁾할미꼬튼⁵⁾ 늘그나절므나 다꼬꾸라진다고.

- (웃음) 할미꼬치.

- 그걷떠 야기데고.

- 약 안데능기 업심니더.

또:또 어떵기:읻슴니까?

- 구래가 언자.

쑹:내기쫌 해주이소.

- 쑤:기쪼치예.

- 녜: 지그른 야글처사서 쑥또업따.

- 잘:먹끼 힘듬니더.

엔나레*?

- 야글처사:서.

- 야간치닌데가 읻심니꺼?

- 이래.

옌날 쑥캐등거 함말슴해주이소.

그래 쑥 ***.

- 예 엔나레는 쑥또머 쑥또 업스스 몬: 캐무우씀니더.

˝ 그래 그것 할미꽃술을 해 먹으면.

˝ 그래 일년 내 장수한다고 하면서.

˝ 그래 할미꽃술을 담가 먹고 이랬는데.

˝ 지금 뭐 그런 것도 합니까? 어디.

˝ 할미꽃이 사람에게 그렇게 좋답니다.

˝ 응, 지금은 산에 온갖 잡풀이 나 쌓아서 할미꽃도 잘 없고요.

˝ 잘 없는데 우리 이 애는 자기 아버지 산소 있는 데 가면 많이 있다고 하면서 여기 많이 심어 쌓더니.

˝ 봄새에 마 나 쌓습니다, 꽃이 펴 쌓습니다.

˝ 뒷동산 할미꽃은 늙으나 젊으나 다 꼬꾸라진다고.

˝ (웃음) 할미꽃이.

˝ 그것도 약이 되고.

˝ 약 안 되는 것이 없습니다.

또 또 어떤 것이 있습니까?

˝ 그래 인제.

쑥 이야기 좀 해 주십시오.

˝ 쑥이 좋지요.

˝ 예, 지금은 약을 쳐 쌓아서 쑥도 없다.

˝ 잘 먹기 힘듭니다.

옛날에요?

˝ 약을 쳐 쌓아서.

˝ 약 안 치는 데가 있습니까?

˝ 이렇게.

옛날(에) 쑥 캐던 것 한번 말씀해 주십시오.

그래 쑥 ***

˝ 예, 옛날에는 쑥도 쑥도 없어서 못 캐어 먹었습니다.

ˉ 하:더 엄는사람: 쑥뿌리~이 답캐묵꼬.

ˉ 숙뿌리~이캐가: 때로이귀고.[6]

ˉ 그: 쑥그그르 캐:서 나무리라꼬 여: 곡석쪼꿈 여:가꼬.

ˉ 그래모도 엄서그르 안해무욷심니꺼?

ˉ 그런머리[7] 쑥또잘엄 잘모무우씸:더 옌나레는.

ˉ 드레나물도 잘몬뜨덕꼬예.

ˉ 씬나물도 여러::종늡니더.

ˉ 인데 씬나물도 그: 지끔우리는 나시[8]라커는데.

ˉ 그거를저: 도시:기이래 내~이[9]라컴니더.

ˉ 그윽 그그는 지일드레서일찍 인자 올로오는데.

ˉ 그: 그그 올로올때느소가 옌나레느 소가제엘: 살기가힘들땜니더.

ˉ 또: 사라믄 떠강코테 힘들땜니더.

언제때예?

ˉ 강꼬테 강꼬치 피마:.

ˉ 강꼬치피마 그때가제일: 보리도몬묵꼬.

ˉ 양시기업서서.

ˉ 제:엘힘들땜니더 그때가.

ˉ 엽 이래 보리가나마는.

ˉ 보리로이거 서가:인는 지끔보리 드레아~이심니꺼?

ˉ 서가:인는이거르 대가리르말::키뜨더 쌀도안둥거르예.

ˉ 이리떠더가주고.

ˉ 그거르이 이래 어신[10]드스게다노코 사:삭비비가주고.

ˉ 지이끄리 때끄리가업써서예.

ˉ 그거르 바:~앙까네가서 꼬::옥꼭빠사[11]가주고.

ˉ 그래언자쩔 때르이루고.

ˉ 또 그은또 보리가 모지래서.

- 하도 없는 사람이 쑥뿌리 다 캐어 먹고.

- 쑥뿌리 캐 가지고 때를 잇고.

- 그 쑥 그것을 캐서 나물이라고 넣어 곡식 조금 넣어 가지고.

- 그래 모두 음식으로 해 먹었잖습니까?

- 그랬기 때문에 쑥도 잘 없 잘 못 먹었습니다, 옛날에는.

- 들에 나물도 잘 못 뜯었고요.

- 쓴나물도 여러 종류입니다.

- 이렇는데 쓴나물도 그것 지금 우리는 '나시'라고 하는데.

- 그것을 저 도시에서는 이래 '냉이'라고 합니다.

- 그 그것은 제일 들에서 일찍 인제 올라오는데.

- 그 그것 올라올 때는 소가 옛날에는 소가 제일 살기가 힘들 때입니다.

- 또 사람은 또 감꽃(필 때)에 힘들 때입니다.

어느 때요?

- 감꽃에, 감꽃이 피면.

- 감꽃이 피면 그때가 제일 보리도 못 먹고.

- 양식이 없어서.

- 제일 힘들 때입니다, 그때가.

- 이렇게 보리가 나면은.

- 보리를 이것 서서 있는, 지금 보리 들에 있잖습니까?

- 서서 있는 이것을 대가리를 전부 뜯어, 쌀도 안 든 것을.

- 이렇게 뜯어 가지고.

- 그것을 이 이렇게 거친 멍석에 놓고 삭삭 비벼 가지고.

- 저녁거리 땟거리가 없어서요.

- 그것을 방앗간에 가서 꼭 꼭 빻아 가지고.

- 그래 인제 저 때를 이루고.

- 또 그것도 보리가 모자라서.

⌐ 보릴때로 새:파랑거로 보릴대개~이[12] 채비이다가.

⌐ 새:파라~이 폭:쩌가주고.

⌐ 보릴때그으로또 바~앙끼 바~아호바게다[13] 콕::콕빠사가주고.

⌐ 그래가무:마 그걷또곡슥때라서 부재기[14]안나고.

⌐ 그래사래미묵꼬 사래예.

⌐ 곡슥아이라도.

⌐ 그래때개~이도 그래모드 엔나레는 그래묵꼬 사랃슴니더.

⌐ 해가지마 이지베도빠시고 저지베도빠시고.

⌐ 죽꺼리빠신다꼬.

⌐ 엔나레그때 이승만시대 아~임니꺼?

⌐ 그래안사랃심니꺼?

그라믄 그 융모초 노구치 쑥 나시 인자이렁게점부다: 그: 약초아임니꺼?

또:어떵기이섣슴니까?

⌐ 저:게 씬내~이[15]도 다::야김니더.

⌐ 씬내~이종뉴가 만심니더 이런데.

⌐ 씬내~이가 꼬들빼기[16]라꼬읻슴니더 꼬들빼기.

⌐ 그그는 뱁추[17]몬냥으로[18] 미테뿌리가듬니더.

⌐ 예 멀테뿌리가드능거.

⌐ 그: 도시:지끔 그으르재배르 마~이함니더.

⌐ 이런데:도 마~이남니더.

말씀좀해주이소.

⌐ 예 그그르언자 캐:다가.

⌐ 봄새르도[19] 고고르삭카가주고 또요래 막:만닉께문치서.[20]

⌐ 고래도묵꼬.

⌐ 고:기또마시익꼬.

⌐ 가으레도 그으루또언자 머사서도묵꼬 캐:서도묵꼬.

˜ 보릿대를 새파란 것을 보릿대궁이째 베어다가.

˜ 새파랗게 푹 쪄 가지고.

˜ 보릿대 그것을 또 방앗고 방아확에다 콕콕 빻아 가지고.

˜ 그렇게 해서 먹으면 그것도 곡식대라서 부황이 안 나고.

˜ 그래 사람이 먹고 살아요.

˜ 곡식 아니라도.

˜ 그래 대궁이도 그래 모두 옛날에는 그렇게 먹고 살았습니다.

˜ 해가 지면 이 집에도 빻고 저 집에도 빻고.

˜ 죽거리 빻는다고.

˜ 옛날에 그때 이승만 시대잖습니까?

˜ 그렇게 살았잖습니까?

그러면 그 익모초 할미꽃 쑥 냉이 인제 이런 것이 전부 다 그 약초잖습니까?

또 어떤 것이 있었습니까?

˜ 저기 쓴냉이도 다 약입니다.

˜ 쓴냉이 종류가 많습니다, 이런데.

˜ 쓴냉이가 고들빼기라고 있습니다, 고들빼기.

˜ 그것은 배추 모양으로 밑에 뿌리가 듭니다.

˜ 예, 밑에 뿌리가 드는 것.

˜ 그 도시에 지금 그것을 재배를 많이 합니다.

˜ 이런 데도 많이 납니다.

말씀 좀 해 주십시오.

˜ 예, 그것을 인제 캐다가.

˜ 봄새에도 그것을 삭혀 가지고 또 이렇게 막 맛있게 무쳐서.

˜ 그렇게도 먹고.

˜ 그게 또 맛이 있고.

˜ 가을에도 그것을 또 인제 뭐 사서도 먹고 캐서도 먹고.

- 뿌리가몽탕몽탕하~이 이런능거.
- 그래그그를 마식께 적꾸게다고래또 짐치르다마가꼬 먹꼬.
- 또 칼씬내~이[21]라고이심니더
- 여:러종뉴지예.
- 칼신내:~이라고이 인는그구느 이르미가시랑굼니더 가시랑구.[22]
가시랑고카능게 ** 칼씬내~이 그거하고 같 가틍김니까?
- 논뚜름미테쨀쫌쨀쫌쨀쫌하~이요래 이피쨀쫌쨀즘하~이 째짬 *** 고론
능거 그기그래 마시이심니더.
- 그걸:뜨더다가예 삭:꿈디처가주고.
- 이래 짐무레다가[23] 매:우라뿌마 씨붕기가빠집뿌고.
- 고래 엉가~이우라: 쌀마나:마.
- 무리 볼그리하~이 이러심:더.
- 그거언자 씨분물그거 안빠지야마신찌.
- 빠지뿜: 마시업서예.
- 그래고거러 무치노:마[24] 딘장좀여코 양님가추여서 무치노마.
- 참: 마시이심니더 그기:.
- 머: 나물도 지금 그래 안해무:서 그러치.
- 드레인는나물도 마신능기: 쎄:심니더.
- 이래또 저: 진달래라꼬.[25]
- 예 노랑꼳 피능거.
아 진달래꼬치 노란슴니까?
- 진달래꼬치 이래 쭐구지는지당:코 우에 우에노:라~이 납짝하~이그래
피능기 그기:.
- 온:드레 그저네는 안마넫슴니꺼?
- 그래마내도: 그 지금: 그근또 야글처사:서 업슴니더.
- 그거르 캐:다가 물도해묵꼬.

˝ 뿌리가 뭉툭뭉툭하게 이런 것.

˝ 그래 그것을 맛있게 젓국에다 그렇게 또 김치를 담가 가지고 먹고.

˝ 또 칼쓴냉이라고 있습니다.

˝ 여러 종류지요.

˝ 칼쓴냉이라고 이 있는 그것은 이름이 '가시랑구'입니다, 가시랑구.

가시랑고라고 하는 것이 칼쓴냉이 그것과 같 같은 것입니까?

˝ 논두렁 밑에 길쭉길쭉길쭉하게 요렇게 잎이 길쭉길쭉하게 그런 것 그게 그렇게 맛이 있습니다.

˝ 그것을 뜯어다가요 살짝 데쳐 가지고.

˝ 이래 제 물에다가 매 우려 버리면 쓴 맛이 빠져 버리고.

˝ 그래 어지간히 우려 삶아 놓으면.

˝ 물이 볼그레하게 이렇습니다.

˝ 그것 인제 쓴 물 그것 안 빠져야 맛있지.

˝ 빠져 버리면 맛이 없어요.

˝ 그래 그것을 무쳐 놓으면 된장 좀 넣고 양념 갖추 넣어서 무쳐 놓으면.

˝ 참 맛이 있습니다, 그것이.

˝ 뭐 나물도 지금 그렇게 안 해 먹어서 그렇지.

˝ 들에 있는 나물도 맛있는 것이 많습니다.

˝ 이래 또 저 민들레라고.

˝ 예, 노란꽃 피는 것.

아, 진달래 꽃이 노랗습니까?

˝ 민들레꽃이 줄기는 기다랗고 위에 위에 노랗게 납작하게 그렇게 피는 것 그것이.

˝ 온 들에 그전에는 많았잖습니까?

˝ 그렇게 많아도 그 지금 그것도 약을 쳐 쌓아서 없습니다.

˝ 그것을 캐다가 물도 해 먹고.

ˉ 그애 머 저: 마이느마 엑끼수두짜러다[26]노코 묵꼬.

ˉ 그게떠 남자들게 그래조탐니더.

예 어머~이그 진달래고그 한번더 말스믈좀더 해주이소.

그게 사네나는 꼳 진달래가아니고.

ˉ 진달래 아이 사네안남니더.

ˉ 사네안나고 저: 드레도나고 논뚜르메도나고.

ˉ 이 머: 지베도나고 아:무데나남니더.

진달래가예?

ˉ 예.

ˉ 그으라 큼:.

그그는 씬내~이종뉴는 아~이지예?

ˉ 씬내~이아임니꺼?

그이 씬내~임니꺼?

ˉ 예 씬내~이 예.

ˉ 그 씬냉이종뉴느 점:부요리 똑띠마 다: 저지[27]나옴니더.

ˉ 그도 씬내~이아임니꺼?

ˉ 씬내~이종뉴는 다: 전나옴니:더.

그라믄 혹시 어머~이 그 진달래라꼬 말씀하신그기: 혹시 그김니꺼?

그라머 민들레카능 그김니꺼?

ˉ 민들레아임니꺼 그기:.

그기 요즘말로 민들레카는 그기지예?

ˉ 예 민드 요새느 요즘 민들레라앙컴니꺼?

ˉ 이 그이그기: 이르미소똥꼬부래~임니더[28] 엔나레는.

머예?

ˉ 세똥 소똥꾸부리~이라컴니더, 꾸부래~이.

ˉ 지금:머: 이르믈점:부 조온이르믈 지:가:꼬.

ⁿ 그래 뭐 저 많이 나면 진액으로 짜다 놓고 먹고.

ⁿ 그게 또 남자들에게 그렇게 좋답니다.

예, 어머니 그 진달래 그것 한 번 좀 말씀을 좀 더 해 주십시오.

그게 산에 나는 꽃 진달래가 아니고.

ⁿ 진달래 아니 산에 안 납니다.

ⁿ 산에 안 나고 저 들에도 나고 논두렁에도 나고.

ⁿ 이 뭐 집에도 나고 아무데나 납니다.

진달래가요?

ⁿ 예.

ⁿ 그것을 큰(?).

그것은 씀냉이 종류는 아니지요?

ⁿ 씀냉이잖습니까?

그게 씀냉이입니까?

ⁿ 예, 씀냉이, 예.

ⁿ 그 씀냉이 종류는 전부 이렇게 똑 떼면 다 진이 나옵니다.

ⁿ 그것도 씀냉이잖습니까?

ⁿ 씀냉이 종류는 다 진이 나옵니다.

그러면 어머니 진달래라고 말씀하신 그것이 혹시 그것입니까?

민들레라고 하는 그것입니까?

ⁿ 민들레잖습니까, 그것이.

그게 요즘 말로 민들레라고 하는 그것이지요?

ⁿ 예, 민들 요즘은 민들레라고 하잖습니까?

ⁿ 이 그것이 그것이 이름이 '소똥꼬부랭이'입니다, 옛날에는.

뭐요?

ⁿ 쇠똥 소똥꾸부랭이라고 합니다, 꾸부랭이.

ⁿ 지금은 뭐 이름을 전부 좋은 이름을 지어 가지고.

ˉ 또 또: 씬내~이가 읻찌.

ˉ 또씬내~이가 인느거느 요: 아페나가마.

ˉ 인 너불너불너벌하~이이래 짜다라 지꿈저:인능거저거 아레도뉘가 함:
보따리 꺼꺼가더라.

ˉ 그그는 짐승이 무우도 조코.

ˉ 사라미 무구도 조코.

ˉ 그그르: 봄새르머꺼꺼가꼬또 쌈싸뭉는 사람도익꼬.

ˉ 서우레가마 마:~이파라예.

ˉ 이건 내비리는 푸럽슴니더.

ˉ 지금 야글처사서 그러치.

ˉ 버리는 푸럽슴니더 다:뭉능김니더.

그러무느 아까예 나시라 앙그랟슴니까?

ˉ 나시 예.

나시그은또 씬내~이종늠니까?

ˉ 그으느 씬내~이아임니더.

ˉ 예 나시는 씬내~이아임니더.

ˉ 그그는 보메 일찌기 서라레도캐고.

나시는예?

ˉ 서랄: 삼:동내나오고 그으느.

ˉ 그글:또 도시: 그래씨우대.

ˉ 삼동:내나오고 봄:내캐고.

ˉ 이래도 그기 딴 딴푸리 여리 무성하~이나올라커마 저너믄 꼬치피:뿜
니더.

ˉ 제에로 일 일찍대:뿜니더.

나시 나시가예?

ˉ 예 나시가 제일 일찍대:뿜니더.

˜ 또 또 쓴냉이가 있지.

˜ 또 쓴냉이가 있는 것은, 요 앞에 나가면.

˜ 이 너불너불너불하게 이렇게 수없이 지금 저기 있는 것 저것 그저께
도 누가 한 보따리 꺾어 가더라.

˜ 그것은 짐승이 먹어도 좋고.

˜ 사람이 먹어도 좋고.

˜ 그것을 봄새에 뭐 꺾어 가지고 또 쌈 싸먹는 사람도 있고.

˜ 서울에 가면 많이 팔아요.

˜ 이건 내버리는 풀 없습니다.

˜ 지금 약을 쳐 쌓아서 그렇지.

˜ 버리는 풀 없습니다, 다 먹는 것입니다.

그러면 아까요 '나시'라고 그랬잖습니까?

˜ 냉이, 예.

냉이 그것도 쓴냉이 종류입니까?

˜ 그것은 쓴냉이 아닙니다.

˜ 예, 냉이는 쓴냉이 아닙니다.

˜ 그것은 봄에 일찍이 설 아래(전)에도 캐고.

냉이는요?

˜ 설 아래 삼동 내내 나오고 그것은.

˜ 그것을 또 도시(에서는) 그렇게 쳐 주데.

˜ 삼동 내내 나오고 봄 내내 캐고.

˜ 이래도 그것이 딴 딴 풀이 이렇게 무성하게 나오려고 하면 저놈은 꽃
이 피어 버립니다.

˜ 제일로 일 일찍 돼 버립니다.

냉이 냉이가요?

˜ 예, 냉이가 제일 일찍 돼 버립니다.

고논 딱 그윽카며는 요: 하얀 그오 진안나옴니꺼?

⁻ 그으느 그그느 집²⁹⁾안나옴니더.

⁻ 예 씬내~이가 집 나오지.

⁻ 그그느 집 안나옴니더.

⁻ 인데 고그는또 마시 샌뜩카지.³⁰⁾

⁻ 예 딘장찌지는데도 좀여어마 향이나고.

⁻ 과: 국또끼리고.

⁻ 그래 그그는또 냉이그근:또 오만데 이 머 고기요리도 하고.

⁻ 그런때미 도시: 마~이남니더 거기:.

⁻ 그기그래또 사랑게 조슴니더.

⁻ 안조웅거 업슴니더.

⁻ 더: 풀밍사근.³¹⁾

그라믄.

⁻ 다:: 뭉는 종뉴고.

또: 머약데는 또 또 풀 또 업슴니꺼?

지금 말스믈쭉: 내 다 저거나:꺼든예.

또: 또 빠징거 읻따 시푸시머 말슴해주이소.

⁻ 그래인자 또: 저: 논뚜렁에 가마: 어더게그런데가마 화련초³²⁾라꼬이심
니더.

⁻ 화련초가 엔나레 문:둥나무³³⁾라컴니더.

⁻ 뻑뻑뻑버 얼걷따꼬.

문둥나무라 그기 하린초라 ****?

⁻ 예 화련초.

⁻ 화련초가.

⁻ 그그언자 약 데라꼬껵꺼마느 화련초라커구끄심니더.

⁻ 그기: 저:게 약할라꼬이레 뜨더러가마.

그것은 딱 그렇게 하면 요기에 하얀 그 진이 나오잖습니까?

⎺ 그것은 그것은 즙 안 나옵니다.

⎺ 예, 쓴냉이가 즙 나오지.

⎺ 그것은 즙 안 나옵니다.

⎺ 이런데 그것은 또 맛이 새뜻하지.

⎺ 예, 된장 지지는 데도 좀 넣으면 향이 나고.

⎺ 그거로 국도 끓이고.

⎺ 그래 그것은 또 냉이 그것은 또 온갖 데 이 뭐 고기 요리도 하고.

⎺ 그렇기 때문에 도시에 많이 납니다(나갑니다), 거기에.

⎺ 그게 그렇게 또 사람에게 좋습니다.

⎺ 안 좋은 것이 없습니다.

⎺ 저 풀 명색은.

그러면.

⎺ 다 먹는 종류이고.

또 뭐 약 되는 또 또 풀 또 없습니까?

지금 말씀을 쭉 내 다 적어 놓았거든요.

또 또 바진 것 있다 싶으시면 말씀해 주십시오.

⎺ 그래 인제 또 저기 논두렁에 가면 언덕에 그런 데 가면 '활연초'라고 있습니다.

⎺ 활연초가 옛날에는 '문둥나무'라고 합니다.

⎺ 뻑뻑뻑뻑 얽었다고.

문둥나무라 그게 활련초라 ****?

⎺ 예, 활연초.

⎺ 활연초가.

⎺ 그것 인제 약 되라고 꺾으면 활연초라고 하고 꺾습니다.

⎺ 그게 저기 약하려고 이렇게 뜯으러 가면.

˘ 화련초 뜨더라간다 이캄니더.

˘ 이런는데.

그기 푸림니꺼나뭄니꺼?

˘ 예 나물.

˘ 그걷떠나무리라 봄새러나능거.

나무에서남니까 푸림니까그냥?

˘ 이 봄새르이래 씨가남니:더.

아 그냐푸리네예 그라*.

˘ 예 푸리지예.

˘ 그러~이 그거늡 뻑뻑뻑뻑얼경때미로 문둥나무라컴니더.

머이 머 머 머지 ****?

저도바:슬낀 저도 초네서커서 아낀데.

이름 이름마가꼬 모르건네예.

˘ 기 기: 이림: 하런촘니더 하른초.

˘ 그 그런데도 창원도 마~이남니더.

˘ 그 화련초그그를언자 뜨더가주고.

˘ 또 이래 만:신 아푼사람.

˘ 그래뜨더서 그으르뜨쌀마가 술도해묵꼬 단술도해묵꼬

˘ 그을뜨 야기 조슴니더.

˘ 이:래가:고 전시네 다친데.

˘ 삐골쑤시는데 이런데느: 미나리하고 쑥하고 씬내~이하고 구구 화련초
하고.

˘ 이래뜨더가지구이 그너물 코::콕 빠씸니더.³⁴⁾

˘ 추징거르 빠사가주고.

˘ 그리이래 나느어른들 핀차느마 그래야글 해씸니더.

˘ 옌나레어른든: 지질사믈해서 다미잘 마치사:서.

˘ 활연초 뜯으러 간다 이렇게 말합니다.

˘ 이런데.

그게 풀입니까, 나무입니까?

˘ 예, 나물.

˘ 그것도 나물이야, 봄새에 나는 것.

나무에서 납니까, 풀입니까 그냥?

˘ 이 봄새에 이렇게 씨가 납니다.

아, 그냥 풀이네요, 그러면.

˘ 예, 풀이지요.

˘ 그래 그것은 빽빽빽빽 얽었기 때문에 문둥나무라고 합니다.

뭐 뭐 뭐 뭐지 ****?

저도 봤을 건데, 저도 촌에서 커서 알 건데.

이름 이름만 가지고 모르겠네요.

˘ 그 그게 이름 활연초입니다, 활런초.

˘ 그 그런데도 창원에도 많이 납니다.

˘ 그것 활연초 그것을 인제 뜯어 가지고.

˘ 또 이렇게 만신이 아픈 사람.

˘ 그래 뜯어서 그것을 또 삶아서 술도 해 먹고 단술도 해 먹고.

˘ 그것도 약이 좋습니다.

˘ 이래 가지고 전신에 다친 데.

˘ 뼈골 쑤시는 데 이런 데는 미나리하고 쑥하고 씀냉이하고 그것 활연
초하고.

˘ 이렇게 뜯어 가지고 그놈을 콕콕 빻습니다.

˘ 추진 것을 빻아 가지고.

˘ 그렇게 이렇게 나는 어른들이 편찮으면 그렇게 약을 했습니다.

˘ 옛날에 어른들은 길 길쌈을 해서 담이 잘 걸리곤 해서.

- 아지겠³⁵⁾ 자고나몬고마 거동을몬하시:.

- "그래 어머님또 어데편찮습니꺼?"

- "또 내가 허리가마친:다."

- 그래가서 그래가뜨더다가 가지:가지³⁶⁾ 뜨더다가.

- 콕:콕 쩌어가주고 지이게³⁷⁾ 잘쩌게 뜨뜯::하~이해가:꼬.

- 그래 어른허리다여³⁸⁾ 떡:부치*.

- "아이고 야:야 고마자고낭께 여운 놀리기³⁹⁾낟따."

- (웃음) "그래 그래 글:마 닐찌게⁴⁰⁾ 또함:부치보입시더."⁴¹⁾

- 그래 그래부치디리만 낙꼬:나꼬 그런십떠더.

그라머또: 문둥나무도 말슴해주셨꼬.

여:느 엉두꾸라캄니꺼 머 그렁거업슴니꺼?

엉더꾸라카* 업슴니까?

- 웅 엉 웅 웅구꾸 엉거꾸.

엉구꾸?

- 엉거꾸.⁴²⁾

예 엉거꾸가또 야기지예?

- 예 엉구꾸느 보야김니더.

- 어 엉구꾸는보야기이라서 엔나레 사네가서 여히는엄심니더.

- 저: 야사~이라서.

- 저:: 저에 지푼산주~우 드러가머 엉구꾸가 꼬치 이만::치크고.

- 이러닝기 꼬치벌:거~이 조심니더.

그으뜨 침잍슴니까?

- 예: 저 안싱꼬.

치미 업슴니까?

- 침 잍찌예.

치민능 그기지예?

˥ 아침에 자고 나면 그만 거동을 못 하서.

˥ "그래 어머님 또 어디 편찮으십니까?"

˥ "또 내가 허리가 결린다."

˥ 그래 가서 그래 뜯어다가 여러 가지 뜯어다가.

˥ 콕콕 찧어 가지고 저녁에 잘 적에 따뜻하게 해 가지고.

˥ 그래 어른 허리에다 여기에 떡 부치면.

˥ 아이고 애야 그만 자고 나니까 영 움직이기 낫다.

˥ (웃음) 그래 그래 그러면 내일 저녁에 또 한 번 붙여 보십시다.

˥ 그래 그렇게 붙여 드리면 낫고 낫고 그렇습디다.

그러면 또 문둥나무도 말씀해 주셨고.

여기는 '엉두꾸'라고 합니까, 뭐 그런 것 없습니까?

'엉더꾸'라고 하는 것 없습니까?

˥ 웅 엉 웅 엉겅퀴 엉겅퀴.

엉거꾸?

˥ 엉겅퀴.

예, 엉겅퀴가 또 약이지요?

˥ 예, 엉겅퀴는 보약입니다.

˥ 어 엉겅퀴는 보약이라서 옛날에 산에 가서, 여기는 없습니다.

˥ 저 야산이라서.

˥ 저기 저 깊은 산중에 들어가면 엉겅퀴가 꽃이 이만치 크고.

˥ 이런 것이 꽃이 벌건 것이 좋습니다.

그것도 침이 있습니까?

˥ 예, 저 안 심고.

침이 없습니까?

˥ 침 있지요.

침 있는 그것이지요?

ᐨ 치미이래 꼬치치미 숭숭숭숭 이래.

ᐨ 그래 그: 저:게 꼬단: 꼬단: 나서.

ᐨ 이래엉구꾸 여: 도들쩨게.

ᐨ 그를캐마 우붕[43]뿌리~이매이로[44] 그러슴니더.

ᐨ 우붕뿌리~이매이러그렁거로 그래쩨~이[45]러가:가서.

ᐨ 그래언자 캐마.

ᐨ 우붕뿌리~이매이러 지다아~이그런능거 그:르캐:다가.

ᐨ 엔나레느 전:치 바~아다안쩌~어슴니꺼?

ᐨ 이래쩌~어가주고 그그르 지불내:서 바껀냥반미긴다꼬 이래하고.

ᐨ 지금: 갈마 안뎀니꺼?

ᐨ 머 어 그그엉구꾸가 사랑게조심니더.

ᐨ 이러는데머: 엉구꾸르 도매[46]요샌 그렁거안씸니더.

ᐨ 도저이 안씸니더.

ᐨ 옌나레 묵꼬사란능거 이: 예기지.

ᐨ 아 머 옌나레느 그래사랃찌마는 지끔 그렁거씸니꺼:데.

ᐨ 옌나레느 그래묵꼬 사랃심니더.

엉거꾸도 이섣꼬 그람: 그:는 어떠슴니까?

저기 더더근 업섣슴니까?

ᐨ 더덕떠 읻찌예.

예: 그:도 약초아임니까?

ᐨ 더더기: 약초가아이고 더더기: 반찬도해묵꼬.

ᐨ 그래요새모더 지끔심구 지베서싱구:가:꼬.

ᐨ 그래언자 뿌리~이르캐:서.

ᐨ 더더글가: 옹가꺼 다하지예.

ᐨ 예 그래해묵꼬.

도래도 볼래는 바테앙키아고 사네안이섣슴니까?

˥ 침이 이렇게 꽂이 침이 숭숭숭숭 이렇게.

˥ 그래 그것 저기 꽃 안 꽃 안 나서.

˥ 이래 엉겅퀴 여기 돋을 적에.

˥ 그것을 캐면 우엉 뿌리처럼 그렇습니다.

˥ 우엉뿌리처럼 그런 것을, 그래 괭이를 가지고 가서.

˥ 그래 인제 캐면.

˥ 우엉뿌리처럼 기다란 그런 것 그것을 캐다가.

˥ 옛날에는 전부 방아에다 찧었잖습니까?

˥ 이래 찧어 가지고 그것을 즙을 내서 바깥양반 먹인다고 이렇게 하고.

˥ 지금은 갈면 되잖습니까?

˥ 뭐 어 그 그 엉겅퀴가 사람에게 좋습니다.

˥ 이렇는데 뭐 엉겅퀴를 좀처럼 요새는 그런 것 안 씁니다.

˥ 도무지 안 씁니다.

˥ 옛날에 먹고 살았던 것 이 얘기지.

˥ 아 뭐 옛날에는 그렇게 살았지마는 지금 그런 것 씁니까, 어디.

˥ 옛날에는 그렇게 먹고 살았습니다.

엉겅퀴도 있었도 그러면 그것은 어떻습니까?

저기 더덕은 없었습니까?

˥ 더덕도 있지요.

예, 그것도 약초잖습니까?

˥ 더덕이 약초가 아니고 더덕이 반찬도 해 먹고.

˥ 그래 요새 모두 지금 심어 집에서 심어 가지고.

˥ 그래 인제 뿌리를 캐서.

˥ 더덕을 가지고 온갖 것 다하지요.

˥ 예, 그렇게 해 먹고.

도라지도 본래는 밭에 안 키우고 산에 있었잖습니까?

¯ 그그느 산또래[47]아임니꺼?

¯ 사네 나능거느 산또램니:더.

¯ 그거르 캐.

집또래하고 다림니까?

¯ 예.

¯ 그으르캐다 지베숭구도 데고.

¯ 지베숭구도 데고.

¯ 사네 사네 낭:그거느 더야기 더조코.

산또래 그거 함말슴쫌 해주이소.

¯ 예 산또라지.[48]

¯ 산또 꼬치 저: 두가지아임니꺼? 도래꼬치.

¯ 보:하키 피능기익꼬.

¯ 오 보라새그로 피능긱:꼬.

¯ 두가짐니더.

¯ *** 도라지가 조치예.

¯ 도라지가 부인들기도[49] 조코.

¯ 위정양반들도 오래덴도래 그렁거.

¯ 머: 야을 야글해자시마 조코.

¯ 그래 저:게 오래덴 도래느 뿌리~이가 큼:니더.

¯ 한 오룽년키아마 동삼마암모찌함니더.[50]

¯ 그래가주고 글 머: 엔나렌: 닥또[51]쌀마묵꼬.

¯ 어~어 글그 도래르여:서 닥또쌀:묵꼬.

¯ 하:: 옹:가 야글그래 해무:산:는데.

¯ 요즈웅: 그렁걷또 안하고.

¯ 도래느 이동네는 마:~이숭굼니더.[52]

¯ 어데등가 안조슴니꺼?

- 그것은 산도라지잖습니까?
- 산에 나는 것은 산도라지입니다.
- 그것을 캐.

집도라지하고 다릅니까?
- 예.
- 그것을 캐다가 집에 심어도 되고.
- 집에 심어도 되고.
- 산에 산에 난 그것은 더 약이 더 좋고.

산도라지 그것 한말씀 좀 해 주십시오.
- 예, 산도라지.
- 산도(라지), 꽃이 저 두 가지잖습니까? 도라지꽃이.
- 보얗게 피는 것이 있고.
- 어 보라색으로 피는 것이 있고.
- 두 가지입니다.
- *** 도라지가 좋지요.
- 도라지가 부인들에게도 좋고.
- 이전 양반들도 오래 된 도라지 그런 것.
- 뭐 약을 약을 해 자시면 좋고.
- 그래 저기 오래 된 도라지는 뿌리가 큽니다.
- 한 오륙 년 키우면 동삼만 못지않습니다.
- 그래 가지고 그 뭐 옛날에는 닭도 삶아 먹고.
- 응, 그래 그 도라지를 넣어서 닭도 삶아 먹고.
- 하, 온갖 약을 그렇게 해 먹어 쌓았는데.
- 요즘은 그런 것도 하지 않고.
- 도라지는 이 동네는 많이 심습니다.
- 어디든가 좋잖습니까?

⌐ 지사나물도조코.

⌐ 도시:는점:부 수입드롱:거[53]가:꼬.

⌐ 그래사서 지사르씨는데.

⌐ 여거사람드른 전::치 숭구 웅와 마:~이 숭구가주오.

⌐ 도래르마:~이 숭구각:그래 옹간반찬해묵고.

⌐ 휘데[54] 해묵꼬.

⌐ 그 약초도씨고.

⌐ 도래가 조:심니더.

⌐ 오래덴 도래는 동삼 한가짐니더.

⌐ 요거에 대가리가요래 쿵::그.

⌐ 오래데메 해:수가오래뎀: 요거따개면 노:랑무리 드러씸니더.

⌐ 예 노 노:라~이 요러씸니더.

⌐ 그 그르 그렁거느 참:야게조슴니더.

그: 딱찌라카능건 업섣슴니까?

딱찌.

⌐ 딱찌[55]는 멍:고:?

그라믄 그: 아까저 도래는 동네서 마니키안다 그러셜찌예?

그라므는 도래말고또 머: 약초를 동네에서 키아능거 또 다른 약초는 업슴니

까?

도래 말고는예?

⌐ 동네서 키아는데.

⌐ 기기: 요새에느 또 업떤 약초가 생기가주고.

⌐ 엔나레느 업선는데.

⌐ 그 이리미 이리미 안새앵:킨:다.

⌐ 여:는 마~이숭구산는데.

그람믄 어머~이그: 생각안나시능거는 머 두시고예.

˜ 제사 나물(로)도 좋고.

˜ 도시는 전부 수입 들어온 것 가지고.

˜ 그래 사서 제사를(제사에) 쓰는데.

˜ 여기 사람들은 전부 심어 ?? 많이 심어 가지고.

˜ 도라지를 많이 심어 가지고 그래 온갖 반찬 해 먹고.

˜ 회도 해 먹고.

˜ 그 약초(로)도 쓰고.

˜ 도라지가 좋습니다.

˜ 오래된 도라지는 동삼 마찬가지입니다.

˜ 이렇게 대가리가 이렇게 큰 것.

˜ 오래 되면 햇수가 오래 되면 요게 쪼개면 노란 물이 들었습니다.

˜ 예, 노 노랗게 이렇습니다.

˜ 그 그런 그런 것은 참 약에 좋습니다.

그 딱지라고 하는 것은 없었습니까?

딱지.

˜ 딱지는 무엇인지?

그러면 그 아까 저 도라지는 동네에서 많이 키운다고 그러셨지요?

그러면은 도라지 말고 또 뭐 약초를 동네에서 키우는 것 또 다른 약초는 없습니까?

도라지 말고는요?

˜ 동네에서 키우는데.

˜ 그게 요새에는 또 없던 약초가 생겨 가지고.

˜ 옛날에는 없었는데.

˜ 그 이름이 이름이 안 생각난다.

˜ 여기는 많이 심어 쌓았는데.

그러면 어머니 그 생각 나지 않는 것은 뭐 두시고요.

도래르 우째 키아는지 그 씨읍 씨를 뿌리야델꺼 아임니까?

그래가:꼬 그그머 멘년간키아야델꺼 아임니까 그거?

－ 씨르 뿌리마.

그고 함번 도래키아능거 하먼 말씀해주이소.

－ *** 이 도래 씨는.

－ 도래는 씨로 틀마[56] 마:~이나옴니더.

－ 융무추씨맨치 자잔::하~이 이렁기 마~이나오마.

－ 고그르언자 바다나따가.

－ 요래: 바틀 장만해가주고.

－ 그그는 그 그라:마[57] 안뎀니더.

－ 아무걷또 앙그라:는땅에.

－ 요래요래 기려가주오.

－ 그래 졸:졸 흐치노코.

－ 아무꼳또 안덕꼬.

－ 모미 하대 야칸때미로.

－ 지풀가따가 딱 딱:딱여래 덥심니더.

－ 고랑 고래~이 지풀요래 더퍼노마.

－ 하::유 엄청시리남니더 그기: 예.

－ ***

－ 예 고렁기 마:~이남니더.

－ 그래인자 구구로나능거로 머 일런내:키우마 밥떠꺼리거치[58]그윽 기기:
지해 꼳핌니더.

－ 예 그래도 지해 꼬치핌니더.

－ 그래 그래 지해꼬치피마 그 이드매그그로 캐가주고 모종을함니더.

－ 캐가지: 모중을하마 그지붕[59]요래 뿌리~이가 생김니더.

－ 고오로 모종을해나마 민년데마 안컴니:꺼?

도라지를 어떻게 키우는지 그 씨를 씨를 뿌려야 될 것 아닙니까?

그렇게 해서 그것 뭐 몇 년 간 키워야 될 것 아닙니까, 그것?

⎺ 씨를 뿌리면.

그것 한 번 도라지 키우는 것 한 번 말씀해 주십시오.

⎺ *** 이 도라지 씨는.

⎺ 도라지는 씨를 털면 많이 나옵니다.

⎺ 익모초 씨처럼 자잘하게 이런 것이 많이 나오면.

⎺ 그것을 인제 받아 놓았다가.

⎺ 요렇게 밭을 장만해 가지고.

⎺ 그것은 가 가꾸면(거름주면) 안 됩니다.

⎺ 아무것도 거름 안 주는 땅에.

⎺ 요렇게 요렇게 골을 타 가지고.

⎺ 그렇게 졸졸 흩쳐 놓고.

⎺ 아무 것도 안 덮고.

⎺ 몸이 하도 약하기 때문에.

⎺ 짚을 가져다가 딱 딱 딱 이렇게 덮습니다.

⎺ 고랑 고랑마다 짚을 이렇게 덮어 놓으면.

⎺ 아휴 엄청나게 납니다 그것이, 예.

⎺ ***.

⎺ 예, 그런 것이 많이 납니다.

⎺ 그래 인제 그것을 나는 것을 뭐 일년 내내 키우면 밥풀같이 그것이 그 해에 꽃이 핍니다.

⎺ 예, 그래도 그 해에 꽃이 핍니다.

⎺ 그래 그래 꽃이 피면 그 이듬해 그것을 캐 가지고 모종을 합니다.

⎺ 캐 가지고 모종을 하면 그 제법 이렇게 뿌리가 생깁니다.

⎺ 그것을 모종을 해 놓으면 몇 년 되면 커잖습니까?

- 그리인자 그으 캐무울때 데마.
- 이 너멀 드무게숭구노마 가지가착척척척 벌고.
- 쏘물기[60]숭구노마 가지가 덜벌고 그러씀니더.
- 인삼도 여기인사믄가지가 여개인사믄 가지가 마니버리야 뎀니더.
인삼읻슴니꺼 동네에?
- 업서도.
- 업서도 우리 항국인사믄 가지가 마~이벌고.
- 매:꿈한 그그느 점:부수입임니더.
- 예 매:꿈항거느.
- 인삼찌베가마 매:꿈항거줌니더.
- 그기: 쩌 오른 인삼 아임니:더.
- 우리 금산삼모드 이런사믄 대가리 요개 몽탕하~이요러코.
- 마: 여:트리:가[61] 또 우벙:안함니꺼?
- 고고르머: 이예 매: 씩찌말고.
- 오독오독 저: 모도 트리:고어로 요래뜨더가지고 오독오독씩꺼가주고.
- 그래야글해무 해무우마 야기데는데.
- 그 너무보:하~이씩꺼도 약안데고 그러심니더.
- 도래도 머껍띠이 까마 얼매든까짐니더 보:하~이이런는데.
- 그: 약하능거는 껍띠이 마:~이앙깜니더.
- 보:하케앙까고 홍만매:씩끼뿌고 그래약함니더.
- 그래서 씨부라꼬.[62]
- 그래 다클[63]키아노코예 다크키아노코.
- 도래를여:서 그래쌀마가 자시보이소.
- 참운매나 마시인능고.[64] (웃음)
- 도래여코 대추여코.
- 그리 인삼도좀여코 그래가다클 쌀마나마 마시심니더.

- 그래 인제 그것 캐어 먹을 때가 되면.

- 이놈을 드물게 심어 놓으면 가지가 척척척척 벌고.

- 솔게 심어 놓으면 가지가 덜 벌어지고 그렇습니다.

- 인삼도 여기 인삼은 가지가 여기 인삼은 가지가 많이 벌어야 됩니다.
인삼이 있습니까, 동네에?

- 없어도.

- 없어도 우리 한국 인삼은 가지가 많이 벌고.

- 매끈한 그것은 전부 수입입니다.

- 예, 매끈한 것은.

- 인삼집에 가면 매끈한 것 줍니다.

- 그것이 저 옳은 인삼 아닙니다.

- 우리 금산삼 모두 이런 삼은 대가리 여기가 몽탕하니 요렇고.

- 뭐 여 털이 또 무성하잖습니까?

- 그것을 뭐 이 매 씻지 말고.

- 오독오독 저 모두 털 그것을 요렇게 뜯어 가지고 오독오독 씻어 가지고.

- 그렇게 약을 해 먹, 해 먹으면 약이 되는데.

- 그 너무 보얗게 씻어도 약이 안 되고 그렇습니다.

- 도라지도 뭐 껍질 까면 얼마든지 까집니다, 보얗게 이렇는데.

- 그 약 하는 것은 껍질 많이 안 깝니다.

- 보얗게 안 까고 흙만 매 씻어 버리고 그렇게 약합니다.

- 그래서 쓰라고.

- 그래 닭을 키워 놓고요, 닭을 키워 놓고.

- 도라지를 넣어서 그렇게 삶아서 잡숴 보십시오.

- 참 얼마나 맛이 있는지. (웃음)

- 도라지 넣고 대추 넣고.

- 그래 인삼도 좀 넣고 그렇게 해서 닭을 삶아 놓으면 맛있습니다.

그럼 아까 그˸.

ˉ 찹살여코.

어머~이 그 저˸기 도래 그으르가따가 모종을한다 안그러셨슴**?

그래가꼬.

ˉ 모종을 함니더.

빼가지고 다른데심는다 그말슴임니꺼?

ˉ 예 예.

그자리서 캐우지는앙코예?

볼래 씨뿌린 데서예?

ˉ 그자리 그˸도.

ˉ 키 씨뿌린 자리그으도오디이리 종자르나아뚜고.

ˉ 마˸이래 엉가~이 와벅˸함니더[65] 그기 마~이올라와서.

ˉ 그러쩨기 구어로캐애가꼬.

ˉ 고래 잔잔항거로 요래또 골로기리고[66] 고또 모종을 함니더.

ˉ 모종을 쏘몰게해노마 이기몸띠~이가 가지가마~이안벌고.

ˉ 이드물게해노마 가지가마~이벌고 이러씸니더.

ˉ 그래가주고마 쪼록쪼록기리고마 함바짜리˸석 모드여˸는숭굼니더.

ˉ 그래 숭구가주고 어 또 고구 또모지리 캐˸무우만.

ˉ 민년일따가 한 이택뎅거느똑 캐˸가주고 또 휘데해묵꼬.

ˉ 또 한 삼년뎅거는또 지사도씨고 그근또 쌀마씨고.

ˉ 익 이리여˸는 그래모두 도래르마˸~이 몰 재배르함니더.

ˉ 도래그기 조슴니더.

ˉ 지 지금도래는 전˸부 수입드러옹거아임니꺼?

그라믄 도래그거 해가지우 까가지고 시장에도내고 이래안함니까?

ˉ 까고앙까고 요래뭉치가주고.

ˉ 요리뭉처가주고 아리˸ 나느 한뭉티~이상˸께네 사처너~이더라.

그럼 아까 그.

⎺ 찹쌀 넣고.

어머니 그 저기 도라지 그것을 가지고 모종을 한다고 그러셨잖습니까?

그래 가지고.

⎺ 모종을 합니다.

빼 가지고 다른 데 심는다 그 말씀입니까?

⎺ 예, 예.

그 자리에서 키우지는 않고요?

본래 씨 뿌린 데에서요?

⎺ 그 자리 거기도.

⎺ 씨 뿌린 자리 거기에도 어디 이렇게 종자를 놓아두고.

⎺ 마 이렇게 대단히 촘촘합니다, 그게 많이 올라와서.

⎺ 그럴 적에 그것을 캐 가지고.

⎺ 그렇게 자잘한 것을 이렇게 또 골을 타서 거기 또 모종을 합니다.

⎺ 모종을 솔게 해 놓으면 이것이 몸뚱이가 가지가 많이 안 벌고.

⎺ 이 드물게 해 놓으면 가지가 많이 벌어지고 이렇습니다.

⎺ 그래 가지고 막 족족 타고 마 한 밭뙈기씩 모두 여기는 심습니다.

⎺ 그렇게 심어 가지고 어 또 그것 또 모조리 캐 먹으면.

⎺ 몇 년 있다가 한 이태 된 것은 또 캐서 또 회도 해 먹고.

⎺ 또 한 삼년 된 것은 또 제사에도 쓰고 그것은 또 삶아서 쓰고.

⎺ 이 이렇게 여기는 그렇게 모두 도라지를 많이 모두 재배를 합니다.

⎺ 도라지 그것이 좋습니다.

⎺ 이 지금 도라지는 전부 수입해서 들어온 것이잖습니까?

그러면 도라지 그것 해 가지고 까 가지고 시장에도 내고 이렇게 하잖습니까?

⎺ 까고 안 까고 요렇게 뭉쳐 가지고.

⎺ 요렇게 뭉쳐서 그저게 나는 한 뭉텅이 사니까 사천 원이더라.

- 고고로사가주고 그래저: 다마네기엑끼스르 하는데여어가꼬 해:서 시째아들조:서 보낼슴니더.
- (웃음) 이 날: 씨라꼬또 도~이 도늘부치따커길래.
- 아이가 머: 이 자슥글또 자슥 정도머 푸마시가이심니더.
- 또 에라이 이넘들손자들 이거 다마네기이거럼 마~이머그마 머리가조탐니더.
- 머리가 조탐니더.
- 여:개 왕 왕사~이라[67] 커는데 요우에 동네.
- 그: 우리성가가[68] 마~이사는데.
- 애:들로 공부할쩨기 다마네기르 그리마~이미인담니더.
- 다마네기르 마~이미기잉께 애:드리 머리가 그래조탐니더.
- 그런때미로 다마네기로 마~이무덥 농사로지이가 마~이무라커능기라.[69]
- 그래지끔 엑끼스르 마~이안함니꺼?
- 그 그래 머: 아리 이 떠분데.
- 떠 한솥 해보낼슴니더.
- 우리 이 지븐 그렁건또 잘안 머거.

그: 조약 마~이 만드셨찌예?
- 예 만드러삳:슴니더.
- 얼 조야글 음: 재료 약초 아임니꺼?

머어 약초 *** *** 조야글 우터케 만드션는지?

어머~이 직쩝 한번?
- 조약또.
- 그: 내가 모미아파서 이래.
- 해 무웅께네.
- 고지든질안하고 다리수술꺼정 핻따마느.
- 우리 바꺼더르는 그래 마: 다리가핀차내갸:꼬.

˝ 그것을 사 가지고 그래 저기 양파 진액 하는 데 넣어 가지고 해서 셋째 아들 줘서 보냈습니다.

˝ (웃음) 이 나를(나에게) 쓰라고 또 돈 돈을 부쳤다고 하기에.

˝ 아이가 뭐 이 자식 것도 자식 정(情)도 뭐 품앗이가 있습니다.

˝ 또 예끼 이놈들 손자들 이것 양파 이것을 많이 먹으면 머리가 좋답니다.

˝ 머리에 좋답니다.

˝ 여기 왕산이라고 하는 데 요 윗 동네.

˝ 거기 우리 성가가 많이 사는데.

˝ 애들을 공부할 적에 양파를 그렇게 많이 먹인답니다.

˝ 양파를 많이 먹이니까 애들이 머리가 그렇게 좋답니다.

˝ 그렇기 때문에 양파를 많이 모두 농사를 지어서 많이 먹으라고 하는거야.

˝ 그래 지금 진액을 많이 하잖습니까?

˝ 그래 뭐 그저께 이 더운데.

˝ 또 한 솥 해 보냈습니다.

˝ 우리 이 집은 그런 것도 잘 안 먹어.

그 조약 많이 만드셨지요?

˝ 예, 만들어 쌓았습니다.

˝ 어, 조약을 음 재료 약초잖습니까?

뭐 약초 *** *** 조약을 어떻게 만드셨는지?

어머니 직접 한 번?

˝ 조약도.

˝ 그 내가 몸이 아파서 이렇게.

˝ 해 먹으니까.

˝ 곧이 듣지를 않고 다리 수술까지 했다만은.

˝ 우리 바깥어른은 그래 뭐 다리가 편찮아 가지고.

ˉ 고마 거르믈 몬거껀따 갠:따사:서.

ˉ 이 두 노~이니이카마 어쩌케하꼬?

ˉ 그래가 자기가언자 깅노다~아서[70] 얘기:르항:께네.

ˉ 어느 칭구가.

ˉ 대동어른[71] 그랄:께아이고.

ˉ 내가 조은야글 구해주꺼~이요 황장모기라고[72] 잇심니더.

ˉ 황장목아시지예?

** 빨가~이.

ˉ 인자 잉낀물[73]거튼 열매여는 그기 황장모김니더.

ˉ 그걷떠지끔 캐사:서 업심니더.

미테 뿌래~이 하:야~이 커다라~이 나능그거.

ˉ 예: 그거.

ˉ 그그느예 뿌리~이가 아주 콩거느마 사람만함니더.

칙맹커 그렁거** 커:다랑거?

ˉ 칭맨치러 예 예.

ˉ 그거 무군디~이로 그래 저: 캐주미서 "이거르 쌀마가주고 술로해잡수이소이."

ˉ 그: 그카미서캐조:서.

ˉ 캉 참 그그르고아서 쌀마가주고 수를 해드릴띠만.

ˉ 한단지 해잡숙꼬 두단지 해잡숙꼬 싹:나사뿌데.

ˉ 그그떠 그리조아예.

ˉ 그기:또 생거느 참:도캄니더.

잘몬무머 중능다카는**.

ˉ 잘몬무머 죽심니더.

ˉ 근:데 그르 술로해노코.

ˉ 우리 이어르느 수를 조아하시~잉께.

ᐨ 그만 걸음을 못 걷겠다 그렇다 해서.

ᐨ 이 두 노인이 이렇게 하면 어떻게 할까?

ᐨ 그래서 자기가 인제 경로당에서 얘기를 하니까.

ᐨ 어떤 친구가.

ᐨ 대동어른 그럴 것이 아니고.

ᐨ 내가 좋은 약을 구해 줄게요, 자리공이라고 있습니다.

ᐨ 자리공 아시지요?

** 빨갛게.

ᐨ 인제 잉크물 같은 열매 여는 그것이 자리공입니다.

ᐨ 그것도 지금 캐 쌓아서 없습니다.

밑에 뿌리가 하얗게 커다랗게 나는 그것.

ᐨ 예, 그것.

ᐨ 그것은요 뿌리가 아주 큰 것은 마 사람만 합니다.

칡처럼 그런 것 ** 커다란 것?

ᐨ 칡처럼, 예 예.

ᐨ 그것을 묶은덩이를 그래 저 캐 주면서 "이것을 삶아서 술로 해 잡수십시오이."

ᐨ 그 그렇게 말하면서 캐 줬어.

ᐨ 참 그것을 가지고 와서 삶아 가지고 술을 해 드렸더니만.

ᐨ 한 단지 해 잡숫고 두 단지 해 잡숫고 싹 나아 버리데.

ᐨ 그것도 그렇게 좋아요.

ᐨ 그것이 생것은 참 독합니다.

잘못 먹으면 죽는다고 하는**.

ᐨ 잘못 먹으면 죽습니다.

ᐨ 그런데 그것을 술로 해 놓고.

ᐨ 우리 이 어른은 술을 좋아하시니까.

﹣ 그래 그또수리그리 마시이십띠더.

﹣ 그래 밑딴지 해잡숙꼬나디~이마느 다리나사가: 잘댕기다가 가신심니
더.

﹣ 그거띠 야기고.

﹣ 저::게 누룽나무[74] 안이심니꺼?

누룽나무?

﹣ 누룽나무.

아 고오느 제가 잘 모르는.

﹣ 누웅나무 아시지예?

그거 모름니더 그거 말슴좀해주이소.

﹣ 누룽나무가 그기: 이리미또먹:꼬?

﹣ 누룽나무로 지끔 처::치누룽낭글 껍띠기르비낍니더.

﹣ 봄새르마 누룩나무 껍띠~이르빅끼마 송진모양으로 짝::삐끼짐니더.

﹣ 그그를 빅끼서 저: 장사하는사래미 이심니더.

﹣ 마: 장:: 이리비끼갸:꼬 자~아가따 파는 사람이심니더.

﹣ 그걸: 저: 물도해묵꼬.

﹣ 머: 쏙 안조은사람: 그과[75] 생산씨~이고.

﹣ 쏙비~이인는사람 나뽕거처내고.

﹣ 그래 그그 그나무: 그러때 조습니더.

﹣ 그래갸:꼬 여은또 그그르 마~이씨웁니더.[76]

﹣ 물더[77] 물더끼리갸:꼬 냉장고여어노코 그래 물더장:마시고.

﹣ 그 누룽나무그근또 그리 야기조섬니더.

﹣ 글 그은 누룽나무도 오만데 조습니더.

﹣ 이:비아파가꼬 이블 입삐~이나서 버리도모나는 그는사암도[78] 그그를
머그마가:.

﹣ 자::꾸머거마갸: 넝구고: 넝구고.

⎺ 그래 그 또 술이 그렇게 맛이 있습디다.

⎺ 그래 몇 단지 해 잡숫고 나더니만은 다리 나아서 잘 다니다가 (돌아)가셨습니다.

⎺ 그것도 약이고.

⎺ 저기 누룩나무 있잖습니까?

누룩나무?

⎺ 누룩나무.

아 그것은 제가 잘 모르는.

⎺ 누룩나무 아시지요?

그것 모릅니다, 그것 말씀 좀 해 주십시오.

⎺ 누룩나무가 그것이 이름이 또 뭐냐?

⎺ 누룩나무를 지금 전부 누룩나무를 껍데기를 벗깁니다.

⎺ 봄새로 누룩나무 껍데기를 벗기면 송기 모양으로 쫙 벗겨집니다.

⎺ 그것을 벗겨서 저 장사하는 사람이 있습니다.

⎺ 마 늘 이렇게 벗겨 가지고 장에 갖다 파는 사람 있습니다.

⎺ 그것을 저 물도 해 먹고.

⎺ 뭐 속 안 좋은 사람은 그것으로(?) 생산시키고.

⎺ 속병이 있는 사람 나쁜 것 쳐내고.

⎺ 그래 그거 그 나무가 그럴 때 좋습니다.

⎺ 그래 가지고 여기는 또 그것을 많이 씁니다.

⎺ 물도 물도 끓여 가지고 냉장고 넣어 놓고 그래 물도 늘 마시고.

⎺ 그 누룩나무 그것도 그렇게 약이 좋습니다.

⎺ 그 그것 누룩나무도 오만 데 좋습니다.

⎺ 입이 아파 가지고 입을, 입병이 나서 벌리도 못하는 그런 사람도 그것을 머금어 가지고.

⎺ 자구 머금어 가지고 넘기고 넘기고.

- 그흗 처 그그르 그리무거사:마 이뺑도나사뿌고.

- 요새도 이뺑난는다컵띠더.

- 그낭기그래 야기조습니더.

아 예: 누룽나무가 나무가큼니꺼?

- 크지 크:기키우머 크고.

- 요:거 아페 조거비임니더.

- 우리지베여:도 마:~이이썬는데.

- 조게 조:조개.

- 서서 보마.

- 저 부잔찝 담부라:~에저게.

- 그: 누룽낭기 킁:기이심니더.

낼 나중에 가서 ***.

- 요개 점보때설찌예?

예.

- 예 점보때에 조거 부터가:선는 나무저기 누룽나뭄니더.

아: 저 낭게 저거 ***.

- 이 예 이푸리[79] 자잔하고.

- 예 저기:누룽나뭄니더.

- 저나무가 그래야기 조습니더.

- 엔나레느저:게 엄는사람뜨더서 저: 나물도해묵꼬.

- 그랜는데 지금 저거르 삐끼가:꼬[80] 마:~이팝니더.

- 창녕자~아가마 삼처넌주마 한따불석[81] 줌니더. (두 사람 웃음)

- 그으르도~이라꼬 언자 비끼가: 파는사람:팔고.

- 약도 쎈:찌예.[82]

- 칙또 야기고.

아 참 치근우짼:습니까?

ᚆ 그것 저 그것을 그렇게 먹어 쌓으면 입병도 나아 버리고.

ᚆ 요새도 입병 낫는다고 합디다.

ᚆ 그 나무가 그렇게 약이 좋습니다.

아 예, 누룩나무가 나무가 큽니까?

ᚆ 크지, 크게 키우면 크고.

ᚆ 요것 앞에 조것 보입니다.

ᚆ 우리집에 여기도 많이 있었는데.

ᚆ 조기 조 조기.

ᚆ 서서 보면.

ᚆ 저 부잣집 담벽에 저기에.

ᚆ 거기 누룩나무가 큰 것이 있습니다.

내 나중에 가서 ***.

ᚆ 요기 전봇대 섰지요?

예.

ᚆ 예, 전봇대에 저기 붙어서 서 있는 나무 저게 누룩나무입니다.

아, 저 나무 저것 ***.

ᚆ 이 예, 이파리 자잘하고.

ᚆ 예, 저것이 누룩나무입니다.

ᚆ 저 나무가 그렇게 약이 좋습니다.

ᚆ 옛날에는 저기 없는 사람(은) 뜯어서 저 나물도 해 먹고.

ᚆ 그랬는데 지금 저것을 벗겨 가지고 많이 팝니다.

ᚆ 창녕장에 가면 삼천 원 주면 한 단씩 줍니다. (두 사람 웃음)

ᚆ 그것을 돈이라고 인제 벗겨서 파는 사람은 팔고.

ᚆ 약도 많지요.

ᚆ 칡도 약이고.

아 참 칡은 어떻게 했습니까?

- 칙또 몬캐:서그러치 봄새르사마 쿵:거안나옴니꺼?

- 그 치기.

- 그으떠암치기익꼬 쑥치기있는데.

- 구그 그건또 술마~이 무거산는사람 주치에[83] 그리 조탑니더.

- 그러고 아무나 무그마조코.

- 그기 칙또아무나무:머 남자들무:머 조코.

- 그러 난 남정네드른그으로 머: 술도다머노코 묵꼬.

- 엔나레는머 그 그 때도살고 그그러가주고.

- 그 그에 때르사라도 그으는부색딴나고[84] 그래 사랑게조탑니더.

머:도 안나고예?

- 치글 그그르언자 장만해가: 양시기업서서.

- 그그르 양석사마 쩡어가주고 무를 걸러가주고.

- 그래 안추:마[85] 보:하심니더.

- 그그르언자 마 수지비도떠묵꼬.

- 그애 그래마 그그르 양석사마그래 치글 그래 캐다무얼땀니더.

- 그려 그래묵꼬 엔나레그래 사랃땀니더.

- 그 칙또조아예 사랑게.

암칙익꼬 쑥 쑥칙읻따 그러션:데.

그: 어 우째다름니까?

- 쑥 쑥치근.

- 쑥치근 무리 마~이안나오고.

암치근 그지 부~이 마~이난담니더.

- 오갈피가[86] 읻찌또.

- 요즘 오갈피가 만슴니더.

- 나느 이 이새아나서 오갈피를 마~이 사다숭굳띠~이마느.

˫ 칡도 못 캐서 그렇지 봄새에 사면 큰 것 나오잖습니까?

˫ 그 칡이.

˫ 그것도 암칡이 있고 수칡이 있는데.

˫ 그것 그것도 술 많이 먹어 쌓는 사람 숙취에 그렇게 좋답니다.

˫ 그러고 아무나 먹으면 좋고.

˫ 그게 칡도 아무나 먹으면 남자들 먹으면 좋고.

˫ 그래 남정네들은 그것을 뭐 술도 담가 놓고 먹고.

˫ 옛날에는 뭐 그 그 때도 때우고, 그것을 가지고.

˫ 그 그것으로 때를 때워도 그것은 부황도 안 나고 그렇게 사람에게 좋답니다.

뭐도 안 나고요?

˫ 칡을 그것을 인제 장만해서 양식이 없어서.

˫ 그것을 양식삼아 찧어 가지고 물을 걸러 가지고.

˫ 그래 (가라)앉히면 보얗습니다.

˫ 그것을 인제 마 수제비도 떠 먹고.

˫ 그래 그그렇게 뭐 그것을 양식삼아 그렇게 칡을 그렇게 캐다 먹었답니다.

˫ 그래 그렇게 먹고 옛날에 그렇게 살았답니다.

˫ 그 칡도 좋아요, 사람에게.

암칡 있고 수 수칡 있다고 그러셨는데.

그 어 어떻게 다릅니까?

˫ 수 수칡은.

˫ 수칡은 물이 많이 안 나오고.

암칡은 그 가루가(분이) 많이 난답니다.

˫ 오가피가 있지 또.

˫ 요즘 오가피가 많습니다.

나는 이 이사 안 와서 오가피를 많이 사다 심었더니만은.

⁻ 지베마 다치아뿌고 업따.

⁻ 오갈피가 그리 조심니더.

⁻ 오갈피 그그 집 터시리가[87] 너어 너르기나 이래 머어데 바치익끼나 이르마.

⁻ 오갈피그으 민나무숭구노마예 한해크마 요래 크능거.

⁻ 요래 나치나카리나가: 요래싹: 삐지노마.

⁻ 설시고 보메느 여어서 여러가지가 나옴니더.

⁻ 여러: 가지가 나오마.

⁻ 그글 가시레마또 때구리가[88] 우묵::하~이이러마.

⁻ 그그르 쪼사[89] 가주고 또야글함니더.

⁻ 억씨기 씹심니미더그기:.

⁻ 요새 오갈피 이렁거떠 마~이안함니꺼?

⁻ 그래 그그에 또 남정드리 그 글 또 그기그리조코.

⁻ 남정들 그글머그마예 살도 보드라바지고.

⁻ 쏙:또 핑코.

⁻ 그: 오갈피가머 물도해 물끼리는데여:갸:꼬 무우도조코.

⁻ 오갈피가마:~이 지끔씨임니더.

⁻ 열매가또옥 그거 잉낀물열매[90] 매러[91] 이렇게 자박자박자박염니더.

⁻ 마:~이염니더.

⁻ 그애그그 오갈피그 민나무이스마 그글또 야기조코 화초도조코 그런심니더.

오갈피 열매가 머슨 물거터고예?

⁻ 잉끼물맨치러 그런슴니더.

예: 그런슴니까?

그: 잉끼물거틍기: 아까 저: 항장구열매도?

⁻ 그그 그으느 항장궁열매고.

ˉ 집에 뭐 다 치워 버리고 없다.

ˉ 오가피가 그렇게 좋습니다.

ˉ 오가피 그것 집터가 너르 너르거나 이렇게 뭐 어디 밭이 있거나 이러면.

ˉ 오가피 그것 몇 그루 심어놓으면요, 한 해 크면 요렇게 크는 것.

ˉ 요렇게 낫이나 칼이나 가지고 요렇게 싹 삐져 놓으면.

ˉ 설 쇠고 봄에는 여기에서 여러 가지가 나옵니다.

ˉ 여러 가지가 나오면.

ˉ 그것을 가을에 마 또 떼거리가 우묵하게 이러면.

ˉ 그것을 쪼아 가지고 또 약을 합니다.

ˉ 아주 씁니다, 그것이.

ˉ 요새 오가피 이런 것도 많이 하잖습니까?

ˉ 그래 그것 또 남정들이(남정들에게) 그 또 그것이 그렇게 좋고.

ˉ 남정들 그것을 먹으면요 살도 보드라워지고.

ˉ 속도 편하고.

ˉ 그 오가피가 뭐 물도 해, 물 끓이는 데 넣어 가지고 먹어도 좋고.

ˉ 오가피가 많이 지금 쓰입니다.

ˉ 열매가 똑 그것 '잉크물열매'처럼 이런 것이 자박자박자박 엽니다.

ˉ 많이 엽니다.

ˉ 그래 그것 오가피 그 몇 그루 있으면 그것도 약에 좋고 화초도 좋고 그렇습니다.

오가피나무 열매가 무슨 물 같다고요?

ˉ 잉크물처럼 그렇습니다.

예, 그렇습니까?

그 잉크물 같은 것이 아까 저 자리공 열매도?

ˉ 그것 그것은 자리공 열매고.

그으뜨 잉끼물거치예?

˗ 예.

˗ 이 이근뜨 잉끼문맨치러 그 항장모맨치러 그래염니더.

˗ 그래그 그그 오갈피가지끔 마~이씨임니더.

아: 어머~이 직쩍키우보셨슴니까?

˗ 예.

˗ 예 키움마그래 한해마키움마 요래: 크능거.

˗ 가시레요구르싹: 요래울루삐진 이리삐지나마 여어서마디마디 도다가
주고.

˗ 도다가어벅:하~이[92] 보메마 여러가지가 나옴니더.

˗ 그래 여러:가지가나오마 그그르언자또 여러가지그으르키우마 그으서
꼬치핌니더.

˗ 꼬치피가:또 열매가열마 우리 이지베느 구굴: 따가주고 장녀네한나무
여릉거로 따가꼬 술다마놓게 수리마싣따 이사티~이.

˗ 그: 내가 말키 이릉거로다따뿌띠마느.

˗ 그 가지꺼꺼서 안연다사터라언자 내녀네는열끼다.

˗ 머 야간데능기: 업심니더.

˗ 그 오갈피도 숭구이소.

˗ 오갈피 봄새르메예 한나무 마넌슥만주마머.

˗ 머이 민나무 지베가따숭구노:마 그은뜨 야게조슴니더.

˗ 기기 저: 인삼캉 이파리가똑갇슴니더.

˗ 인삼 이푸리캉 똑:갇씀니더.

˗ 그런때미리 이:성부~이 인삼 야기 인삼캉 갇땀니더.

˗ 그 옌나레느 그기 어데서나완나하마 진진산중에서[93] 나왇써예.

˗ 진진산중에서나완는데 지끄믄그건 흔함니더.

˗ 오갈피가 만:씸니더.

그것도 잉크물 같지요?

˝ 예.

˝ 이 이것도 잉크물처럼 그 자리공처럼 그렇게 엽니다.

˝ 그래 그 그것 오가피가 지금 많이 쓰입니다.

아, 어머니 직접 키워보셨습니까?

˝ 예.

˝ 예, 키우면 그렇게 한 해만 키우면 요렇게 크는 것.

˝ 가을에 요것을 싹 요렇게 위로 깎아 이렇게 깎아 놓으면 여기서 마디마디 돋아 가지고.

˝ 돋아서 무성하게(?) 봄에 뭐 여러 가지가 나옵니다.

˝ 그래 여러 가지가 나오면 그것을 인제 똑 여러 가지 그것을 키우면 거기서 꽃이 핍니다.

˝ 꽃이 피고 또 열매가 열면 우리 이 집에는 그것을 따 가지고 작년에 한 그루 연 것을 따 가지고 술 담가 놓으니까 술이 맛있다 이러더니.

˝ 그것 내가 말끔 이른 것(일찍 여는 것)을 다 따 버렸더니.

˝ 그 가지 꺾어서 안 연다고 해 쌓더라, 인제 내년에는 열 것이다.

˝ 뭐 약 안 되는 것이 없습니다.

˝ 그 오가피도 심으십시오.

˝ 오가피 봄새에요 한 그루 만 원씩만 주면 뭐.

˝ 뭐 몇 그루 집에 가져다 심어 놓으면 그것도 약에 좋습니다.

˝ 그것이 저 인삼이랑 이파리가 똑 같습니다.

˝ 인삼 이파리랑 똑 같습니다.

˝ 그렇기 때문에 이 성분이 인삼 약이 인삼이랑 같답니다.

˝ 그 옛날에는 그것이 어디서 나왔느냐 하면 심심산중에서 나왔어요.

˝ 심심산중에서 나왔는데 지금은 그것은 흔합니다.

˝ 오가피가 많습니다.

￢ 그:그저: 위정들[94] 그: 자시마조코.

￢ 술: 마~이자시는사람: 그으르자시마 머 술: 해독또데고 그래조탐니더.

￢ 약안데능기 이심니꺼?

￢ 야기 참 조슴니더모도 그렁기.

￢ 이 삐골[95]아픈 사라믄.

￢ 하::어 음나무[96] 굴피나무[97] 쥐피나무[98] 인동초.[99]

￢ 머: 그렁거로 이히저이[100] 오갈피 머여러:가지 그래여:가:꼬 푹::쌀마가
주고 그 무레다 술로 해가주어.

￢ 나느 술도 오만:수르 다해받심니더.

￢ 술로해가주고 그래나:뚜고무우마 그 그래야게조슴니다.

￢ 술 자모 잘몬하머 초꾹[101]대:뿜니더. (웃음)

￢ 씨:서 몬묵심니더.

￢ 그으떠 또 잘해얘데지. (웃음)

￢ 또 지베 가시가지고 그기조탄다 수람번해바라캐. (웃음)

￢ 잘몬하머 잘몬하머 초가데:뿜니더.

쪼금 저네 **그 음나무.

굴피나무.

지피나무.

￢ 지피나무.

인동초.

￢ 그 그래 그렁거.

고 하나하나쫌또 설명쫌 해주이소 음나무는 멈니까?

￢ 음나무예?

￢ 음나무가 안혼함니꺼 자~아[102] 가마.

￢ 까시가 숭:숭항거.

￢ 예 까시익 음나무는 까시가 망:모메 까시가 숭:숭항그기: 음나뭄니더.

˘ 그 그 저 남자들 그것 자시면 좋고.

˘ 술 많이 자시는 사람 그것을 자시면 뭐 술 해독도 되고 그렇게 좋답니다.

˘ 약 안 되는 것이 있습니까?

˘ 약이 참 좋습니다, 모두 그런 것이.

˘ 이 뼈골 아픈 사람은.

˘ 하 어, 음나무, 굴피나무, 계피나무, 인동초.

˘ 뭐 그런 것을 이히저이 오가피 뭐 여러 가지 그렇게 넣어 가지고 푹 삶아서 그 물에다 술을 해 가지고.

˘ 나는 술도 오만 술을 다 해 봤습니다.

˘ 술을 해 가지고 그렇게 놔 두고 먹으면 그렇게 약에 좋습니다.

˘ 술 잘못 잘못하면 촛국 돼 버립니다. (웃음)

˘ 시어서 못 먹습니다.

˘ 그것도 또 잘 해야 되지. (웃음)

˘ 또 집에 가서서 그것이 좋단다 술 한 번 해 봐라고 해. (웃음)

˘ 잘못하면 잘못하면 초가 돼 버립니다.

조금 전에 그 음나무.

굴피나무.

계피나무.

˘ 계피나무.

인동초.

˘ 그 그래 그런 것.

그 하나하나 좀 또 설명 좀 해 주십시오, 음나무는 뭡니까?

˘ 음나무요?

˘ 음나무가 흔하잖습니까, 장에 가면.

˘ 가시가 숭숭한 것.

˘ 예 가시, 음나무는 가시가 막 몸에 가시가 숭숭한 그것이 음나무입니다.

˥ 그래 음나무: 음나무로 저: 닥케다 여어서 쌈마무마 그: 달 그래마시씸
니더.

˥ 음나무느 아무나 안쌀마묵심니꺼?

˥ 그리어 아무나이런 닥쌀마뭉는데 음나무 여:가쌀마마 마시심니더.

˥ 대초[103]좀 여코이래가 쌀마마.

˥ 그으느아무걷또 안여코예 음나무여코 대추좀여코이래가: 푹::쌀마노마
그 고기가 그래마시심니더.

˥ 그래 봄새르하머 쌀마잡수보이소. (웃음)

굴피나무는 멉니까?

˥ 굴피나무 자~아가마 껍띠기넙떡:하~이이래 비끼가팝니더.

˥ 예 그글 또 어름나무[104]라고 이신미더.

˥ 어름나무 잎따카는 그글또또 허리아푼사람모도 그 뭉능긴:데.

어름나무가 ****?

˥ 어름나 어름나무 굴피나무 지피나무.

˥ 어이 머: 어 그끄저 음나무.

˥ 하악 그래 여러:가지로 하유요새느아:무도 그렁거약안해묵씀니더.

지피나무가 멉니까?

˥ 지피낭기: 산초.[105]

˥ 산초가 지피나무아임니이꺼?

˥ 예 그래 산초그글또 피를나뿐피를 나뿐피 제거씨이고.

˥ 피가 조아짐니더.

˥ 요새 아:들도 그 몸건지러붕거 그렁거모촘 해미이마 조을낀데 안 해.

어머~이 그 저 지피나무하고 산초나무하고 가틍검니까 다릉김니까?

˥ 지피나무나 저: 맵꼬.

˥ 구굳트 다가치 산초라커끼고마느.

˝ 그래 음나무 음나무를 저 닭에다 넣어서 삶아 먹으면그 닭이 그렇게 맛이 있습니다.

˝ 음나무는 아무나 삶아 먹잖습니까?

˝ 그래 아무나 이렇게 닭 삶아 먹는 데 음나무 넣어서 삶으면 맛이 있습니다.

˝ 대추 좀 넣고 이렇게 해서 삶으면.

˝ 그것은 아무 것도 안 넣고요, 음나무 넣고 대추 좀 넣고 이렇게 해서 푹 삶아 놓으면 그 고기가 그렇게 맛이 있습니다.

˝ 그래 봄새에 한 번 삶아 잡숴 보십시오. (웃음)

굴피나무는 무엇입니까?

˝ 굴피나무, 장에 가면 껍데기 넓적하게 이렇게 벗겨서 팝니다.

˝ 예 그것 또 어름나무라고 있습니다.

˝ 어름나무 있다고 하는 그것도 또 허리 아픈 사람 모두 그 먹는 것인데.

어름나무가 *****?

˝ 어름나(무) 어름나무, 굴피나무, 계피나무.

˝ 어이 뭐 어 그것 저 음나무.

˝ 하 그래 여러 가지를 요새는 아무도 그런 것 약 안 해 먹습니다.

계피나무가 무엇입니까?

˝ 계피나무가 산초.

˝ 산초가 계피나무잖습니까?

˝ 예, 그래 산초 그것도 피를 나쁜 피를 나쁜 피 제거시키고.

˝ 피가 좋아집니다.

˝ 요새 애들도 그 몸 가려운 것 그런 것 뭐 좀 해 먹이면 좋을 것인데 안 해.

어머니 그 저 계피나무하고 산초나무하고 같은 것입니까, 다른 것입니까?

˝ 계피나무는 저 맵고.

˝ 그것 다 같이 산초라고 할 것이건만은.

⁻ 또 지피캉 똑:가친생기 생긴는데.

⁻ 그그는 난디나무[106]라컴니더.

무슨 나무예?

⁻ 난디.

⁻ 난디나무로커는데.

⁻ 똑::가치 생긴종군제 그:저 껌심니:더 난디느.

⁻ 난:디는 끙:꼬.

⁻ 쥐피는 뿔꼬.

⁻ 예: 지피느 나무가 까시도뿔꼬.

난디나무도 가시일슴**?

⁻ 난디나무느 까시가 끙:꼬.

⁻ 까시 이스 인는데.

⁻ 까시가 숭숭함니더.

⁻ 그 몸띠~이 까시가 부턴는데.

⁻ 그래 모미 난디낭궁끙꼬 지피낭근뿔꼬 그러심니더.

⁻ 그래 그러인자 쥐피그그는 마~이 안씸니꺼?

⁻ 도시:도.

⁻ 그이 산초지.

인동초는 ** 우뚜슴니까?

⁻ 인 인동초느 인동초도 요새이심니꺼?

⁻ 저: 운따리:[107] 모드키아가주고.

⁻ 인동초 요어 꼬치 나발맨치 요리피고.

⁻ 모미 빨:가코 달강넝쿨[108]가치.

⁻ 고렇게 또이 인동초가 이심니더.

⁻ 이래 뚤뚤뭉치가 그래파능거.

예 근 덩꿀로올라가지예?

˘ 또 계피와 똑같이 생기 생겼는데.

˘ 그것은 난디나무라고 합니다.

무슨 나무요?

˘ 난디.

˘ 난디나무라고 하는데.

˘ 똑 같이 생긴 종류인데 검습니다, 난디는.

˘ 난디는 검고.

˘ 계피는 붉고.

˘ 예 계피는 나무가 가시도 붉고.

난디나무도 가시가 있습니까?

˘ 난디난무는 가시가 검고.

˘ 가시 있 있는데.

˘ 가시가 숭숭합니다.

˘ 그 몸둥이(에) 가시가 붙었는데.

˘ 그래 몸이 난디나무는 검고 계피나무는 붉고 그렇습니다.

˘ 그래 그래 인제 계피 그것은 많이 쓰잖습니까?

˘ 도시에도.

˘ 그게 산초지.

인동초는 ** 어떻습니까?

˘ 인동초는 인동초도 요새 있습니까?

˘ 저 울타리에 모두 키워 가지고.

˘ 인동초 요것 꽃이 나팔처럼 요렇게 피고.

˘ 몸이 빨갛고 달강넝쿨처럼.

˘ 그런 게 또 인동초가 있습니다.

˘ 이렇게 둘둘 뭉쳐서 그렇게 파는 것.

예, 그건 덩굴로 올라가지요?

¯ 그넘그기: 인동초고.

¯ 자:~에 옌나레느 양나무 마:~이파라사:심니더.

¯ 그래 파라산는그렁거 사가:꼬.

¯ 그래가: 푹:: 쌀마가 이리만슴니더 그렁거해무울라카마.

¯ 그래 우리느 그렁거해무:삳띠 그런능가.

¯ 이래 늘궁께네 좀 덜항그 껃심니더.

¯ 하유 돈도 마:~이까묵꼬 약또억쑤로묵꼬. (두 사람 웃음)

오~을 머 나무가 참마~이 양나무가 그래노옹께 양나무아~잉기: 엄네예.

¯ 양나무 아~잉기: 업슴니더.

¯ 양나무 아~잉기: 억꼬.

¯ 보메는 이리입 도들쩨느 댕기미서 참:부 사늘[109]해가:댕기미서.

¯ 이래 백까지르뜨드서 말랴가주고 그래그그러 빠사:서 화:늘진는데가 일땀니더 대구가마.

¯ 그래 화늘지이노코그래 무그마그글뜨 야기조코 옹:가: 이풀뜨드서 그이그래 야기조탐니더.

¯ ** 지끔 그렁거함니꺼?

¯ 이기또 항가지가인는데 그기: 안새앵킨다.[110]

¯ 안생각킨:다.[111]

¯ 그기 이리미 와안새앵키노?

¯ 여:모드 농사지:산는데.

그도 양나뭄니까?

¯ 예.

¯ 삐다친데도 조코.

¯ 홍화씨.[112]

¯ 홍화씨.

¯ 그 홍화씨가 저: 꼬필쩨마[113] 꼬치참 조슴니미더.

˘ 그놈 그것이 인동초이고.

˘ 장에 옛날에는 약나무 많이 팔아 쌓았습니다.

˘ 그래 파는 그런 것 사 가지고.

˘ 그렇게 해서 푹 삶아서 일이 많습니다, 그런 것 해 먹으려고 하면.

˘ 그래 우리는 그런 것 해 먹어 쌓아서 그렇는지.

˘ 이래 늙으니까 좀 덜한 것 같습니다.

˘ 아유, 돈도 많이 까먹고 약도 아주 많이 먹고. (두 사람 웃음)

오늘 뭐 나무가 참 많이 약나무가, 그러고 보니 약나무 아닌 것이 없네요.

˘ 약나무 아닌 것이 없습니다.

˘ 약나무 아닌 것이 없고.

˘ 봄에는 이렇게 잎 돋을 때는 다니면서 전부 셈을 해 가지고 다니면서.

˘ 이렇게 백 가지를 뜯어서 말려 가지고 그래 그것을 빻아서 환을 짓는 데가 있답니다, 대구에 가면.

˘ 그래 환을 지어 놓고 그렇게 먹으면 그것도 또 약이 좋고 온갖 잎을 뜯어서, 그게 그렇게 약이 좋답니다.

˘ 그래 지금 그런 것 합니까?

˘ 이게 또 한 가지가 있는데 그게 생각이 나지 않는다.

˘ 생각나지 않는다.

˘ 그게 이름이 왜 생각나지 않지?

˘ 여기 모두 농사 지어 쌓는데.

그것도 약나무입니까?

˘ 예.

˘ 뼈 다친 데도 좋고.

˘ 홍화씨

˘ 홍화씨.

˘ 그 홍화씨가 저 꽃 필 때면 꽃이 참 좋습니다.

˸ 요화초도데고 고래 우붕시~이[114] 맨치르여래 열매가여는데.

˸ 고:서 씨가생기가주고.

˸ 보:하~이 씨가생긴:데.

˸ 그너미 그리키꼬시:예.

˸ 예 뽀까가주고 무를해노마 그러키꼬시고.

˸ 그기: 삐다친사람도 조코.

˸ 그으 그기그기: 그리또 사랑게 그리조탐니더 홍화씨가.

˸ 홍화씨가 비삼니더.

˸ 한디에 그 사오마넌 한담니더.

한디:에.

˸ 한디 예.

˸ 그래 그여: 여:는 농사마~이 지사심니더 홍화씨로.

그러믄 한디에 사오마넌슥하모 한마린거트먼 엄청비싸걷따그지예.

˸ ** 엄청 비싸지예.

˸ 그래 그 그기또 올개는[115]마 비가오옹께네마 써글라캐사서모도.

˸ 긍:그~이머 껵꺼다가 몯지베다 가따머 걸치서 말랴:도 자꾸 썽는다커
사터라.

˸ 그래머 껍띠기느그래 깜시리해:도.

˸ 어 나도그저네 요궤:다가 요개다 바틀핸는데.

˸ 요기 요:다 숭구보옹게네 그 그기 그:래꼬십띠더.[116]

˸ 그래저 우리손잔놈 다리로 농구하다아 다리르다친따 캐사킬래.

˸ 그래그으러 뽁가가:고 물로 해미이라카미서러 뽀까주~이 어띠:꼬시든
지.

˸ 하:이구야 이이 이리키꼬싱기 다인나 내가이살:따.

˸ 그래찌금여: 딴사람: 마~이함니더.

˸ 우린 농사르안하잉께 그러치.

- 요 화초도 되고 그래 우렁이(?)처럼 이렇게 열매가 여는데.
- 거기서 씨가 생겨 가지고.
- 보얗게 씨가 생기는데.
- 그놈이 그렇게 고소해요.
- 예, 볶아 가지고 물을 해 놓으면 그렇게 고소하고.
- 그게 뼈 다친 사람(에게)도 좋고.
- 그 그게 그게 그렇게 또 사람에게 그렇게 좋답니다, 홍화씨가.
- 홍화씨가 비쌉니다.
- 한 되에 그 사오만 원 한답니다.
한 되에.
- 한 되, 예.
- 그래 그 여기 여기는 농사 많이 지어 쌓습니다, 홍화씨로.
그러면 한 되에 사오만 원씩 하면 한 말인 것 같으면 엄청 비싸겠다 그지요.
- ** 엄청 비싸지요.
- 그래 그 그게 또 올해는 뭐 비가 오니까 뭐 썩으려 해 쌓아서 모두.
- 근근이 뭐 꺾어다가 모두 집에다 갖다 걸쳐서 말려도 자꾸 썩는다고
해 쌓더라.
- 그래 뭐 껍데기는 그렇게 까무리해도.
- 어 나도 그 전에 요기에다가 요기다 밭을 했는데.
- 요기 요기에다 심어 보니까 그 그게 그렇게 고소합디다.
- 그래 저 우리 손자놈 다리를, 농구하다가 다리를 다쳤다고 그러기에.
- 그래 그것을 볶아 가지고 물로 해 먹이라고 하면서 볶아 주니 어찌나
고소하던지.
- 하이구야, 이게 이렇게 고소한 것이 다 있나, 내가 이렇게 말했다.
- 그래 지금 여기 다른 사람은 많이 합니다.
- 우리는 농사를 안 하니까 그렇지.

‾ 그래마 집찌비모더 해:삱십니더.

홍화씨를예?

그는우째 우째가꿈니꺼?

재배로 우째함니꺼?

‾ 구웅머이런 보통 머: 곡숙가꾸드시 보메.

‾ 보메 일찌기 예 씨르뿌리가주고.

******
.

‾ 고 씨로 뿌리가주고 그래 고 올라오마.

‾ 나느 저:게 뽀바내비리기아까버서 그그르삭:끔디치가: 나물해무우도뎁
띠더.

‾ 쏘무잉께네.

‾ 고애고래 구굴: 담상하~이[117]키아나마 시~이가[118]크고.

‾ 쏘물마: 시~이가작꼬 그러심:더.

‾ 그래가:꼬 구거를 마 여:는마~이그래 숭굼니더 숭구가:꼬.

‾ 모드 뚜디리고 그래사심니더.

(제보자 보호)

‾ 이런는데 그 지베 그 그 아지매가[119] 이원중 그런이워~이 엄슴니더.

‾ 옹:각 야기라커능거느마 점:부 자기가 재배해각:꼬.

‾ 참:부 야글지:서 지:이내는데 그그 아들 딸 첨:부 영감님 옹:가야글 다
해밈니더.

‾ 그즈 그: 보통사람아임니더.

‾ 이원도[120] 아주마 큰 이워~임니더.

‾ 그:래 옹:가약 다해미미더.

(제보자 보호)

‾ 그그 아저씨넨 (제보자 보호) 낙수노씀니더.[121]

‾ (제보자 보호) 저:댕기미 낙수를나예.

⁻ 그래 집집이 모두 해 쌓습니다.

홍화씨를요?

그건 어떻게 어떻게 가꿉니까?

재배를 어떻게 합니까?

⁻ 그건 뭐 이런 보통 뭐 곡식 가꾸듯이, 봄에.

⁻ 봄에 일찍이 예, 씨를 뿌려 가지고.

******.

⁻ 그 씨를 뿌려 가지고 그래 그 올라오면.

⁻ 나는 저기 뽑아 내버리기 아까워서 살짝 데쳐서 나물 해 먹어도 됩디다.

⁻ 솔아서.

⁻ 그래 그렇게 그것을 담상담상하게 키워 놓으면 송이가 크고.

⁻ 솔면 송이가 작고 그렇습니다.

⁻ 그래 가지고 그것을 뭐 이 여기는 많이 그렇게 심습니다, 심어 가지고. 모두 두들기고 그래 쌓습니다.

(제보자 보호)

⁻ 이렇는데 그 집에 그 그 아주머니가 의원 중 그런 의원이 없습니다.

⁻ 온갖 약이라고 하는 것은 뭐 전부 자기가 재배해 가지고.

⁻ 전부 약을 지어서 지어 내는데 그 아들 딸 전부 영감님 온갖 약을 다 해 먹입니다.

⁻ 그 저 그 보통 사람 아닙니다.

⁻ 의원도 아주 마 큰 의원입니다.

⁻ 그래 온갖 약 다 해 먹입니다.

(제보자 보호)

⁻ 그 아저씨는 (제보자 보호) 낚시합니다.

⁻ (제보자 보호) 저 다니면서 낚시를 해요.

ⁿ 낙수나갸: 고기도.

낙수 낙수가 뭡니?

ⁿ 낙수로 나깜니더.

ⁿ 고기.

아: 이거예.

ⁿ 그래가주고 고기르 마:~이자바가주고.

ⁿ 그 고기르갸:따가 오:만 이런 양남무르 여:가:꼬.

ⁿ 그래 가서 엑끼스르 짜라가:꼬.

(제보자 보호)

ⁿ (제보자 보호) 아짐마[122] (제보자 보호) 이워~임니더.

ⁿ 모르능거엉꼬 그럼심:더.

모리닝기 엄는사라믈 머라 머라캄니꺼?

이워이 이워~이라캔 머.

(제보자 보호)

ⁿ 예 이원캉간씸니더.

ⁿ 구룩머 몬하능걷또우꼬 모르능걷또우꼬.

ⁿ (제보자 보호) 아줌모 그럼심니더.

ⁿ 근농사도 그리큼: 마~이직꼬.

ⁿ 예: 농사도 마~이지이가주고 자녀들또 전:부 사두루해노코.

ⁿ 잘삼니더.

ⁿ 그: 바껟어른도 농사직꼬 그래사라도 이런 우리 대종에모두 추릅떠하고.

ⁿ (제보자 보호) 말쫑부~이나[123] (제보자 보호).

저: 그잍찌옏 두르비라카능거 잍찌예?

ⁿ 두릅잍찌예.

그으는 어떤슴미?

˘ 낚시해서 고기도.

낙수 낙수가 뭡니까?

˘ 낚시를 낚습니다.

˘ 고기.

아 이거요.

˘ 그래 가지고 고기를 많이 잡아 가지고.

˘ 그 고기를 가져다가 온갖 이런 약나무를 넣어 가지고.

˘ 그래 가서 진액을 짜 가지고.

(제보자 보호)

˘ (제보자 보호) 아줌마 (제보자 보호) 의원입니다.

˘ 모르는 것 없고 그렇습니다.

모르는 것이 없는 사람을 뭐라고 합니까?

이원이 이원이라고 해 뭐.

(제보자 보호)

˘ 예, 의원이랑 같습니다.

˘ 그래 뭐 못하는 것도 없고 모르는 것도 없고.

˘ (제보자 보호) 아줌마 그렇습니다.

˘ 그 농사도 그렇게나 많이 짓고.

˘ 예 농사도 많이 지어 가지고 자녀들도 전부 살도록 해 놓고.

˘ 잘 삽니다.

˘ 그 바깥 어른도 농사짓고 그렇게 살아도 이런 우리 대종에 모두 나들이도 하고.

˘ (제보자 보호) 말깨나 (제보자 보호)

그거 있지요, 두릅이라고 하는 것 있지요?

˘ 두릅 있지요.

그것은 어떻습니까?

⌐ 두르브 두르분 나물 해뭉능거 아임니꺼?

아 두르븐 나무고 그 야근 아이고?

⌐ 예: 두르븐.

⌐ 두르분 저: 어덕에 모드숭구노코.

⌐ 집가시[124] 숭거노코.

⌐ 이래 도드마 그 요래요래도드마 그으로 꺼꺼가주고 그으로그래.

⌐ 두룸 두루비그또 사랑게조탐니더 안조옹기이심니꺼?

⌐ 그 그래 두루불 저비쌈니더 도시:.

고고 미테서 올로오능기:익꼬 또: 나무:서 따는두릅또 안이섬니까?

⌐ 나무: 따는 두리비익꼬 또 땅뚜리비익꼬.

아: 고걸 그 어디달 *.

⌐ 땅두르비라커능 그으느 우리느 모름니더.

⌐ 땅에서이래 뿌리~이 이래 올로오능거 뜨더뭉는다컵띠더 그으느.

⌐ 땅뚜르븐.

⌐ 이근: 나무우게:서[125]이래 크능그그는 까시가숭숭하~이.

⌐ 그래 그그느 까시숭숭한두릅.

그: 두릅하고 쫌 비슫하~이 온나무하고도 달망:게 가중나무이섣찌예?

⌐ 가중나무.[126]

가중임니꺼 까주깅가 머?

⌐ 가죽.

가죽? 예.

⌐ 예 가죽.

⌐ 그인자 지끄므 가죽뚜 마~이엄습니더.

가주근 어째 우째해애가꼬 *****?

⌐ 가 가중: 가죽또.

⌐ 옹:가꺼르 다안해묵습니꺼?

- 두릅은 두릅은 나물 해 먹는 것이잖습니까?

아 두릅은 나물이고 그 약은 아니고?

- 예, 두릅은.

- 두릅은 저 언덕에 모두 심어 놓고.

- 집가에 심어 놓고.

- 이렇게 돋으면 그 요렇게 돋으면 그것을 꺾어 가지고 그것을 그래.

- 두릅 두릅이 그 또 사람에게 좋답니다, 안 좋은 것이 있습니까?

- 그 그래 두릅을 저 비쌉니다, 도시에(는).

그것 밑에서 올라오는 것이 있고 또 나무에서 따는 두릅도 있잖습니까?

- 나무에서 따는 두릅이 있고 또 땅두릅이 있고.

아, 그것을 그 어디다 *.

- 땅두릅이라고 하는 그것은 우리는 모릅니다.

- 땅에서 이렇게 뿌리 이렇게 올라오는 것 뜯어 먹느다고 합디다, 그것은.

- 땅두릅은.

- 이것은 나무 위에서 이래 크는 그것은 가시가 숭숭하게.

- 그래 그것은 가시 숭숭한 두릅.

그 두릅과 좀 비슷하게 옻나무하고도 닮은 것이 가죽나무 있었지요?

- 가죽나무.

가죽입니까, 까죽인가 뭐?

- 가죽.

가죽? 예.

- 예, 가죽.

- 그 인제 지금은 가죽도 많이 없습니다.

가죽은 어떻게 해 가지고 ****?

- 가 가죽 가죽도.

- 온갖 것을 다 해먹잖습니까?

˗ 머: 가죽짐치도다마노마 마식꼬.

˗ 나물도해나모 마식꼬.

˗ 머: 덴장찌지는데도 여:묵꼬.

˗ 가죽또 오:만데 다씸니더.

˗ 지금 가주기 억:씨:비삼니더.

˗ 자럽서서.

˗ 가죽짐치르 다마서.

˗ 따~아 여어노코 어 그래 머:.

˗ 한해이태가도 비나다아나고

˗ 구 가죽짐치가 마시심니더.

˗ 지베 가죽낭그로 한나무슥 키아마.

˗ 그기 생강시럽슴니더.[127]

˗ 이런데 지끔사라믄 가죽뚜 안무구예.

가중나무 키아머 생강시럽다캔슴니까?

생강시러* 우찌?

˗ 고기: 생강시러붕기 왜 생강시럽나마.

˗ 요거르 아시 뜨더묵꼬나마 또 돋슴니더 예.

˗ 요거 아시 뜬 아시고거 참:마싣심니더.

˗ 요거 아시 돋능거고고로 요래 뜨더갸:꼬.

˗ 보드라붕걸 또 뜨더묵꼬나마 또요:서 또도다가주고.

˗ 그래 두불까죽 시불까죽 다뜨더묵심니더.

˗ 예 그 질기느사람: 가주글참 질김니더.

˗ 아이구 이 만타그제? (웃음)

˗ 그:스머 자:꾸생각헝께 홍화씨꺼정 옹가끼 다나오네.

성 성노저거또 야간함니꺼?

˗ 성뉴 성뉴가 조탐니더.

⁻ 가죽김치도 담가 놓으면 맛있고.

⁻ 나물도 해 놓으면 맛있고.

⁻ 뭐 된장 지지는 데도 넣어 먹고.

⁻ 가죽도 온갖 데 다 씁니다.

⁻ 지금 가죽이 아주 비쌉니다.

⁻ 잘 없어서.

⁻ 가죽김치를 담가서.

⁻ 딱 넣어 놓고 어 그래 뭐.

⁻ 한해 이태 가도 변하지도 않고.

⁻ 그 가죽김치가 맛이 있습니다.

⁻ 집에 가죽나무를 한 나무씩 키우면.

⁻ 그것이 생강스럽습니다.

⁻ 이런데 지금 사람은 가죽도 안 먹어요.

가죽나무 키우면 생강스럽다고 했습니까?

생강스러운 어떻게?

⁻ 그게 생강스러운 것이 왜 생강스럽냐면.

⁻ 요것을 한 번 뜯어먹고 나면 또 돋습니다, 예.

⁻ 요것 처음 뜯 처음 그것 참 맛있습니다.

⁻ 요것 처음 돋는 것 그것을 요렇게 뜯어 가지고.

⁻ 보드라운 것을 뜯어먹고 나면 또 요기서 또 돋아 가지고.

⁻ 그래 두벌 가죽 세벌 가죽 다 뜯어 먹습니다.

⁻ 예, 그 즐기는 사람은 가죽을 참 즐깁니다.

⁻ 아이구, 이 많다 그렇지? (웃음)

⁻ 거기에서 자꾸 생각하니까 홍화씨까지 온갖 것이 다 나오네.

석 석류 저것도 약하잖습니까?

⁻ 석류, 석류가 좋답니다.

‾ 성뉴가요새 그래조탐니더.

‾ 지침[128]하느사람도 조코.

‾ 예 지침하느사람도 조코.

성뉴그으느 오째 우째해 묵슴니꺼?

‾ 성뉴루 우리느 술로담십띠더.[129]

‾ 술로다마노코.

‾ 그래 한잔슥묵꼬.

‾ 또 저거를 여: 또개:서 말랴:노코.

‾ 지침해산는 사람도 조코.

‾ 그래 성뉴가조탐니더.

‾ 우리 이 지베느 저 매실 저거를따가고.

‾ 매실로 수를부:서.

‾ 그래 다마노습띠더.

‾ 수를 부:서 그래다마놓게.

‾ 이 저기 돌시:[130] 돌시나 데두룩 나뚜따가

‾ 그래 무리 노:라~이 수리노:라~이 우러나가주고.

매실 ****.

‾ 그 그기 그래 시:고.

‾ 참: 긍어 마시마 억:씨 시고.

추미돔니더.

‾ 그랜는데 그기: 야기 그래조아예.

‾ 밤새:도록 무도 안책:코.

‾ 안채:고.

‾ 그으로 그나뚜고 그래 한잔슥무:마 그래모메 조탐니더.

‾ 긍게 저 헝제가네모이노마 밤새:두룩 그술로 그리무우도.

‾ 안: 심니꺼 이래도 어 쩌쩌그슬치:도 그기 무운 무우마노마 그래 조탐니더.

˗ 석류가 요새 그렇게 좋답니다.

˗ 기침하는 사람(에게)도 좋고.

˗ 예, 기침하는 사람(에게)도 좋고.

석류 그것은 어떻게 어떻게 해 먹습니까?

˗ 성류를 우리는 술을 담급디다.

˗ 술을 담가 놓고.

˗ 그렇게 한 잔씩 먹고.

˗ 또 저것을 여기 쪼개서 말려 놓고.

˗ 기침해 쌓는 사람(에게)도 좋고.

˗ 그렇게 석류가 좋답니다.

˗ 우리 이 집에는 저 매실 저것을 따 가지고.

˗ 매실을 술을 부어서.

˗ 그래 담가 놓습디다.

˗ 술을 부어서 그렇게 담가 놓으니까.

˗ 이 저것이 한 돌 한 돌이나 되도록 놓아 두었다가.

˗ 그래 물이 노랗게 술이 노랗게 우러나 가지고.

매실 ****.

˗ 그 그것이 그렇게 시고.

˗ 참 그 뭐 맛이 마 아주 시고.

침이 돕니다.

˗ 그랬는데 그것이 약이 그렇게 좋아요.

˗ 뱀새도록 먹어도 안 취하고.

˗ 안 취하고.

˗ 그것을 그 놔 두고 그렇게 한 잔씩 먹으면 그렇게 몸에 좋답니다.

˗ 그러니까 자기 형제 간에 모여 놓으면 밤새도록 그 술을 그렇게 먹어도.

˗ 시잖습니까, 이래도 어 쩔쩔 거슬려도 그게 먹어만 놓으면 그렇게 좋답니다.

⁻ 저:언자저저 엑끼스로 담능거느 매실저거르 설탕 일키로 그 매실일키
로 그리담심니더.

⁻ 그래내가 어 딸로: 모도 메누리로 올개느 말:키갈:치주욷따.

⁻ 말:키너거 저:게 매실르사가주고 엑끼스르다마라.

⁻ 그 집찌비 다마라.

⁻ 저: 비영기르[131]타고가다가도 저: 매실엑끼스그그르 사갸:꼬 이래머그
메가마 멀미안함니더.

⁻ 암만멀리가도 메실엑끼스 그: 징기고[132] 마시머가마 멀미안함니더.

⁻ 구루코 쏘가푼사람도 조코.

⁻ 저기 매시리참: 야기조심니더.

⁻ 머 지베 교수님도 다마살낌:니더.

매시리 첨:버터 요이섣슴니꺼 아이머는 머:.

⁻ 지금 매실 매실.

*** 볼래 볼래부터 * 매시리 이섣슴니꺼 동네에?

⁻ 어: 이선는데 운:느 이 나무로 쿵거로 사다숭구던데.

⁻ 저: 매시리 지끄므 헐함니더.[133]

⁻ 헐심니더[134] 마 암비사고.

⁻ 매실당가가꼬 여르메 머: 음뇨수 사물:꺼억꼬.

⁻ 예: 매실일키로.

⁻ 즈어즈: 설탕일키로 다마노마.

⁻ 그래 마차:서 한단지 다마나마예.

⁻ 그으르 좀 한 도오달데마.

⁻ 이래 미테 여너마 설타~이까라안슴니더.

⁻ 이래:이래저서노코 믿뻗저서낟따가.

⁻ 이 여르메 어학생들또 나간따 오농거 그그 냉장고다물로 물로팔팔끼
리서 시카노코.

˝ 저 인제 저 저 진액을 담그는 것은 매실 저것을 설탕 일 킬로 그 매실 일킬로 그렇게 담급니다.

˝ 그래 내가 어 딸을 모두 며느리를 올해는 전부 가르쳐 줬다.

˝ 전부 너희 저기 매실을 사 가지고 진액을 담가라.

˝ 그 집집이 담가라.

˝ 저 비행기를 타고 가면서도 저 매실 진액 그것을 사서 먹으면서 가면 멀미 안 합니다.

˝ 아무리 멀리 가도 매실 진액 그것 지니고 마시면서 가면 멀미 안 합니다.

˝ 그렇고 속 아픈 사람(에게)도 좋고.

˝ 저것이 매실이 참 약이 좋습니다.

˝ 뭐 집에 교수님도 담아 쌓을 겁니다.

매실이 처음부터 여기 있었습니까, 아니면은 뭐.

˝ 지금 매실 매실.

*** 본래 본래부터 * 매실이 있었습니까, 동네에.

˝ 어 있었는데 우리는 이 나무를 큰 것을 사서 심던데.

˝ 저 매실이 지금은 값이 쌉니다.

˝ 값이 쌉니다, 마 안 비싸고.

˝ 매실 담가 가지고 여름에 뭐 음료수 사먹을 것 없고.

˝ 예, 매실 일 킬로그램.

˝ 저 저 설탕 일 킬로그램 담가 놓으면.

˝ 그렇게 맞춰서 한 단지 담가 놓으면요.

˝ 그것을 좀 한 두어 달 되면.

˝ 이렇게 밑에 넣어 놓으면 설탕이 가라앉습니다.

˝ 이렇게 이렇게 저어 놓고 몇 번 저어 놓았다가.

˝ 이 여름에 어 학생들도 나갔다 오는 것 그것을 냉장고에다 물을 물을 팔팔 끓여서 식혀 놓고.

ᆨ 그래언자 그그 물로 버어가미무:애데지 그냔 독캐서 몬묵심니더.

ᆨ 그래여:노코 아:무라도 음뇨수로그래 한잔슥자시마 그기그래 사람모메 조심니더.

ᆨ 매실로 숭구이소.

ᆨ 매실.

지베 자~응기하나 이끤인는데 잘 안여러에 지베꺼는.

ᆨ 지베서:?

ᆨ 아 그집매실.

ᆨ *******.

ᆨ 매시리 잘: 크는데.

ᆨ 우리 저 딸레찌비도 저: 한나무인능기 지바네 자랑커드라.

ᆨ 그 차워는 자란데능갑따.

가뜬차워~이라도 잘데는데는 잘뗀:데 제지베는 자란데:예.

제가 아마 깨을러서 잘 몬 잘 몬키아는 모양임니더.

ᆨ 그 매시리.

ᆨ 매시리 사랑게 조슴니더.

ᆨ 그래 그글또머: 그렁걷또머 지베서 다마가뭉느기: 암마 푸지지.[135]

ᆨ 그래 나는올개 말키 미느리고따리고 첨:부 매실담능거로 갈차[136] 조:가주고.

ᆨ 그러~이 언자 매실언자 따라:가주고 무우라.

ᆨ 그 술버:낭거는 내년이때꺼정 가마~이나뚜고.

ᆨ 구래갸:꼬 따라묵꼴랑.[137]

ᆨ 그: 설탕연: 매실고고느 고따다가또 술로붇심니더.

ᆨ 다 따라묵꼬나마.

ᆨ 술로부:가꼬 그래또 저서[138] 노오마.

˘ 그래 인제 그것 물을 부어 가면서 먹어야 되지, 그냥은 독해서 못 먹습니다.

˘ 그래 넣어 놓고 아무라도 음료수로 그렇게 한 잔씩 자시면 그것이 그렇게 사람 몸에 좋습니다.

˘ 매실을 심으십시오.

˘ 매실.

집에 작은 것이 하나 있기는 있는데 잘 안 열어요, 집에 것은.

˘ 집에서?

˘ 아, 그 집매실.

˘ *******.

˘ 매실이 잘 크는데.

˘ 우리 저 딸네집에도 저 한 그루 있는 것이 집 안에 잘 안 크더라.

˘ 그 창원은 잘 안 되나 보다.

같은 창원이라도 잘 되는 데는 잘 되는데 제 집에는 잘 안 돼요.

제가 아마 게을러서 잘 못 잘 못 키우는 모양입니다.

˘ 그 매실이.

˘ 매실이 사람에게 좋습니다.

˘ 그래 그것도 뭐 그런 것도 뭐 집에서 담가서 먹는 것이 아무래도 푸지지.

˘ 그래 나는 올해 모두 며느리고 딸이고 전부 매실 담그는 것을 가르쳐 줘 가지고.

˘ 그러니 인제 매실 인제 따라 가지고 먹어라.

˘ 그 술 부어 놓은 것은 내년 이때가지 가만히 놔 두고.

˘ 그렇게 해 가지고 따라 먹고는.

˘ 그 설탕 넣은 매실 그것은 거기다가 또 술을 붓습니다.

˘ 이 따라 먹고 나면.

˘ 술을 부어 가지고 그렇게 또 저어 놓으면.

ˉ 조곤::딱 나:뚜:따가

ˉ 그러고 가을쭘치[139]이래 따라무마 그 수리그래 마시심니더.

ˉ 암만 몬뭉는사암도 묵심니더.

예: 그 참 안 심니꺼 그지예 매시리예.

ˉ 그 그래 설탕여:웅거는 안심니더.

그렁께 이제머 설탕안옅찌예?

시다카머 또.

ˉ 설탕 술 술여:은 그거느 참: 시고예.

ˉ 요러 요래가:꼬언자 매실로 처으메느 모드 내비리도 내 안 내비릴꺼
업습띠더.

ˉ 그그로가: 폭:: 쌀마가주고또.

ˉ 저: 그그르 꼬치장을[140]담대.

ˉ 꼬치장을담:마 암만 나뚜도 안시담니더.

ˉ 안비난담니더.

ˉ 고래또 꼬치장을 당 여:느또 그래느사람도익꼬 그러터라.

ˉ 그래 매실 저기: 오만데다조아예.

어머~이 저기: 매실맹크 생깅거도 매실 비슫하고.

씽걷또 매실 비슫:한 또 그렁.

ˉ 그릉기 이심니더.

그 멈니꺼 그.

ˉ 그 그그느.

고 그 그 엔나레 마~이 이썬는데 그게 멈니까 그.

ˉ 매시리 제:일 안심니?

살구카능거.

ˉ 예 살구.

그기이 매실** 좀 달맏찌예?

˗ 가만히 딱 놔 뒀다가.

˗ 그러고 가을쯤에 이렇게 따라 먹으면 그 술이 그렇게 맛이 있습니다.

˗ 아무리 못 먹는 사람도 먹습니다.

예, 그 참 시잖습니까? 그렇지요? 매실이요.

˗ 그렇게 설탕 넣은 것은 안 십니다.

그러니까 이제 뭐 설탕 안 넣지요?

시다고 하면 또.

˗ 설탕 술 술 넣은 그것은 참 시고요.

˗ 요래 요래 가지고 인제 매실을 처음에는 모두 내버리지도 내 안 내버
릴 것이 없습디다.

˗ 그것을 가지고 폭 삶아 가지고 또.

˗ 저 그것으로 고추장을 담그대.

˗ 고추장을 담으면 아무리 놔 둬도 안 시답니다.

˗ 안 변한답니다.

˗ 그렇게 또 고추장을 담, 여기는 또 그러는 사람도 있고 그렇더라.

˗ 그래 매실 저것이 온갖 데 다 좋아요.

어머니, 저기 매실처럼 생긴 것도 매실 비슷하고.

신 것도 매실 비슷한 또 그런.

˗ 그런 것이 있습니다.

그 뭡니까 그.

˗ 그 그것은.

그 그 그 옛날에 많이 있었는데 그게 뭡니까? 그.

˗ 매실을 제일 시잖습니까?

살구라고 하는 것.

˗ 예, 살구.

그것이 매실하고 좀 닮았지요?

- 예.
- 달만는데 그그는 야기 그러케 안조슴니더.
- 예: 마슨 이서도.
- 그그느 야기 그러케 안조심니더 매시리 조심니더.

- 예.
- 닮았는데 그것은 약이 그렇게 안 좋습니다.
- 예, 맛은 있어도.
- 그것은 약이 그렇게 안 좋습니다, 매실이 좋습니다.

1) '노구치~이'[LLHL]. 할미꽃. 아래 발화에서는 '노구치'[LHL]로 나온다.
2) '사랑게'[LLH]. 사람에게. 이 지역어 이른바 여격조사의 한 특징은, 기원적으로 속격조사인 '에'('에게'의 '에')를 지배하지 않고 그냥 '게'를 체언 뒤에 통합한다는 점이다. 중세국어에서는 절대 다수의 예가 속격조사 '-의/의, ㅅ'을 지배했지만, 다음과 같이 속격조사를 요구하지 않고 체언 뒤에 바로 통합하는 '게'도 있었다. 〈보기〉 五百釋女ㅣ … 華色比丘尼게 出家ᄒ야 (월석 10:23). 몰게 두 쌀 나고 (남명, 상:67). '사랑게'에 있는 받침 'ㅇ'은 '사람게'에 있는 받침 'ㅁ'이 'ㄱ' 앞에서 역행동화된 예이다.
3) '봄새르'[HHL]. 봄새. 표준어에서는 '봄새' 하면 될 것을, 이 지역어에서는 구격조사 '르(←로)'를 통합하여 '봄새르'로 발음하는 특징이 있다.
4) '지똥산'[LHH]. 뒷동산.
5) '꼬튼'[HL]. 꽃은. '꽃'의 경남방언형은 '꼴'이다.
6) '때로이귀고'[HHLHL]. 때를 잇고. 본래의 뜻은 '때를 이기고'인 듯하다.
7) '그런머리'[HLHL]. 그렇기 때문에. '그런머리'는 '그렇기 때문에'라는 뜻을 갖는, 일종의 연어이다.
8) '나시'[HL]. 냉이.
9) '내~이'[HL]. 냉이.
10) '어신'[LH]. 거친, 억센. '거칠다, 억세다'를 경남방언에서는 '어시다'[LLH]라고 한다.
11) '빠사'[LH]. 빻아. '빻다'를 경남방언에서는 '빠사다, 빠수다, 빠시다'[LHL]라고 한다.
12) '대개~이'[HHL]. 대궁이.
13) '호바게다'[LHLL]. 확에다.
14) '부재기'[HLL]. 부황이. '부잭+이'로 분석되는데, '부잭'은 뒤에서 '부색'으로 발음되기도 한다.
15) '씬내~이'[HHL]. 쓴냉이. 씀바귀, 고들빼기 등, 쓴맛이 나는 약초를 경남에서는 모두 '씬내~이'라고 한다. 민들레도 쓴냉이 종류에 들어간다.
16) '꼬들빼기'[LLHL]. 고들빼기.

17) '뱁추'[LH]. 배추.

18) '몬냥으로'[HLLL]. 모양으로.

19) '봄새르도'[LHHL]. 봄새에도. 표준어에서는 '봄새' 하면 될 것을, 이 지역어에서는 구격조사 '르(←로)'를 통합하여 '봄새르'로 발음하는 특징이 있다. 여기에서는 '봄새에'의 뜻이다.

20) '문치서'[HLL]. 무쳐서. '무치다'도 '고치다'처럼, 경남방언에서는 'ㄴ' 첨가가 되어 '문치다'로 발음된다. 그러나 'ㄴ' 첨가가 없는 '무치다'로 발음되기도 한다.

21) 칼씬내~이[HHLL]. 자세한 내용은 알 수 없지만, 설명을 들으면 씀바귀의 한 종류인 것으로 보인다. 칼처럼 잎이 길다란 데서 붙여진 이름이다. 다른 말로는 '가시랑구'[LLHL]라고 한다. '가시랑구'는 아래의 발화에 바로 나온다.

22) '가시랑구'[LLHL]. '칼씬내~이'의 다른 이름.

23) '짐무레다가'[LHLL]. 제 물에다가. '제 물'은 나물을 삶은 바로 그 물을 가리킨다.

24) '무치노:마'[LLH^L]. 무쳐 놓으면. 여기에서는 '무치다'가 'ㄴ' 첨가 없이 발화되었다.

25) '진달래라꼬'[LHHLL]. 민들레라고. 창녕지역어의 '진달래'는 '민들레'를 가리키는 말이다. 이 지역에서는 이전에 이것을 '소똥꼬부래~이'[LLLLHL], 또는 '소똥꾸부래~이'[LLLLHL]라고 불렀다고 한다.

26) '짜러다'[LHH]. 짜다. '짜다'의 창녕지역어는 '짤다'[HH]이다. '짤-+-어다'로 구성된 말이다.

27) '저지'[HH]. 젖이. 여기에서의 '젖'은 식물의 '하얀 진'을 말한다.

28) '소똥꼬부래~임니더'[LLLLHLLL]. '소똥꼬부랭이입니다'. '소똥꾸부래~이'[LLLLHL]라고 불리기도 한다. 민들레의 또 다른 이름이다.

29) '집'[H]. 즙.

30) '샌뜩카지'[LLHL]. 새뜻하지. '카지'의 '카'는 원래, '-고 하-'가 줄어든 것인데, 여기에서는 '-고'가 들어갈 여지가 없다. 그런데도 '카'가 쓰인 것은, '-고 하-'에서 줄어든 '카'가 경남방언에서 '하-'의 대용으로 쓰일 수 있도록 재구조화되었기 때문이다.

31) '풀밍사근'[HHLL]. 풀 명색은, 풀이라는 이름을 단 것은.

32) '화련초'[HHL]. 활연초. 논두렁, 언덕 등에서 자라는 봄나물의 하나. 아래에서는 '화련초'로 발화되었다. '문:둥나무'[L:HHL]라고도 불렀다.

33) '문:둥나무'[L:HHL]. '활연초'의 또 다른 이름.

34) 빠심니더[LLHL]. 빨습니다. '빨다'를 경남방언에서는 '빠사다, 빠수다'[LHL]라고
한다. 여기에서는 '빠시다'로 발화되었다.

35) '아지겔'[LHL]. 아침에. '아침에'를 경남방언에서는 '아지게'[LHL]라고 하는데,
여기에서는 '게'에 폐쇄음화가 실현되어 이런 발음이 도출되었다.

36) '가지:가지'[LH:LH]. '가지:가지'에 있는 '가지'는 '여러 가지'에 나오는 의존명사
'가지'이다. 이것이 첩어 형식으로 부사가 된 것이 흥미롭다.

37) '지이게'[LHL]. 저녁에. '저녁에'는 경남방언에서 일반적으로 '지이게'로 실현된다.

38) '여'[H]. 여기에. 일반적으로는 '여:'[H]로 발화되나, 강조하지 않으면, 그냥
'여'로 발화된다.

39) '놀리기'[HLL]. 움직이기. '몸을 움직인다'라는 말을 경남방언에서는 '모믈(←
몸을) 놀린다'[HH HLL]라고 한다.

40) '닐찌게'[LHL]. 내일 저녁에.

41) '보입시더'[HHLL]. 보십시다. '-입시더'는 '하이소체' 청유형어미이다.

42) '엉거꾸'[LHL]. 엉겅퀴.

43) '우붕'[LH]. 우엉.

44) '뿌리~이매이로'[LHLHLL]. 뿌리처럼. '매이로'는 동등 비교를 나타내는 창녕지
역어 조사의 하나이다.

45) '꽤~이러'[HHL]. 괭이를.

46) '도매'[LH]. 좀처럼. '좀처럼'을 뜻하는 경남방언은 '조매'[LH]인데, 여기에서는
'도매'로 발화되었다.

47) '산또래'[LHH]. 산도라지.

48) '산또라지'[LLHL]. 산도라지. 제보자 할머니는 '산도라지'를 '산또래' 말고도 '산
또라지'로도 발화하였다.

49) '부인들기도'[HHHLL]. 부인들에게도. 정상적이라면, '부인들게도'로 발화될 것
이 여기에서는 '-기-'로 발화되었다.

50) '동삼마암모찌함니더'[LHHLLLHHL]. '동삼만+안+못지+합니다'로 구성된 말이
다. '못지않다'가 '안 못지하다' 형식으로 된 것이 눈길을 끈다.

51) '닥또'[HL]. 닭도.

52) '숭굼니더'[LLHL]. 심습니다. '심다'의 경남방언으로는 '숭구다'[LHL]가 가장 보
편적인 것이다.

53) '드롱:거'[LL:H]. 들어온 것. '드로-'는 '들-+오-'로 형태 분석되는바, 비통사적 합
성동사라 할 수 있다.

54) '휘데'[LH]. 회도. 도라지는 껍질을 벗겨 날로 초장에 버무려 먹기도 하는데, 그것이 마치 생선회를 먹는 것과 같다 하여 이런 발화가 나온 것이다.

55) '딱지'[LH]. 더덕과 닮은, 뿌리를 먹는 식물. 창녕지역어에는 이런 이름이 존재하지 않았다.

56) '틀마'[LH]. 털면.

57) '그라:마'[LH^L]. 가꾸면, 거름을 주면. 거름을 주면서 가꾸는 것을 경남방언으로는 '그라:다'[LH^L]라고 말한다.

58) '밥떠꺼리거치'[LLHLL]. 밥풀같이. '밥풀'을 경남방언에서는 '밥떠꺼리'[LLHL]라고 한다. '거치(←겉이)'[HH]는 '같이'의 의미를 지니는 조사의 하나이다.

59) '지붕'[HL]. 제법. '제법'의 뜻으로는 일반적으로 '에부'[HL]라는 말이 많이 쓰이는데, 여기에서는 '지붕'으로 발화되었다. '집법(←제법)'과 '에붕(←에부)'의 혼태어인 것으로 보인다.

60) '쏘물기'[HLL]. 솔게. '솔다'를 경남방언에서는 '쏘물다'[HLL]라고 한다.

61) '트리:가'[LH^L]. 털이.

62) '씨부라꼬'[HHLL]. 쓰라고. 표준어 '쓰다'는 경남방언에서 '썹다'[HH]이다. '-어/우라꼬'는 '-으라고'에 해당하는 말이다. '고(꼬)'는 인용의 '고'이다.

63) '다클'[HL]. 닭을. '닭+을'.

64) '인능고'[LHL]. 있는지. '-능고'는 의문사(운매나) 뒤에 쓰인 간접 의문형어미이다.

65) '와벅:함니더'[LL:HHL]. 촘촘합니다. 도라지씨를 뿌리면 싹이 매우 촘촘하게 올라오는 상태를 두고 한 말이다.

66) '골로기리고'[LLHHL]. 골을 타고. '골을 탄다'는 것은 '골로 기린다'라고 한다.

67) '왕사~이라'[LHLL]. 왕산이라. '왕산'은 마을 이름이다.

68) '성가가'[LLH]. '성가(成哥)'가. 성씨를 말한다. 정상적인 성조라면 [LHL]가 되어야 하는데, 여기에서는 [LLH]처럼 되었다.

69) '커능기라'[HHLL]. ~라고 하는 거야. '-능기라'는 -는 거야에 대응되는 말이다. 의미를 더 풀어쓰면, '-ㄴ다 이 말이다' 정도가 된다. '거야'는 '것+이-(계사)+-아(반말 어미)'에서 온 것이다. 경남 방언 '-능기라'는 '-는+것+일-(계사 '이-'의 기원형)+-아(반말 어미)'에 기원을 둔 말로 보인다. 이기갑(2003), 『국어 방언 문법』(태학사), 270~272쪽, 482쪽 등등에서는, 경상도 방언 등에 보이는 '-라'는 계사 뒤에 오는 '-어/아'의 변이형태의 하나로 다루고 있다. 계사 '이-'의 기원형이 '일-'이라는 논의는 김정대(2005), 「계사 '이-'의 기원형 '일-'을 찾아서」, 『우리말글』(우리말글학회) 35집, 1~41쪽을 참조하기 바란다.

70) '깅노다~아서'[LLHLL]. 경로당에서. 경남방언에서 처격조사 '에'는 앞에 오는 체언이 'ㅇ' 받침이거나 모음으로 끝날 때 앞 모음에 완전 동화되는 것이 원칙이다. 여기에서는 '깅노당'처럼 체언이 'ㅇ' 받침으로 끝났기 때문에, '당'에 있는 모음 '아'에 이끌려 처격조사 '에'가 '아'로 실현된 것이다.

71) '대동어른'[LHLH]. 대동어른. 제보자 할머니의 택호가 '대동댁'이기 때문에, 그 남편 되는 분이 '대동어른'으로 불린 것이다.

72) '황장모기라고'[LHLLLL]. 자리공이라고. '황장목'은 경남방언으로 된 식물 이름이다. '목'자가 붙었지만, 나무가 아니고 풀 종류에 속한다. 자리공과의 여러해살이풀. 높이는 1미터 정도이며 잎은 어긋나고 피침 모양 또는 넓은 피침 모양으로 잎자루가 짧다. 5~6월에 가지 끝 잎 사이에서 흰 꽃이 총상(總狀) 화서로 피고 열매는 자줏빛으로 8개의 골돌과(蓇葖果)가 서로 인접하여 둥그렇게 배열되며 독성이 있다. 잎은 식용하고 뿌리는 이뇨제로 쓴다. 중국이 원산지로 우리나라 각지에 분포한다. 제보자 할머니는 그 열매를 '잉낀물열매'[HHLL](=잉크물열매)라 불렀다.(뒷 발화에 나온다.) 여름에 열매는 진한 보라색으로 익는데, 그 열매를 터뜨려 아이들은 거기서 나온 색깔로 장난을 치기도 한다. 뿌리는 칡뿌리처럼 생겼다. 조약으로 즐겨 쓰인다.

73) '잉낀물'[HHL]. 잉크물.

74) '누룽나무'[HLLL]. 식물의 이름.

75) '그과'[LH]. 분명하지는 않지만, '그것으로', '그것을 가지고'의 뜻인 것으로 보인다. '그것을 가지고'는 경남방언에서 일반적으로 '그가:'[LH:]로 발음된다.

76) '씨움니더'[HLLL]. (즐겨) 씁니다. 경남방언 '씨우다'[HLL]는 즐겨 쓴다는 뜻이다.

77) '물더'[HH]. 물도. 보조사 '도'를 제보자 할머니는 '더'에 가깝게 발음한다는 특징이 있다.

78) '사암도'[HLL]. 사람도. 경남방언에서는 '사람'을 '사람'[LH]이라고도 하고, '사암'[HL]이라고도 한다. 그런데 두 형식은 쓰이는 환경의 차이가 있는 것으로 보인다. '사람'은 보편적인 상황에서 쓰이며 성조는 '저고'이다. '사암'은 수식어 뒤라는 특별한 환경에서 쓰이는 경향이 있는 것으로 관찰되는데, 그 성조는 '고저'이다. 〈보기〉 사람도 만타, 사래미 만타, 이 사암드라, 그런 사암들도. '사암'은 '사람'에서 'ㄹ'이 탈락된 것이다.

79) '이푸리'[LHL]. 이파리. 창녕지역어에서는 '이파리'를 '이푸리'라고 한다.

80) '삐끼가:꼬'[HLH:L]. 벗겨 가지고. '벗기다'를 보편적인 경남방언에서는 '뻬끼다'[HLL]라고 한다. 창녕지역어는 여기에서 고모음화가 적용되어 '삐끼다'로

실현된다. '삐끼다'는 된소리되기가 적용되지 않은 '비끼다'로도 실현된다. '가:
꼬'[H^L]는 '가지고'와 관련 있는 '갖고'에서 온 말이다.

81) '한따불'[LHL]. 한 단. 분류사의 하나인 '단'을 경남방언에서는 '다불'[HL]이라고
한다.

82) '쎌:찌예'[L˘HL]. 많지요. '많다'를 보편적인 경남방언에서는 '쎌:따'[H^L]라고 한
다. 여기에서 제보자 할머니는 성조를 [L˘H]로 발화했는데, 일반적으로는
[H^L]이다.

83) '주치에'[HHL]. 숙취에.

84) '부색딴나고'[HLLHL]. 부황도 안 나고. '부색+도(보조사)+안+나+-고'가 줄어서
이렇게 발화된 것이다. '부색'[HL]이 앞에서는 '부잭'[HL]으로 발음되기도 했다.

85) '안추:마'[LH^L]. 앉히면. '앉히다'를 경남방언에서는 '안추(:)다, 안차(:)
다'[LH(^)L]라고 한다.

86) '오갈피가'[LHLL]. 오가피가.

87) '터시리가'[LHLL]. 터가. '터+실+-이+가'로 분석될 것으로 보인다. '실'의 의미가
무엇인지는 분명하지 않다. '-이'는 접미사일 것이다.

88) '때구리가'[HHLL]. '때구리'는 '떼거리'임이 틀림없어 보인다.

89) '쪼사'[HL]. 쪼아. 표준어 '쪼다'를 경남방언에서는 '쫏다'[HL]라고 한다. 그러나
'쫏다'에는 '쪼다'의 의미 말고도, '괭이 등으로 땅을 내리쳐 파다'라는 의미가
더 있다.

90) '잉낀물열매'[HHLLL]. 잉크물열매. '잉크물열매'는, 저 앞에서 소개한 '황장목'
(자리공)의 열매를 말한다. 그런데 오가피의 열매도 잉크색이기 때문에, 여기
에서는 오가피 열매도 '잉낀물열매'의 범주에 든다.

91) '매러'[HL]. 처럼. 비교를 나타내는 조사 '처럼'에 해당하는 창녕지역어는 '매
이로'[HLL]인데, 이것이 줄어들어 '매로, 매러'로 발화된 것이다.

92) '어벅하~이'[LLHL]. 정확한 뜻은 알기 어렵지만, 문맥으로 보아 식물의 가지나
잎이 무성하게 돋아나는 것을 두고 하는 말임은 분명하다.

93) '진진산중에서'[LLLHLL]. 심심산중에서.

94) '위정들'[LHH]. 남자들. '남자'를 '위정'이라고 하는 경우는 듣기 힘들다. 문맥
으로 보아 '남자, 남정'의 뜻임이 분명하여 그렇게 대역했다.

95) '뻬골'[HL]. 뼈골.

96) '음나무'[LLH]. 음나무.

97) '굴피나무'[LLLH]. 굴피나무.

98) '쥐피나무'[LLLH]. 계피나무. 중부 경남방언에서는 이를 '제피나무'[LLLH]라고
한다.

99) '인동초'[HHL]. 인동초. 경남에서는 이를 '윤동초'[HHL]라고 부르는 데가 많다.

100) 발화 도중에 별 뜻 없이 삽입된 말이다.

101) '초꾹'[LH]. 촛국. 초처럼 시게 되었다는 뜻이다.

102) '자~아'[HL]. 장에. 처격조사 '에'는 경남방언에서 체언의 받침이 'ㅇ'으로 끝나
거나, 체언이 모음으로 끝나면 체언의 마지막 모음에 완전 동화된다는 특색
이 있다. 특히, '장에'는 거의 언제나 '자~아'이다.

103) '대초:'[LH^]. 대추. 다음 발화에서는 '대추'[LH]로 나온다.

104) '어름나무'[HLLL]. 어름나무.

105) '산초'[LH]. 계피나무 열매. 계피나무의 열매를 '산초'라 하는 데가 있고, 그것
과 약간 다르다고 구별하는 데도 있다. 구별하는 데는 '산초'를 계피나무 열
매보다 못하는 것으로 친다.

106) '난디나무'[LLLH]. 난디나무. 제보자 할머니의 증언에 따르면, '난디나무'와 '쥐
피나무'는 매우 닮았으나, 전자는 가시가 검고, 후자는 가시가 붉다는 차이가
있다. 그러면서도 전자보다는 후자를 더 쳐 준다는 것이다. 중부 경남지역에
서는 '산초나무'라 하여 '제피나무'(=계피나무. 창녕지역어의 '쥐피나무')와 구
별하는데, 그 '산초나무'를 여기에서는 '난디나무'라 하는 것으로 보인다. 그런
데 중부 경남에서는 '산초나무'의 열매를 '산초'라 하고 '제피나무'의 열매를 '제
피'라 하는 데 반해, 창녕지역어에서는 '쥐피나무'의 열매를 '산초'라 한다고 하
니, 동일한 대상을 두고도 부르는 이름이 상당히 다르다는 것을 알 수 있다.

107) '운따리:'[LLH^]. 울타리에. 장음 표시는 처격조사 '에'가 '리'의 'ㅣ' 모음에 완
전 동화된 결과이다.

108) '달강넝쿨'[LLHL]. 인동초와 같이 생긴 넝쿨 식물의 이름인데, 자세한 내용은
알기 어렵다.

109) '사늘'[LH]. 셈을, 계산을. 백 가지 약초(산나물)를 구하려면, 하나, 둘 헤아리
면서 약초를 구한다는 뜻이다.

110) '새앵킨다'[LLHL]. 생각난다. 이는 '생각난다'의 독특한 경남방언형인데, 아래
발화에서는 이것이 '생각킨다'[LLHL]로 발화되었다. 둘 다 표준어에는 없는 조
어법인데, '생각킨다'에서 '새앵킨다'로 바뀌는 과정을 설명하는 일은 쉽지 않
다.

111) '생각킨다'[LLHL]. 생각난다.

112) '홍화씨'[LHL]. 홍화씨.

113) '꼬필쩨마'[HLLL]. 꽃 필 때면. '꼬피다'(꽃피다)가 일반적인 경남방언의 성조로는 [LHL]인데, 제보자 할머니는 이를 [HLL]로 발화하였다.

114) '우붕시~이'[LLHL]. 우렁이를 가리키는 것으로 보인다.

115) '올개는'[HLL]. 올해는.

116) '꼬십떠더'[LLHL]. 고소합디다. 여기에서 '고소하다'는 것이 맛이 고소하다는 것을 포함하여, 여러 면에서 흡족한 결과를 가져왔다는 것이다.

117) '담상하~이'[LLHL]. 담상담상하게. 드물고 성기다는 뜻이다.

118) '시~이가'[HLL]. 송이가. '송이〉숑이〉솅이〉싱이〉시~이'.

119) '아지매가'[LLHL]. 아주머니가. 경남방언에는 표준어 '아주머니'와 관련되는 말로 '아지매'[HLL]와 '아주머~이'[LLHL]가 있는데, 전자는 집안의 아주머니나 이웃집의 친한 아주머니를 가리키거나 부를 때 쓰는 말이고, 후자는 알지 못하는 아낙을 가리키거나 부를 때 쓰는 말이다. 여기의 '아지매'는 어형은 전자이고, 성조는 후자와 비슷해서 흥미롭다. 아래의 발화에서는 '아짐마'[LLH]가 나온다.

120) '이원도'[LHL]. 의원도.

121) '낙수노씀니더'[HHLLLL]. 낚시합니다. '낙수'[HH]는 '낚시'인데, '낚시한다'를 '낙수논는다'라고 한다. '논는다'[LHL]는 '놓는다'라는 뜻이다.

122) '아짐마'[LLH]. 아줌마.

123) '말쫑부~이나'[LLHLL]. 말깨나.

124) '집가시'[HLL]. 집가에. 마지막 음절 '시'에는 생략된 처격조사 '에〉이'가 있다.

125) '우게서'[HLL]. 위에서.

126) '가중나무'[LLHL]. 가죽나무. 어린 잎을 식용하는 것을 표준어에서는 '참죽나무'라 하는데, 경남에서는 식용하는 것을 '가중나무(←가죽나무)'라 한다. '참중나무'라는 말은 경남방언에 없다.

127) '생강시럽슴니더'[LLHLLL]. '생강시럽다'는 말은 사랑스럽고 마음에 든다는 뜻의 경남방언이다.

128) '지침'[HL]. 기침.

129) '담십떠더'[HHLL]. 담급디다. 표준어 '담근다'를 경남방언에서는 '담는다'[HHL]라고 한다. '-떠더'는 '-디더'에서 온 말인데, 이는 '-더이더〉-데더〉-디더'로 변한 말이다.

130) '돌시:'[HH:]. 한 돌. 어떤 날의 일년 뒤의 날을 경남방언에서는 '돌시'라고 한

다. 정서법이 고쳐지기 이전에 있었던 '돐'과 연관되는 말이다.

131) '비영기르'[LLHL]. 비행기를.

132) '징기고'[HLL]. 지니고. '지니다'를 경남방언에서는 '징기다'[HLL]라고 한다.

133) '헐함니더'[HHLL]. 값이 쌉니다. '값이 싸다'를 경남방언에서는 '헐하다'[HHL]라고도 하고, '흙다'[HH]라고도 하는데, 후자가 더 자연스럽게 쓰인다. 아래 발화에서는 '헐심니더'[HHLL]가 나온다.

134) '헐심니더'[HHLL]. 값이 쌉니다. 위에서는 '헐함니더'[HHLL]로 발화되었는데, 여기에는 '헐심니더'[HHLL]로 발화되었다. 어간이 '헐하-'도 있고, '흙-'도 있다는 증거이다. 후자가 주로 쓰인다.

135) '푸지지'[HHL]. 푸지지, 풍성하지.

136) '갈차'[LH]. 가르쳐, 가리켜. 여기에서는 전자의 의미이다.

137) '묵꼴랑'[HLL]. 먹고는. '-을랑' 현대국어에서는 '는'으로 대역된다.

138) '저서'[HL]. 저어. 경남방언에서 '젓다'는 규칙 활용을 하는 동사이다.

139) '쭘치'[HL]. 쯤, 무렵.

140) '꼬치장을'[LHLL]. 고추장을. 일반적인 경남방언은 '꼬오장'[LHL]이다.

제 5 장

석동 마을의 세시풍속

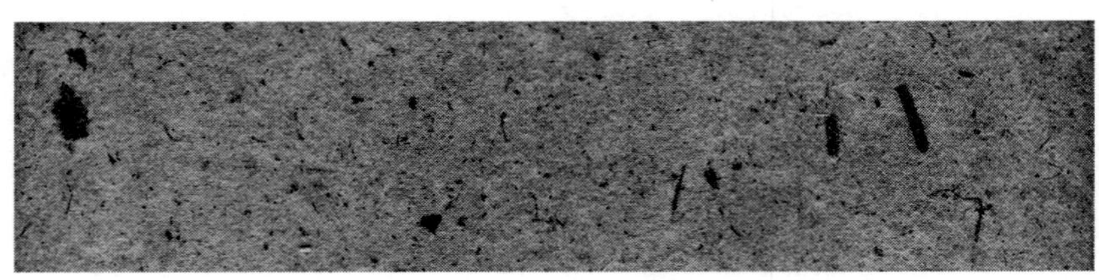

¯ 예 어른게시마[1] 정울딸내:[2] 머 손니미들고.

¯ 그래머 우리드른머 안자볼새:도욱꼬.

¯ 엔나레는모도 다::어른모시마모도 그래모시고.

¯ 보[3] 빈수인는 지베도점:부 설시일따꼬.

¯ 다::엄시글모도 다:챙기서보내고 챙기고오고 가고.

¯ 엔나레는 그래씀니더.

¯ 정울딸한달.

그래언자 설나레는: 그러먼자 아치메일:나서 먼:자:.

조상님들제사도 먼저부모님들제사도 머 제사가아니고 참 저머 부모님께 그:.

그 인사도 *** 세배도 드리고 제사도 모시고 손님들도 오고 앙그람니까?

¯ 예 초하룬날.

설나를 어쩌케보낸는지 고:부터한번 말씀* ****.

¯ 설나레는 마 아치메 일찡모도 수하드리[4] 이러나가주고.

¯ 참 모도 시수로[5]하고.

¯ 정성:껃 어른들한체: 어른들한테.

¯ 그래머: 세배인사로 모더 저를하고.

¯ 그래메 애들또모더 저를하고.

¯ 그래가언자 차레르안지냄니꺼?

예: 차레를 우째지내씀니까?

⎺ 예, 어른 계시면 정월달 내내 뭐 손님이 들고.

⎺ 그래 뭐 우리들은 앉아 볼 새도 없고.

⎺ 옛날에는 모두 다 어른 모시면 모두 그렇게 모시고.

⎺ 보 빈소 있는 집에도 전부 설 쇠었다고.

⎺ 다 음식을 모두 다 챙겨서 보내고 챙기고 오고 가고.

⎺ 옛날에는 그랬습니다.

⎺ 정월달 한 달.

그래 인제 설날에는 그러면 인제 아침에 일어나서 뭐 인제.

조상님들 제사도, 먼저 부모님들 제사도, 뭐 제사가 아니고 참 저 뭐 부모님께 그.

그 인사도 *** 세배도 드리고 제사도 모시고 손님들도 오고 그러잖습니까?

⎺ 예, 초하룻날.

설날을 어떻게 보냈는지 그것부터 한 번 말씀{X해 주십시오X}.

⎺ 설날에는 뭐 아침에 일찍 모두 아랫사람들이 일어나 가지고.

⎺ 참 모두 세수를 하고.

⎺ 정성껏 어른들한테 어른들한테.

⎺ 그래 뭐 세배 인사로 모두 절을 하고.

⎺ 그래 뭐 애들도 모두 절을 하고.

⎺ 그렇게 해 가지고 인제 차례를 지내잖습니까?

예, 차례를 어떻게 지냈습니까?

(웃음)

ˉ 차레로머 다 머 엔날[6]부터.

ˉ 우리지븐 이래 서, 동아느로 이래하고 이서~이 예:.

ˉ 장: 저:게 서쪼그로 어 참 지우로[7]모심니더, 조상을모심니더.

ˉ (입 다시는 소리) 그래 조상을 모시고.

ˉ 그래언자 대소가가 머 마네~잉께네.[8]

ˉ 우리는 머 엔나레는 청도쪼꾸맹:코.

ˉ 마당을하나 엔나레는 덕서김니더.[9]

ˉ 더서글피고 그래모더 저를하고.

ˉ 머 큰지베 지사로모시마 전::치큰지베서 음부글[10]다하고나마.

ˉ 기차찝[11]뜨른 머: 음북할여:도[12]업꼬.

ˉ 또 우리집뜨른아:무도 기차집뜨리 지사가업꼬.

ˉ 그래 우리큰지베마그래 모도 지사로모시고.

ˉ 그래다:: 모더여게[13]모이 모이고 그래씀니더.

ˉ 그때는모더 부산 우리는모더 부산에마~이살고.

ˉ 이래하~이께네[14] 여게다:안사래도[15] 윙:가사래미 만슴니더.

ˉ 그래엔나레는 그리 지사로모신는데.

ˉ 지끄른언자 우리크나들지베 그래안모심니꺼?

그러며는 그 저: 대보름날 머 그럼참 정월대보르믄 어떠케지내심니꺼?

ˉ 저럼[16] 정올대보르미 서리 큰서림니더.

ˉ 저:게 언자 그건 농사로마지해서.

ˉ 그래언자 농사 자원[17]할라꼬.[18]

ˉ 새부게[19] 이찌기[20] 이러나서.

ˉ 저:게모도 머리깡고 옥까라익꼬.

ˉ 그 그래엔나레는 그런정성으로 해:씀니더.

ˉ 그래가주:머 넘머~이[21] 그래 농사밥한다꼬.

(웃음)

˝ 차례를 뭐, 다 뭐 옛날부터.

˝ 우리집은 서(X향X), 동향을 이렇게 하고 있으니, 예.

˝ 늘 저기 서쪽으로 어 참 제사를 모십니다, 조상을 모십니다.

˝ (입 다시는 소리) 그렇게 조상을 모시고.

˝ 그래 인제 대소가가 뭐 많으니까.

˝ 우리는 뭐 옛날에는 청도 조그맣고.

˝ 마당을 하나, 옛날에는 멍석입니다.

˝ 멍석을 펴고 그렇게 모두 절을 하고.

˝ 뭐 큰집에(서) 제사를 모시면 전부 큰집에서 음복을 다하고 나면.

˝ 지찻집들은 뭐 음복을 할 여가도 없고.

˝ 또 우리집들은 아무도 지찻집들이 제사가 없고.

˝ 그래 우리 큰집에만 그래 모두 제사를 모시고.

˝ 그래 다 모두 여기에 모이 모이고 그랬습니다.

˝ 그때는 모두 부산, 우리는 모두 부산에 많이 살고.

˝ 이러니까 여기 다 안 살아도 원체 사람이 많습니다.

˝ 그래 옛날에는 그렇게 제사를 모셨는데.

˝ 지금은 인제 우리 큰아들 집에 그렇게 모시잖습니까?

그러면 그 저 대보름날 뭐 그러면 참 정월 대보름은 어떻게 지냈습니까?

˝ 정월 정월 대보름이 설이 큰설입니다.

˝ 저기 인제 그것은 농사를 맞이해서.

˝ 그래 인제 농사 잘 되게 하려고.

˝ 새벽에 일찍이 일어나서.

˝ 저기 모두 머리 감고 옷 갈아 입고.

˝ 그 그래 옛날에는 그런 정성으로 했습니다.

˝ 그렇게 해 가지고 뭐 남보다 먼저 농사밥 한다고.

˭ 그래일:라서 어 아침을 일찌이하고.

˭ 그래또 어른들언자 그날아치메 일찍언자 조석도디리고.

˭ 아침도디리고.

˭ 모두 그래씀니더 아치메이:러나서 엔나레는 떡꾸글 끼리가주고예.[22]

˭ 저:게 밥안자시서 아:고[23] 어르~이고 떠꾸글끼리가:꼬 그래모도 쪼끔썩 쪼끔썩 무우마.

˭ 그때는 와::모도 저: 마른버지미 피:사아심니더.[24]

˭ 마른버짐 안핀다카미 그래모도 미기고.

˭ 그래 아치메또 기발:개[25]라꼬 예 기발:개라꼬 또 수를언자.

˭ 일찌기언자 한잔 잡숙꼬 아:들미미[26] 쪼깨썩미기고. (웃음)

˭ 지끔 그래다[27]아나는데 그캐는. (웃음)

˭ 그때쭈믄 그:싸씀니더.

그때밥또 머그때 오곡빱안지얻씀니꺼?

˭ 예 오곡빠블 지이가주고.

오곡빠블 어찌게지인는지 함말씀 해주이소.

˭ 오곡빠블언자 수시[28]농사르 해가주고 그때연 지베서 수시농사도 해:슴니더.

˭ 조비[29]농사도하고 수시농사도 해바:가주고.

˭ 디딜빠~아:다가.[30]

˭ 이래 푹:푹씰거마[31] 싸리나옴니더.

˭ 그래언자 그 싸를언자 씨꺼서[32] 모도.

˭ 그래 자꼬글 가치썩꺼** 찹살하고 써꺼가:꼬.

˭ 바블 마:~이해노코.

˭ 그나른 점:더럭그래 오국빠블묵꼬.

그때 아치메: 새부게 또는 아치메 아:드리 그: 복조리가지고.

˭ 예 예 그래사아슴니더 예 그래사코.

⌐ 그래 일어나서 아침을 일찍이 하고.

⌐ 그래 또 어른들 인제 그날 아침에 일찍 인제 조식도 드리고.

⌐ 아침도 드리고.

⌐ 모두 그랬습니다, 아침에 일어나서 옛날에는 떡국을 끓여 가지고요.

⌐ 저기 밥 안 자셔서 애고 어른이고 떡국을 끓여 가지고 그래 모두 조금씩 조금씩 먹으면.

⌐ 그때는 왜 모두 저 마른버짐이 펴 쌓았습니다.

⌐ 마른버짐 안 핀다고 하면서 그래 모두 먹이고.

⌐ 그리고 아침에 또 귀밝이술이라고, 예 귀밝이술이라고 또 술을 인제.

⌐ 일찍이 인제 한 잔 잡수시고 애들 모두에게(?) 조금씩 먹이고. (웃음)

⌐ 지금은 그러지도 않는데 그때는. (웃음)

⌐ 그 즈음에는 그렇게 해 쌓았습니다.

그때 밥도 뭐 그때 오곡밥 지었잖습니까?

⌐ 예, 오곡밥을 지어 가지고.

오곡밥을 어떻게 지었는지 한 말씀 해 주십시오.

⌐ 오곡밥을 인제 수수 농사를 해 가지고 그때는 집에서 수수 농사도 했습니다.

⌐ 조 농사도 하고 수수 농사도 해 보아 가지고.

⌐ 디딜방아에다가.

⌐ 이렇게 푹 푹 쓿면 쌀이 나옵니다.

⌐ 그래 인제 그 쌀을 씻어서 모두.

⌐ 그렇게 잡곡을 섞어서 찹쌀과 섞어 가지고.

⌐ 밥을 많이 해 놓고.

⌐ 그 날은 저물도록 그렇게 오곡밥을 먹고.

그때 아침에 새벽에 또는 아침에 애들이 그 복조리를 가지고.

⌐ 예, 예, 그러곤 했습니다, 예, 그렇게 해 쌓고.

￢ 또 소도 소도 저: 일런중에 밥쭈는나리라꼬.

￢ 그래언자 나물로코: 양쭈게다 나무를노코.

￢ 그 복파네다 바블로코 이래 주:보마.

￢ 소가 나물로무우마 숭년데게따 이카고.

￢ 밥버텅[33] 썩: 따까무우뿌모 풍년데게따카고 그래씀니더. (웃음)

￢ 그래 바블 조어씀니더.

￢ 개는 저:기 일찍주모[34] 보름날 일찍주마 파래~이[35] 생긴다컨데.

￢ 크:미써 늑께조어슴니더.

￢ 그런데 그느므 지끔: 그 개파리 아심니꺼?

￢ 개파리.

개한테 분능게::.

소한테 분는거는 크다:앙기부꼬 이래산:는데 개한테 부는거는 잘 모르.

￢ 개한테 분능거 모르시지예?

잘 모르게슴니더.

함말씀해 주이소.

￢ 아 개파리르 아무도 모르 너도[36] 야:야[37] 모르제?

＝ 모르게서예.

￢ 개파리느예 하:항기:[38] 노르짱:하~이[39] 해가꼬 배가 볼록볼록볼록해가.

￢ 요홉:찌[40] 저 대가리가 쪼깨::능기:.

￢ 그렁기 바리가물가물가물하~이 큼니더 ***** 어부[41] 큼니더.

￢ 하이구 개기::[42] 하글하글하글 달라드러싸아서.

￢ 개가 몬살고 그때는 약또억꼬예.

￢ 그래개파리가 그리끌코.

￢ 개:기: 비룩또[43]끌코.

˜ 또 소도 소도 저 일년 중에 밥 주는 날이라고.

˜ 그래 인제 나물 놓고 양쪽에다 나물을 놓고.

˜ 그 복판에다 밥을 놓고 이렇게 주어 보면.

˜ 소가 나물을 먹으면 흉년 되겠다고 이렇게 말하고.

˜ 밥부터 싹 닦아 먹어 버리면 풍년 되겠다고 말하고 그랬습니다. (웃음)

˜ 그렇게 밥을 주었습니다.

˜ 개는 저기 일찍 주면 보름날 일찍 주면 파리 생긴다고 하는데.

˜ 그러면서 늦게 줬습니다.

˜ 그런데 그놈의 지금 그 개파리 아십니까?

˜ 개파리.

개한테 붙는 것이.

소한테 붙는 것은 커다란 것이 붙고 이랬는데 개한테 붙는 것은 잘 모르{X겠
습니다X}.

˜ 개한테 붙는 것 모르시지요?

잘 모르겠습니다.

한 번 말씀해 주십시오.

˜ 아, 개파리를 아무도 모르{X는구나X}, 너도 애야 모르지?

= 모르겠어요.

˜ 개파리는요 하얀 것이 노르스름하게 해 가지고 배가 볼록볼록볼록해
가지고.

˜ ??? 저 대가리가 조그마한 것이.

˜ 그런게 발이 가물가물가물하니 큽니다, ***** 제법 큽니다.

˜ 아이구 개한테 와글와글와글 달려들어 쌓아서.

˜ 개가 못 살고 그때는 약도 없고요.

˜ 그래 개파리가 그렇게 끓고.

˜ 개한테 벼룩도 끓고.

˥ 아이구 지끔그 개파리가 어데로간능고.[44]

˥ 어 개파리아는 사라미 업소.

어~어: 개파리가 아이고 저는 ** 처음든는 말씀.

˥ 개패리가[45] 노리짱:하~이 이리씸:더.

˥ 노리짱:하~이 납짝:하~이.

˥ 고거는 아리[46] 탱글탱글탱글 씰코.[47]

˥ 그거 알로논는[48] 모애~이지예?

˥ 그러가:머 파리가마 개:기 바글바글바그부꼬.

˥ 그래 개가 구부러지죽꼬 이래씸니더.

그 개파리 개패리는 그: 운제쭘 마~이.

˥ 이~이 여르메.

˥ 예 오뉴워레.

˥ 그 개파리가 그리 끄러씀니더.

˥ 봄나모고마 개파리가생김니더.

그라고 대보름데모 또 머이그 저 달집태아고 앙그래씀니꺼?

그렁거 쪼깨 생각나시능거 함말씀 해주이소.

˥ 예 달찝 머.

˥ 달찝태운다꼬 모도.

˥ 절므니[49]드리 짜다라[50] 모도 달삐: 달찌불 산만대~이[51]다: 지이노코.

˥ 그래 모더 지풀가:와서.

˥ 그래 해마지[52]그래 달로 달찌블 살고.

˥ 그래 달찝살마 그따:다가 엔나레는 다리비[53]다가 콩을다마가주고.

˥ 그걸:언내이 그따:다뽀까가:꼬 그래 지이무우마머.

˥ 오 머머 마른버짐 안피고 머 여름안탄다 사민서.

˥ 그래도 사코. (웃음)

또 그 정월따레 머 노리도 마~이 안해께슴니까?

˘ 아이고 지금 그 개파리가 어데로 갔는지.

˘ 어, 개파리 아는 사람이 없소.

음, 개파리가 아이고 저는 처음 듣는 말씀{X입니다X}.

˘ 개파리가 노르스름하니 이렇습니다.

˘ 노르스름하니 납작하니.

˘ 그것은 알이 탱글탱글탱글 슬고.

˘ 그게 알을 낳는 모양이지요?

˘ 그렇게 해서 뭐 파리가 뭐 개에게 바글바글바글 붙고.

˘ 그렇게 개가 구부러져 죽고 이랬습니다.

그 개파리는 개파리는 언제쯤 많이.

˘ 이 여름에.

˘ 예, 오뉴월에.

˘ 그 개파리가 그렇게 끓었습니다.

˘ 봄 지나면 그냥 개파리가 생깁니다.

그리고 대보름 되면 또 뭐 그 저 달집 태우고 그러잖았습니까?

그런 것 조금 생각나시는 것 한 번 말씀해 주십시오.

˘ 예, 달집 뭐.

˘ 달집 태운다고 모두.

˘ 젊은이들이 매우 많이 모두 달집 달집을 산꼭대기에다 지어놓고.

˘ 그렇게 모두 짚을 가지고 와서.

˘ 그렇게 해마다 달을, 달집을 사르고.

˘ 그렇게 달집을 사르면 거기다가 옛날에는 다리미에다 콩을 담아 가지고.

˘ 그것을 인제 거기다가 볶아서 그렇게 집어먹으면 뭐.

˘ 뭐뭐 마른버짐 안 피고 뭐 여름 안 탄다고 하면서.

˘ 그렇게도 하고. (웃음)

또 그 정월달에 뭐 놀이도 많이 하지 않았겠습니까?

그 말고도 윤노리도 해써꺼고.

널띠기도 해슬끼고.

그다:메 지불로리도 하셔찌예, 그 깡통가틍거 돌리사아면서.

지불로리.

¯ 예 지불로리[54]라 캐삼: 노리라 캐사메 해사아씀니더.

그담메머 지신볼끼도 발끼도 이서슬끼고.

¯ 지신도 발:꼬.[55]

윤노리 우째핸는지 함먼말씀해주이소.

¯ 지신도 발:꼬 윤노리[56]하고 그끄테언자 지신발:꼬 모도.

윤노리는 우째해씀니까?

¯ 윤노리머:머: 이래 보통하드시.

¯ 여게는 정울따리마 지금도 윤노리함니더.

¯ 그로이인자 온 동네사래미 모이가주고.

¯ 그리 윤노리하고.

¯ 그래언자 이기고지고언자 해게리나마마 메구도[57]치고.

¯ 그래언자 지신도 함:[58]발:꼬.

¯ 엔나레느 집지미 지신발바씀니더.

어째 발바슴니까?

¯ (웃음) 집지비 지신발른다꼬.

¯ 발브모[59] 우리 저: 애드른 꼬깔로씨고.

¯ 크:이 따라댕기면서 그래 언자 춤도추싸코. (웃음)

¯ 그래 쪼깰쩌[60]부터 시~이마네. (웃음)

그때 그: 지신 지신발블때: 그 먼저 집지가꼬할때는 머머 노래도 안 이써서
거씀니꺼?

에::라 지시나 싸코 그렁거 혹씨 생각나시능거 업슴니꺼?

¯ 예 예 예 그으싸아슴니더.

그것 말고도 윷놀이도 했을 것이고.

널뛰기도 했을 것이고.

그 다음에 쥐불놀이도 하셨지요, 그 깡통 같은 것 돌려 쌓으면서.

쥐불놀이.

ᄀ 예, 쥐불놀이라고 하면서 놀이라 하면서 해 쌓았습니다.

그 다음에 뭐 지신볿기도 밟기도 있었을 것이고.

ᄀ 지신도 밟고.

윷놀이 어떻게 했는지 한 번 말씀해 주십시오.

ᄀ 지신도 밟고, 윷놀이 하고 그 끝에 인제 지신 밟고 모두.

윷놀이는 어떻게 했습니까?

ᄀ 윷놀이는 뭐 이렇게 보통 하듯이.

ᄀ 여기는 정월달이면 지금도 윷놀이 합니다.

ᄀ 그래 인제 온 동네 사람이 모여 가지고.

ᄀ 그렇게 윷놀이 하고.

ᄀ 그래 인제 이기고 지고 인제 해결이 나면 마 풍물놀이도 하고.

ᄀ 그래 인제 지신도 한 번 밟고.

ᄀ 옛날에는 집집이 지신 밟았습니다.

어떻게 밟았습니까?

ᄀ (웃음) 집집이 지신 밟는다고.

ᄀ 밟으면 우리 저 애들은 고깔을 쓰고.

ᄀ 그렇게 따라다니면서 그렇게 인제 춤도 춰 쌓고. (웃음)

ᄀ 그렇게 조그마할 적부터 신이 많아. (웃음)

그때 그 지신 밟을 때 그 먼저 집 지어 가지고 할 때는 뭐 노래도 안 있었겠습니까?

에라 지신아라고 하고 그런 것 혹시 생각나시는 것 없습니까?

ᄀ 예, 예, 예, 그래 쌓았습니다.

￢ 아이머 그기머 생각남니꺼?

￢ 그래언자 드갈쩨:는언자 "문녀소문녀소"쿠고 "주인냥반문녀소"쿠고 그래안드감니꺼?

한번더 말씀해주이소, 한번더 말씀해보이소, 드러갈때:.

￢ 예 드러갈때.

￢ 드러갈때 삽짜게[61] 드러갈때인자.

￢ 쐬르[62]치고.

￢ "문녀소문녀소 주인냥반문녀소" 구카미[63]드감니더.

"문녀소문녀소 주인냥반문녀소."

￢ "나그네[64]손님 드감니더" 그카미드감니더.

노올때는또머 다른말 또이씀니까?

￢ 나올때는머머 요요언자 처어메올라서마.

￢ 성주[65]에.

￢ 머 "성주니메 뽀늘바다."

￢ "이댁성주모실쩨 어는[66] 어는대모기모신노?"[67] (웃음)

그렁거중요한데 함번더 그렁거:.

그때: 지신볼블때: 그 하신 그 **** 드러갈때머.

머 씨치면서 머 "문녀소" 머카고 그 다으메 성주푸리하고 이렁거안이슴니꺼?

생각나시는대로 함말씀해 주이소.

￢ 예 그래해사아씀니더.

￢ "이댁성주 모신 모신 대모기 어는대모기 모신노?"

￢ "압::찌베김대목 디찌베박대목" 어~어.

￢ "씨톱태톱[68] 거러노코."

￢ "이댁성주 모신네" 머 다이저뿝슴니더.

(웃음) 잘하시네예.

˺ 아니 뭐 그것이 뭐 생각납니까?

˺ 그래 인제 들어갈 때는 인제, "문 여소 문 여소"라고 하고 "주인 양반 문 여소"라고 하고 그렇게 들어가잖습니까?

한번 더 말씀해 주십시오, 한 번 더 말씀해 보십시오, 들어갈 때.

˺ 예, 들어갈 때.

˺ 들어갈 때 사립문에 들어갈 때 인제.

˺ 쇠를 치고.

˺ "문 여소 문 여소 주인 양반 문 여소" 그렇게 말하며 들어갑니다.

"문 여소 문 여소 주인 양반 문 여소."

˺ "나그네 손님 들어갑니다" 그렇게 말하며 들어갑니다.

나올 때는 또 뭐 다른 말 또 있습니까?

˺ 나올 때는 뭐뭐, 요기 인제 처음에 올라서면.

˺ 성주에.

˺ 뭐 "성주님의 본을 받아."

˺ "이 댁 성주 모실 적에 어느 어느 대목이 모셨나?" (웃음)

그런 것 중요한데, 한 번 더 그런 것.

그때 지신 밟을 때에 그 하신 그 **** 들어갈 때 뭐.

뭐 쇠 치면서 뭐 "문 여소" 뭐라고 하고 그 다음에 성주풀이하고 이런 것 있잖습니까?

생각나시는 대로 한 번 말씀해 주십시오.

˺ 예, 그렇게 해 쌓았습니다.

˺ "이 댁 성주 모신 모신 대목이 어느 대목이 모셨나?"

˺ "앞 집에 김 대목 뒷 집에 박 대목," 응.

˺ "쇠톱대톱 걸어놓고."

˺ "이 댁 성주 모셨네," 뭐 다 잊어버렸습니다.

(웃음) 잘 하시네요.

(웃음)

⎯ 기기: 만치.

그 쭈앙한테는 앙 안비러씁니까?

⎯ 조앙[69]에도머 여러절:치 “열:여러조앙님네.” (웃음) 이카미.

⎯ 조앙님저네도 하고.

⎯ 그래 언자 머: 문서가[70] 안만습니꺼?

⎯ 그래 온지베 쒸[71] 뚜디리고 그래.

⎯ 발꼬나가고.

⎯ 그인자 구 구때는언자또 수란잔 자시고.

⎯ 모두 술도 한잔석자시고.

⎯ 그래 지베 댕기나가마.

⎯ 일런내 앙과태평하고.

⎯ 그리 조타캐:심니더.

⎯ 그래 서낭님[72] 모시노코.

⎯ 그래 성중님저네그래.

⎯ 불써노코[73] 초뿔케:노코[74] 그래 장바다[75] 술처노코.

⎯ 그래가 돈도노코 그래 그래해:습니더.

⎯ 그래 지줌[76] 형:시대로 하고시픈대로 그래 모도 하고.

어머이 널:도 띠어보셨습디까?

널띠기.

⎯ 예 널도 띠:찌예.

널 그거 우째만드러가이고 우째띰니꺼?

⎯ 그때는 널로 마~이띠이씸니더.

⎯ 참 엔나레 총각도 머리땅코.[77]

⎯ 처녀도 마리땅코.

⎯ 딘머리는 능충능충 땅코.

(웃음)

⌐ 그것이 많지.

그 조왕한테는 안 빌었습니까?

⌐ 조왕에도 뭐, 여러 ?? "열:여러 조왕님요." (웃음) 이렇게 말하며.

⌐ 조왕님 전에도 하고.

⌐ 그래 인제, 뭐 문서가 많잖습니까?

⌐ 그렇게 온 집에 쇠 두드리고 그렇게.

⌐ 밟고 나가고.

⌐ 그 인제 그 그때는 인제 또 술 한잔 자시고.

⌐ 모두 술도 한 잔씩 자시고.

⌐ 그래 집에 다녀나가면.

⌐ 일년 내내 안가태평하고.

⌐ 그렇게 좋다고 했습니다.

⌐ 그렇게 서낭신 모셔 놓고.

⌐ 그래 성주님 전에 그래.

⌐ 불 켜 놓고 촛불 켜 놓고 그리고 잔 받아 술 쳐 놓고.

⌐ 그렇게 해 가지고 돈도 놓고 그렇게 그렇게 했습니다.

⌐ 그래 각자 형색(?)대로 하고 싶은 대로 그렇게 모두 하고.

어머니, 널도 뛰어 보셨습디까?

널뛰기.

⌐ 예, 널도 뛰었지요.

널 그것은 어떻게 만들어 가지고 어떻게 뜁니까?

⌐ 그때는 널을 많이 뛰었습니다.

⌐ 참 옛날에 총각도 머리 땋고.

⌐ 처녀도 머리 땋고.

⌐ 뒷머리는 능청능청 땋고.

⌐ 참 궁초댕기로[78] 디리고.[79]

⌐ 그래가이 너를띠마.

⌐ 카 머리가 너풀너풀 그거그거또 볼만하지예.

⌐ 그래 잘띠는사라믄 자롤라가고.

⌐ 몬띠는[80]사라믄 모놀라가고 그래.

⌐ 머 널도띠:씁니더.

⌐ 군데도[81]띠고.

군데는 그: 추서게.

⌐ 추서게.

지끄믄언자 제가 정월따레.

⌐ 예 예 추서게.

그라문 지불노'리라 캐씀니꺼, 지'불'노리가 캐슴니꺼?

⌐ 깡통에다 불다마가주언자 아:으레꺼정.

⌐ 지'불'노리라 커등가 지불노'리라카등가.

고거는 우째해씀니까?

⌐ 그:어머 그 머슬 기르믈[82]여언능가[83] 불로딩가[84]가주고 그래사습떠더.

그럼언자 이월따림니다이.

정월따레는 언자 설랄: 대보름: 머.

윤노리도 하고 널띠기도 하고 지뿔노리도 하고 달찝도 태우고 핸는데.

이월딸데모 음녁이월딸데몬 어떤 그 풍소기 이서씀니까?

⌐ 이월 초하룬나리 큰서라임니꺼?[85]

⌐ 이월 초하룬나리데마.

⌐ 집찜마중.[86]

⌐ 이월 초하룬날 씰라꼬 덕서게다가엔나레는 나락글 너러노마.

⌐ 그 나라글 디덜빠~아[87] 쩌~어가:[88] 바블해씸:더.

⌐ 너러노:모 그 나라글 주워무우모 새가 또구루: 구부러 중는다캐:심:니더.

- 참 궁초댕기를 드리고.

- 그래 가지고 널을 뛰면.

- 머리가 너풀너풀 그것 그것도 볼 만하지요.

- 그래, 잘 뛰는 사람은 잘 올라가고.

- 못 뛰는 사람은 못 올라가고 그렇게.

- 뭐 널도 뛰었습니다.

- 그네도 뛰고.

그네는 그 추석에.

- 추석에.

지금은 인제 제가 정월달에.

- 예, 예, 추석에.

그러면 쥐불놀'이라고 했습니까, 쥐'불'놀이라고 했습니까?

- 깡통에 불 담아 가지고 인제 아흐레까지.

- 쥐'불'놀이라고 하던가 쥐불놀'이라고 하던가.

그것은 어떻게 했습니까?

- 그 어 뭐 그 뭣을 기름을 넣었는지 불을 댕겨 가지고 그렇게 해 쌓습디다.

그럼 인제 이월달입니다이.

정월달에는 인제 설날 대보름 뭐.

윷놀이도 하고 널뛰기도 하고 쥐불놀이도 하고 달집도 태우고 했는데.

이월달 되면, 음력 이월달 되면 어떤 그 풍속이 있었습니까?

- 이월 초하룻날이 큰설이잖습니까?

- 이월 초하룻날이 되면.

- 집집마다.

- 이월 초하룻날 쓰려고 멍석에다 옛날에는 벼를 널어 놓으면.

- 그 벼를 디딜방아에 찧어 가지고 밥을 했습니다.

- 널어 놓으면 그 벼를 주워 먹으면 새가 쪼로록 굴러 죽는다고 했습니다.

- 그마웅꿈 머어시 이떤 몬내~이지예.

- 그래갸:꼬 그 나라글 쩡어서 바블 해서.

- 예 그래머 바블해서 그 참: 온:[89]소테 바블 마당가운데 뜨다노코.

- 온:시리다또 떠글쩌서.

- 그래 가따노코.

- 엔나레는 저: 대구 대구가 그래 마시이시십니더.

- 대구로 무시로[90] 삐지 여:서.

- 구글 끼리서.

- 그래가 또머 엔나레는 사구오[91]버지기고.[92]

- 그거 사그르게다가[93] 얼:베데기[94] 퍼다노코.

- 그래갸:꼬 물한도~이[95] 여다노코.

- 그 정화수 바치노코그래.

- 그: 하느님저네그래 비러사십띠더어른드리.

- 우리는 몰라도.

- 그래모더 일련:네모더 식꾸들미이:고.

- 그래 비러사십띠더.

- 그래가엔나레는 그런영거미[96]이선능가 모르게십띠더. (웃음)

- 그래참 이워리 큰서럼니더.

- 지끄믄머 이월초하루가 인나.

그때데모 또 머 머 바람 영동할미 바람올린다사코.

- 그거 바람아임니꺼?

방금 그기: 바람임니꺼?

- 예.

- 바라믄언자 소지쪼~오로.[97]

- 이래 쿵거 백찌.

- 백지[98]한장 사고 또소지쪼~오가 이심니더.

- 그만큼 뭐가 있던 모양이지요.

- 그렇게 해서 그 벼를 찧어서 밥을 해서.

- 예, 그렇게 뭐 밥을 해서 그 참 온 솥에 밥을 마당 가운데 떠다 놓고.

- 온 시루에다 또 떡을 쪄서.

- 그렇게 가져다 놓고.

- 옛날에는 저 대구, 대구가 그렇게 맛이 있었습니다.

- 대구를 무를 삐져 넣어서.

- 국을 끓여서.

- 그렇게 해서 또 뭐 옛날에는 사구고 자배기고.

- 그것 사기그릇에다 푸짐하게 퍼다 놓고.

- 그렇게 해서 물 한 동이 여다 놓고.

- 그 정화수 바쳐 놓고 그렇게.

- 그 하느님 전에 그렇게 빌어 쌓습디다, 어른들이.

- 우리는 몰라도.

- 그래 모두 일년 내내 모두 식구 들먹이고.

- 그렇게 빌어 쌓습디다.

- 그래 가지고 옛날에는 그런 영험이 있었는지 모르겠습디다. (웃음)

- 그래 참 이월이 큰 설입니다.

- 지금은 뭐 이월 초하루가 있나.

그때 되면 또 뭐 뭐 바람 영동할미 바람 올린다고 하고.

- 그게 바람이잖습니까?

방금 그게 바람입니까?

- 예.

- 바람은 인제 소지종이를.

- 이렇게 큰 것 백지.

- 백지 한 장 사고, 또 소지종이가 있습니다.

˘ 그래전:치 소지쪼~오로사갸:꼬.

˘ 미::미~이식꾸대로 소지로올리고.

˘ 그래: 그래 마일런내 그래모도.

˘ 앙과태펭해달라카메 그래 어른드리그래 비러사십띠더.

˘ 그래 그래빌고.

˘ 오 언자저 이월 초다새는 초다새꺼정[99]은 서:리지예.

˘ 그때는머 손님도 마~이 드러사코.

˘ 그리이월한다른 그리질겁게그리 잘놈니더 엔나레는.

또 머이월따레 머또 다른 머 그: 풍소근업서슴니까?

˘ 예 그 그라 그라마마 이월빱무구마 마 호미[100]들고 드레감니더 예.

˘ 그 엔나레는마 지시미[101]나사~이.

˘ 전:치 호미끄트로 지시믈 자바야데~이.

˘ 머 설마시이따카마 드레앙감니꺼?

˘ 그래 드레가서 놈매고반매고.

언자 사머림니더.

˘ 예.

사머레는 어떤: 풍소기이서슴니까?

˘ 사 사:머레는머 풍속또업꼬 그지 사멀삼지.

˘ 조온나리라커능거 하고.

예.

˘ 그래 마.

삼진날 우째보내슴니까?

˘ 예?

삼지느 우째보내씀니까?

˘ 사멀삼지예?

예.

- 그렇게 전부 소지종이를 사 가지고.

- 면면 식구대로 소지를 올리고.

- 그래 그렇게 마 일년 내내 그렇게 모두.

- 안가태평하게 해 달라고 하며 그렇게 어른들이 그렇게 빌어 쌓습디다.

- 그렇게 그렇게 빌고.

- 오 인제 저 이월 초닷새는 초닷새까지는 설이지요.

- 그때는 뭐 손님도 많이 들어 쌓고.

- 그렇게 이월 한 달은 그렇게 즐겁게 그렇게 잘 놉니다, 옛날에는.

또 뭐 이월달에 뭐 또 다른 뭐 풍속은 없었습니까?

- 예, 그 그렇게 그렇게 하면 이월밥 먹으면 마 호미 들고 들에 갑니다, 예.

- 그 옛날에는 뭐 김이 나 쌓으니.

- 전부 호미 끝으로 김을 잡아야 되니.

- 뭐 설만 쇠었다고 하면 들에 가잖습니까?

- 그래 들에 가서 논 매고 밭 매고.

인제 삼월입니다.

- 예.

삼월에는 어떤 풍속이 있었습니까?

- 삼 삼월에는 뭐 풍속도 없고, 그저 삼월 삼짇날.

- 좋은 날이라고 하는 것 하고.

예.

- 그래 마.

삼짇날 어떻게 보냈습니까?

- 예?

삼짇날은 어떻게 보냈습니까?

- 삼월 삼짇날요?

예.

￣ 사멀삼지는 저: 문중에.

￣ 모도 문:중문주~이그래저: 항교로모시노코.

￣ 항교로 다:: 우때어른들 항교로모시노코.

￣ 그래 각 문중마장:[102] 손니믈 한분썩 초대로함니더.

￣ 그래가주고그손니미 모도 그 문주~우[103]가서모도 그 햐 참.

￣ 개모에[104]모도 향:이를[105] 저를함니더.

￣ 그래다:: 저를하고.

￣ 그래 사멀 사멀 초열:끼[106]꺼정 다 그래해:습니더.

￣ 그래 문중:마잠[107] 모모한부늘 청해가주고.

￣ 그래 가시는부~이 도포익 도포하고.

￣ 그래 정성걱가서 그집 조사~을모시고.

￣ 문중:마점그래 그집그문중에서 소늘치고.

￣ 그래습니더 이 봄데마 모도 소니믈 마:니처습니더.

￣ 재슬래 재스레.

그게 사멀날 ***.

￣ 예 사멀사월로 고래:습니더.

￣ 사울딸도 구 그러코.

￣ 머 사멀따레언자 머 꼬피고이피고 그래언자.

￣ 사월까지 사머른 초추~이라하고 사워른 초하라하고 앙그러습니꺼?

￣ 그때는 모도:다 이 어른드리모도 참 두루마글입꼬.

￣ 창오슬[108]입꼬 모도 추루불[109]할때고 그러심니더.

그언자 사월따른 아무래도그 초파이리 클:꺼 거튼데.

초파이레 어떠케보낸:지하문.

￣ 초파일 예.

예.

￣ 예 초파이레는 머.

¯ 삼월 삼짇날은 저 문중에.

¯ 모두 문중 문중이 그래 저 향교로(향교에) 모셔놓고.

¯ 향교에 다 윗대 어른들 향교로 모셔 놓고.

¯ 그래 각 문중마다 손님을 한 분씩 초대를 합니다.

¯ 그렇게 해서 그 손님이 모두 문중에 가서 모두 그 하 참.

¯ 개모(조상을 모셔놓은 곳)에 모두 ??를 절을 합니다.

¯ 그렇게 다 절을 하고.

¯ 그렇게 삼월 삼월 초열흘께까지 다 그렇게 했습니다.

¯ 그렇게 문중마다 모모한(이름 있는) 분을 청해 가지고.

¯ 그렇게 가시는 분이 도포 입{X고X} 도포하고.

¯ 그렇게 정성껏 가서 그 집 조상을 모시고.

¯ 문중마다 그렇게 그 집 그 문중에서 손님을 치르고.

¯ 그랬습니다. 이 봄 되면 모두 손님을 많이 치렀습니다.

¯ 재실에 재실에.

그게 삼월달 ***.

¯ 예, 삼월 사월을 그렇게 했습니다.

¯ 사월달도 그 그렇고.

¯ 뭐 삼월달에 인제 뭐 꽃 피고 잎 피고 그래 인제.

¯ 사월까지, 삼월은 초춘이라고 하고 사월은 초하라고 하고 그렇잖습니까?

¯ 그때는 모두 다 이 어른들이 모두 참 두루마기를 입고.

¯ 창옷을 입고 모두 나들이를 할 때고 그렇습니다.

그 인제 사월달은 아무래도 그 초파일이 클 것 같은데.

초파일에 어떻게 보냈는지 한 번.

¯ 초파일, 예.

예.

¯ 예, 초파일에는 뭐.

⌐ 엔나레는 엔나레엔나레는 동네서도 등을다데예.

⌐ 우리: 쪼끄만할쩨느 동네서도 저: 저:압사네도 관등달고 디산에도 관등달고.

⌐ 그래 모도 등을 등을달고 사월초파이른 조온나리라꼬.

⌐ 그래던데 지끄른 저레나달까 동네:[110] 담니꺼?

⌐ 그래마 풍소기 그래슴니더.

동네:서 어데 저레다니는분드리 만슴니꺼?

⌐ 예: 지끔 저레다니는 댕기는 사라미만슴니더.

⌐ 이동네는 예수르안미꼬 얼:추 저레댕김니더.[111]

그래 저레가서는 어떠케 함니꺼?

⌐ (웃음) 저레가만머.

⌐ 머 부처님저네모더 저란해사슴니꺼?

⌐ 모도 자석들모도 조쿠로해도라꼬.

⌐ 그래모더 비러 빌고 저를해사코.

⌐ 머 핑:상내댕기머 절하고.

언자 오월따림니더.

⌐ 예.

오월따레는 어떤노리가이서슴니꺼? 풍소기 어떵기 이서슴니꺼?

⌐ 오오른 다노가아니심니꺼?

⌐ 오워른또 다노가 옌날버텅[112] 다노가또 큼니더.

⌐ 그래가주고 머 다노에머 어이 저:머 쟁피는[113] 어디이떵공머 쟁피뜨더 머리깜는다싸코.

⌐ 예 그럭 그려 오올다노로 그 즐거끼넝감니더.

⌐ 지끄른 또 우리는 저레감니더.

아 다노날도예?

⌐ 예 다논날.

˝ 옛날에는 옛날에 옛날에는 동네에서도 등을 달데요.

˝ 우리 조그마할 적에는 동네에서도 저 저 앞산에도 관등 달고 뒷산에도 관등 달고.

˝ 그렇게 모두 등을 등을 달고 사월초파일은 좋은 날이라고.

˝ 그렇게 하던데 지금은 절에나 달까 동네에 답니까?

˝ 그래 마 풍속이 그랬습니다.

동네에서 어디 절에 다니는 분들이 많습니까?

˝ 예, 지금 절에 다니는 다니는 사람이 많습니다.

˝ 이 동네에는 예수를 안 믿고 거의 절에 다닙니다.

그렇게 절에 가서는 어떻게 합니까?

˝ (웃음) 절에 가면 뭐.

˝ 뭐 부처님 전에 모두 절하곤 하잖습니까?

˝ 모두 자식들 모두 좋게 해 달라고.

˝ 그렇게 모두 빌어 빌고 절을 해 쌓고.

˝ 뭐 평생 내내 다니며 절을 하고.

인제 오월달입니다.

˝ 예.

오월달에는 어떤 놀이가 있었습니까? 풍속이 어떤 게 있었습니까?

˝ 오월은 단오가 있잖습니까?

˝ 오월은 또 단오가 옛날부터 단오가 또 큽니다.

˝ 그래 가지고 뭐 단오에 뭐 어 저 뭐 창포는 어디에 있던가, 창포 뜯어 머리 감는다고 하고.

˝ 예, 그렇게 그렇게 오월 단오를 그렇게 즐겁게 넘깁니다.

˝ 지금은 또 우리는 절에 갑니다.

아, 단옷날도요?

˝ 예, 단옷날.

﹉ 여어게영사네 영밍사가 인 이슴니다.

﹉ 예 그 저레 가마 그게 저: 다노 구슬 크:게해예.

﹉ 크게하는데 거:[114] 가마 대접또잘하고.

﹉ 그래참 하로 질:겁끼[115] 잘노다가 옴니더.

다노구슬 우째함니꺼?

﹉ 천:::치:: 다오구슬 모도 옹:::간머.

﹉ 머 실령이다 머머.

﹉ 당사~이다 오::만 그 조상 귀신을청해서 막::꼬따리[116] 해노코.

﹉ 그: 모도 청해[117] 안춥:떠더.[118]

﹉ 그래노코머 산신도 모시노코.

﹉ 그래 저레서 그럼 가는사람마정[119] 절하고.

﹉ 그 그래 잘:합떠더.

﹉ 그러머 손님대접또잘하고 그저레서.

﹉ 그 주:지데는 시니미[120] 안주[121] 나도[122] 미살[123] 안무우떤데.

﹉ 그리 잘해예.

﹉ 참: 잘함니더.

어머~이 혹시옌날 단온날 동네서 친정이나여게서 그: 씨름거틍거 한적 이서
슴니꺼?

단온날 씨름해슴니까?

﹉ 모리게슴니더 그렁거는 핸는가 우옌능고.[124]

그라먼자 유워레는 어떵기 이서슴니꺼?

﹉ 유워레는머 오월유워레는 농사진는다꼬.

﹉ 농사진는다꼬 유월꺼정은 모심기로[125] 하고.

﹉ 모:싱기로하고미~이 이 농초네는머.

﹉ 함:바뿜니꺼 바뿐처리 데:서.

﹉ 그래머 어째넝간:능공.[126]

˝ 여기 영산에 영명사가 있 있습니다.

˝ 예, 그 절에 가면 거기에 저 단오 굿을 크게 해요.

˝ 크게 하는데 거기에 가면 대접도 잘 하고.

˝ 그렇게 참 하루 즐겁게 잘 놀다가 옵니다.

단오 굿을 어떻게 합니까?

˝ 전체 단오 굿을 모두 온갖 뭐.

˝ 뭐 신령이다 뭐뭐.

˝ 당산에다 오만 그 조상 귀신을 청해서 막 꽃달이해 놓고(꽃을 달아 놓고).

˝ 거기에 모두 청해 앉힙디다.

˝ 그렇게 해 놓고 뭐 산신도 모셔 놓고.

˝ 그래 절에서 그렇게 가는 사람마다 절을 하고.

˝ 그 그렇게 잘 합디다.

˝ 그래 뭐 손님 대접도 잘 하고 그 절에서.

˝ 그 주지 되는 스님이 아직 나이도 몇 살 안 먹었던데.

˝ 그렇게 잘 해요.

˝ 참 잘 합니다.

어머니, 혹시 옛날 단옷날 동네에서 친정이나 여기에서 그 씨름 같은 것 한 적이 있었습니까?

단옷날 씨름 했습니까?

˝ 모르겠습니다, 그런 것은 했는지 어떻게 했는지.

그러면 인제 유월에는 어떤 것이 있었습니까?

˝ 유월에는 뭐 오뉴월에는 농사 짓는다고.

˝ 농사 짓는다고 유월까지는 모내기를 하고.

˝ 모내기를 하고 뭐 이 농촌에는 뭐.

˝ 바쁘잖습니까? 바쁜 철이 돼서.

˝ 그래 뭐 어떻게 넘겼는지.

˝ 마리 그러심니더 어~어.

유워른머.

˝ 유워른머 미껀등 너머간다쿠고.

˝ 미껀등유월 어정:치럴. (웃음)

˝ 둥둥파럴 고마그래 너머간담니더.

예 미끈등유월 어정치뤌 둥둥파뤌.

˝ 그래 농사진따가보~이 마 시가~이 그래빠르담니더.

치러레는 쫌머 행사가 이서슬가튼데예.

˝ 아:휴 치럴도 행사도 업심니더.

˝ 머 더버서머.

백쭝 안인슴니꺼?

저기 치럴.

˝ 백쭝이 읻찌예.

백쭝도읻꼬 그: 칠석또 안이서슴니꺼?

˝ 예.

˝ 칠석또이꼬 백중또인는데.

예.

˝ 칠서게는 엔나레는.

˝ 저: 소미기러가마 소꿍디~이 귀신따라온다꼬.

˝ 저무두룽 이찌마라쿠고. (웃음)

˝ (웃음) 칠서게 예.

예.

˝ 그래언자 어 백쭝에는 조상님 모도.

˝ 조상님나리라꼬 운동하는 나리라꼬.

˝ 지끔 저레모도 가서 조상님 종운고데[127] 가시라꼬 그래모도 빌로[128] 가
사슴니더.

˘ 말이 그렇습니다, 응.

유월은 뭐.

˘ 유월은 뭐 미끄덩 넘어간다고 하고.

˘ 미끄덩 유월 어정 칠월. (웃음)

˘ 둥둥 팔월 그냥 그렇게 넘어간답니다.

예, 미끄덩 유월 어정 칠월 둥둥 팔월.

˘ 그렇게 농사 짓다가 보니 마 시간이 그렇게 빠르답니다.

칠월에는 좀 뭐 행사가 있었을 것 같은데요.

˘ 아이고 칠월도 행사도 없습니다.

˘ 뭐 더워서 뭐.

백중 있잖습니까?

저기 칠월.

˘ 백중이 있지요.

백중도 있고 그 저 칠석도 있었잖습니까?

˘ 예.

˘ 칠석도 있고 백중도 있는데.

예.

˘ 칠석에는 옛날에는.

˘ 저 소 먹이러 가면 소엉덩이에 귀신 따라 온다고.

˘ 저물도록 있지 말라고 하고. (웃음)

˘ (웃음) 칠석에, 예.

예.

˘ 그래 인제 백중에는 조상님 모두.

˘ 조상님 날이라고, 운동하는 날이라고.

˘ 지금 절에 모두 가서 조상님 좋은 데 가시라고 그렇게 모두 빌러 가
쌓습니다.

⁻ 조상엄는지비 이심니꺼?

⁻ 그래모도 빌로가사심니더.

백쭝날 어데 어데서 빔니꺼?

⁻ 저레가서.

저레가서.

⁻ 예.

⁻ 저레가서 조상님 모시난:데가 이심니더.

⁻ 예: 그게 도늘노코.

⁻ 그래 저를 해사심니더.

이때쭘: 데모 얼추 농사 언자 지심메고 하능거 끄단남니꺼?

⁻ 농사는 언자 *끄단나슴니꺼?* 머.

⁻ 언자 추수한:다꼬.

⁻ 마 해: 딜란는다꼬또 욕뽀지.[129]

⁻ 이린데 온 바테는 올개는 끝 다나심니더.

⁻ 가시레는머 오곡짜고글 해 딜론는데.

⁻ 올래는참:부 이래 갈가무 가무라서 다 말라뿌고 바꼬기[130]업땀니더.

⁻ 지일 꼬치가 크니라커네.

⁻ 땅거느 엄는대로 살마데는데.

⁻ 꼬치느 안묵꼬안데는데 꼬치가크니리람니더.

⁻ 꼬치가 전:치 야글처서.

⁻ 모도 쪼깬서인능거 말라죽찌마라꼬 자:꾸 야글치고.

⁻ 또 그거또 안나온담니더.

⁻ 머 비사두룩[131] 꼬치가 나오다아나고.

⁻ 꼬치사묵끼가 제:일 큰니리겐네.

⁻ 땅거는 엄는대 살마뎀니더.

저 파러레는 또 어떵기 이서슴니까?

˝ 조상 없는 집이 있습니까?

˝ 그렇게 모두 빌러 가 쌓습니다.

백중날 어디 어디서 빕니까?

˝ 절에 가서.

절에 가서.

˝ 예.

˝ 절에 가서, 조상님 모셔놓은 데가 있습니다.

˝ 예, 거기에 돈을 놓고.

˝ 그렇게 절을 해 쌓습니다.

이때쯤 되면 거의 농사 인제 김매고 하는 것 끝나잖습니까?

˝ 농사는 인제 끝났잖습니까? 뭐.

˝ 인제 추수한다고.

˝ 뭐 해서 들인다고 또 고생하지.

˝ 이런데 밭에는 올해 끝 다 났습니다.

˝ 가을에는 뭐 오곡잡곡을 해 들여놓는데.

˝ 올해는 전부 이래 가물 가물어서 다 말라 버리고 밭곡(식)이 없답니다.

˝ 제일 고추가 큰일이라고 하네.

˝ 딴 것은 업는 대로 살면 되는데.

˝ 고추는 안 먹고 안 되는데 고추가 큰일이라고 합니다.

˝ 고추가 전부 약을 쳐서.

˝ 모두 조금씩 있는 것 말라 죽지 말라고 자꾸 약을 치고.

˝ 또 그것도 안 나온답니다.

˝ 뭐 비싸도록 고추가 나오지도 않고.

˝ 고추 사먹기가 제일 큰일이겠네.

˝ 딴 것은 없는 대로 살면 됩니다.

저 팔월에는 또 어떤 것이 있었습니까?

˭ 파러른 언자크 가비지.[132]

˭ 으~으 파럴가우.

그:느 우뚜습니까?

˭ 그래또: 머: 일런내 농사지:가주고.

˭ 그래 모도 조상님모신다꼬.

˭ 그 정성껀 해가온.

˭ 그래언자 모도 도시:서모도 자식뜰 오고.

˭ 그래 조상님저네 그래머.

˭ 모도 지소로[133] 장마내노코 저를하고 앙그램니꺼?

그나른 머 그네도띠고 이래안함니까?

˭ 예 엔나레는.

군데띠기 캐씀니까?

˭ 저: 머 나무에다 조온낭게다가[134] 그네쭐로 매:노코.

˭ 그래 모다 군데띠고.

˭ 또 이: 중녀네는또.

˭ 머 노래자랑한다꼬 노래도 불러사코.

˭ 이래핸는데 요새는머 초네 사람도업꼬.

˭ 애:들도 억꼬.

˭ 그래 파러리 너머감니더.

혹시 그: 파럴데메는 머 강강술래사코 엔나레 그렁기 이승거가튼데.

˭ 엔나레 아:드리 그래해사:씀니더.

그어하먼 생각나시모 말씀해주이소.

˭ 아이구 모르게시미더. (웃음)

˭ 그래 아:드리 그어사습떠.

˭ 강강술래 캐사미서.

˭ 이리 저거꺼정모도 붇뜰고.

˝ 팔월은 인제 그 가위지.

˝ 응, 팔월 가위.

그것은 어떻습니까?

˝ 그래 또 뭐 일년 내내 농사 지어 가지고.

˝ 그래 모두 조상님 모신다고.

˝ 그 정성껏 해 가지고.

˝ 그래 인제 모두 도시에서 모두 자식들 오고.

˝ 그렇게 조상님 전에 그렇게 뭐.

˝ 모두 제수를 장만해 놓고 절을 하고 그러잖습니까?

그날은 뭐 그네도 뛰고 이렇게 하지 않습니까?

˝ 예, 옛날에는.

군데뛰기라고 했습니까?

˝ 저기 뭐 나무에다 좋은 나무에다가 그넷줄을 매어 놓고.

˝ 그렇게 모두 그네 뛰고.

˝ 또 이 즈음에는 또.

˝ 뭐 노래자랑한다고 노래도 불러 쌓고.

˝ 이렇게 했는데 요새는 뭐 촌에 사람도 없고.

˝ 애들도 없고.

˝ 그렇게 팔월이 넘어갑니다.

혹시 그 팔월 되면은 그 강강술래라고 하고 옛날에 그런 것이 있은 것 같은데.

˝ 옛날에 애들이 그렇게 해 쌓았습니다.

그 한 번 생각나시면 말씀해 주십시오.

˝ 아이고 모르겠습니다. (웃음)

˝ 그래 애들이 그렇게 해 쌓습디다.

˝ 강강술래라고 해 쌓으면서.

˝ 이렇게 자기들끼리 모두 붙들고.

‾ 그거그 그래 머슨소리 해사터마는.

(웃음)

그: 또 추서데메는 머: 또 안 만듬니까 뭉는거.

요서 머 송피니라캠니까, 기떠기라 캄니까?

‾ 예 송펜송펜 안함니꺼?

그 송페는 우째함니까?

‾ 송페는.

‾ 모도 새곡석 해가주고.

‾ 캬오: 오오: 옹가새곡서글 해가주고.

‾ 그래언자 싸를 빠사:서.[135]

‾ 그 머 자꼬글 소로[136]여쿠 그래가 송펜해:서.

‾ 그래 항거석[137] 다마노코.

‾ 그래머.

‾ 머 작꼭썩거서 찰 찰떡또 해서 노코.

‾ 그래 해사슴니더.

송펜아네 머가 드러감니꺼?

‾ 송펜아네는 콩도빠사:서.

‾ 콩꼬물도 드러가고.

‾ 또 동비:이라꼬[138] 예 양대라컴니더 그거를.

‾ 그 숭구서 그거또 양대도 쌀마서 양대고물도 하고.

‾ 그래 드러감니더.

송펜모야~이 우뚜슴니꺼?

‾ 모양이 여러:가지지예.

‾ 모야~이머 동글동글하~이도 맨들고.

‾ 쩰쫌하~이도 맨들고.

‾ 머 이 지줌[139] 솜씨대로 그래머 여러가짐니더.

˹ 그거 그 그렇게 무슨 소리 해 쌓더니만.

(웃음)

그 또 추석 되면은 뭐 또 만들잖습니까, 먹는 것.

여기에서 뭐 송편이라고 합니까, 귀떡이라고 합니까?

˹ 예, 송편 송편 하잖습니까?

˹ 그 송편은 어떻게 합니까?

송편은.

˹ 모두 새 곡식 해 가지고.

˹ 그 오 오 온갖 새 곡식을 해 가지고.

˹ 그래 인제 쌀을 빻아서.

˹ 그 뭐 잡곡을 속으로 넣고 그렇게 송편해서.

˹ 그래 한껏 담아 놓고.

˹ 그래 뭐.

˹ 뭐 잡곡 섞어서 찰 찰떡도 해서 놓고.

˹ 그래 해 쌓습니다.

송편 안에 뭐가 들어갑니까?

˹ 송편 안에는 콩도 빻아서.

˹ 콩고물도 들어가고.

˹ 또 동부라고, 예 양대라고 합니다, 그것을.

˹ 그 심어서 그것도 동부도 삶아서 동부고물도 하고.

˹ 그렇게 들어갑니다.

송편 모양이 어떻습니까?

˹ 모양이 여러 가지지요.

˹ 모양이 뭐 동글동글하게도 만들고.

˹ 길쭉하게도 만들고.

˹ 뭐 이 각자 솜씨대로 그렇게 뭐 여러 가지입니다.

ᐧ 모나기도 하고.

구월따레는 또 머가 이서슴니까?

ᐧ 구월따른언자 가으란함니꺼?

ᐧ 가으런자 농사지이나앙거모도 거다디리고.

ᐧ 올해 지끄믄 구월따레 가으리 끄치 다 얼추 다 남니더.

ᐧ 여게는 마늘로 숭구니 전:치 마늘 다마내기.¹⁴⁰⁾

ᐧ 엔나레는 시월딸꺼정 핸는데.

ᐧ 지끄믄 이드른 나락 저거 노러무리하마 다빔니더.

ᐧ 나락 입뚜 익뚜룩 안나뚬니더.

ᐧ 마늘 하그리 하러로 늑까:숭구마 마느리손해고.

ᐧ 일찌기숭구마 드기고 그러탐니더.

ᐧ 그러~잉께네마 망: 나라글 머머 푸르등가마등가 다비이뻼니더.

ᐧ 그리비이뿌고마 일찌기 마늘숭구노오마 마느리 서라래시:푸러~이 꽉:
안어불림니꺼?

ᐧ 그거 마늘롱사로 크기생각찌 나랑농사저거는 생각안함니더.

ᐧ 여:는머 나랑농사는 생각안함니더.

ᐧ 머 양시이나 하고모도 그기지.

그럼 그 마늘 구월따레 그: 숭군다 말씀임니까?

ᐧ 예.

ᐧ 올해는 파럴따레 숭군다컵띠더 윤다리 이써서.

ᐧ 지끔 집찌비 마늘깜니더.

ᐧ 그래언자 마늘 쪼가리르까가주고 구월따레 다 숭군다컵띠더.

ᐧ 여:게는머 머 농사 마늘마~이 숭구는사라믄머 열따썬뽀루꼬도¹⁴¹⁾ 숭구
고머머.

ᐧ 머 말:몬함니더.

ᐧ 그래가전:치 마늘로가 삼니더.

˭ 모나기도 하고.

구월달에는 또 뭐가 있었습니까?

˭ 구월달에는 인제 가을하잖습니까?

˭ 가을 인제 농사 지은 것 모두 거둬들이고.

˭ 올해 지금은 구월달에 가을이 끝이 다 얼추 다 납니다.

˭ 여기는 마늘을 심으니 전체 마늘, 양파.

˭ 옛날에는 시월달까지 했는데.

˭ 지금은 이 들은 벼 저것 노르끼하면 다 벱니다.

˭ 벼 익도(록) 익도록 안 놓아 둡니다.

˭ 마늘 하루 하루를 늦게 심으면 마늘이 손해고.

˭ 일찍 심으면 득이고 그렇답니다.

˭ 그러니까 뭐 막 벼를 뭐 뭐 푸르든지 말든지 다 베어 버립니다.

˭ 그렇게 베어 버리고 뭐 일찍이 마늘 심어 놓으면 마늘이 설 전에 시퍼렇게 꽉 어울리잖습니까?

˭ 그것 마늘 농사를 크게 생각하지 벼농사 저것은 생각 안 합니다.

˭ 여기는 뭐 벼농사는 생각 안 합니다.

˭ 뭐 양식이나 하고 모두 그것이지.

그럼 그 마늘 구월달에 심는다는 말씀입니까?

˭ 예.

˭ 올해는 팔월달에 심는다고 합디다, 윤달이 있어서.

˭ 지금 집집이 마늘 깝니다.

˭ 그렇게 인제 마늘 쪽을 까 가지고 구월달에 다 심는다고 합디다.

˭ 여기는 뭐 뭐 농사 마늘 많이 심는 사람은 뭐 열다섯 블록도 심고, 뭐 뭐.

˭ 뭐 말 못합니다.

˭ 그렇게 해 가지고 전부 마늘을 가지고 삽니다.

˙ 마늘로가꼬 사는데라서 딴농사는 힘안씜니더.

머 아까 농사 마늘농사지일때 머선 머.

엔날거트모머 멘마지기진는다 멘펭진는다 그랜는데.

˙ 예.

아까 어머~이 말쓰메는 보모 머 멘뽀로꼬 진는다**.

멘뽀로코 ***.

˙ 엔나레는 민 마지기 캔는데.

˙ 지끄믄 한부루꾸가 구십 저 구백아홉펭가 머꼬? 야:야!

= 그 구백 한 천펭뎀니더.

아:.

˙ 에 함 한:도가리가 그러슴니더.

˙ 그렁께 그그로 마 열 열또가리도지꼬 열따서또가리도지꼬 마늘로 그래숭굼니더.

˙ 그래숭구머예 이 보메 마늘캘때마.

˙ 온::데머 차완~이다 머 진해다머 온:천지사래미 여:다옴니더.

˙ 다 와서 숭구고.

˙ 보메 사월따레 캘쩨도 그러코.

˙ 사라미 마:~이 모아듬니더.[142]

˙ 기 이이 동네 이래비이도예 돈 만슴니더.

아: 그래 마~이 그 저쩌 시월따레는 머를 함니까?

˙ 시월따레넌자 농사 얼:추 지이노코.

˙ 시월초하린날버텅[143] 우리 성씨네는 시월초하린날버텅 모사[144] 시작심니더.

˙ 모사 대종모사르 시월초하린날 지냄니더.

˙ 요::아페 저: 큰 조상.

˙ 예 여:드로는데 맥산:서[145] 드로마.

＂ 마늘을 가지고 사는 데라서 딴 농사는 힘 안 씁니다.

뭐 아까 농사 마늘 농사 지을 때 무슨 뭐.

옛날 같으면 뭐 몇 마지기 짓는다, 몇 평 짓는다 그랬는데.

＂ 예.

아까 어머니 말씀에는 보면 뭐 몇 블록 짓는다**.

몇 블록 ***.

＂ 옛날에는 몇 마지기라고 했는데.

＂ 지금은 한 블록이 구십 저 구백아홉 평인가 뭐냐? 애야!

＂ 그 구백, 한 천 평 됩니다.

아.

＂ 에 한 한 도가리가 그렇습니다.

＂ 그러니까 그것을 뭐 열 열 도가리도 짓고 열다섯 도가리도 짓고 마늘
을 그렇게 심습니다.

＂ 그래 심으면요, 이 봄에 마늘 캘 때면.

＂ 온 데 뭐 창원이다 뭐 진해다 뭐 온 천지 사람이 여기 다 옵니다.

＂ 이 와서 심고.

＂ 봄에 사월달에 캘 적에도 그렇고.

＂ 사람이 많이 모여듭니다.

＂ 그 이 이 동네 이렇게 보여도요 돈 많습니다.

아, 그렇게 많이, 그 저 시월달에는 무엇을 합니까?

＂ 시월달에는 인제 농사 얼추 지어 놓고.

＂ 시월 초하룻날부터 우리 성씨네는 시월 초하룻날부터 묘사 시작합니
다.

＂ 묘사 대종 묘사를 시월 초하룻날 지냅니다.

＂ 여기 앞에 저 큰 조상.

＂ 예, 여기 들어오는데, 맥산에서 들어오면.

˚ 창녕서드로마 여: 사~이 안이습디꺼?

˚ 그: 젤: 크너어르~인데.

시조하라버지예?

˚ 예 시조하라버지예.

˚ 그게 ** 온천: 모도 이 성씨네가 다 모아가주고.

˚ 그 초하룬난버텅 지냄니더.

˚ 그래 지내마.

˚ 머: 보름끼까지 그리 대종모사로 모심니더 이래고.

˚ 대종모사 모시고나야 모도 언자 지줌파종에 또 모사로모시고.

그렇께 시월따레는 언자 마 모사 모시는 다리다이****?

˚ 예.

˚ 시월따른 모사달 아임니꺼?

예:.

그럼 동지따레는 우째함니까?

˚ 동지따레는언자 농사 다지이노코 핀하지예.

˚ 동지서따른 안핀함니꺼?

그 트키언자 동지따레는 마마 파쭈글아마 끼리가지고 앙그래슴니꺼?

˚ 예.

파쭈근 우찌 끼리는지예?

˚ 동지따레 파쭉끼린다꼬 그어사심니더.

파쭉또 머머 여러:가지가 이슬꺼 가튼데.

˚ 예.

그 파쭉끼리능거:.

˚ 예.

어머~이 끼려보셔떤 그: 경험담 하먼 들리주이소.

(웃음)

˹ 창녕에서 들어오면 여기 산이 있잖습디까?

˹ 거기가 제일 큰어른인데.

시조 할아버지요?

˹ 예, 시조 할아버지요.

˹ 거기에 ** 온 천지 모두 이 성씨네가 다 모여 가지고.

˹ 그 초하룻날부터 지냅니다.

˹ 그렇게 지내면.

˹ 뭐 보름까지 그렇게 대종 묘사를 모십니다, 이렇고.

˹ 대종묘사 모시고 나야 모두 인제 각자 파종에 또 묘사를 모시고.

그러니까 시월달에는 인제 뭐 묘사 모시는 달이다 {X그렇지요X}?

˹ 예.

˹ 시월달은 묘사달이잖습니까?

예.

그럼 동짓달에는 어떻게 합니까?

˹ 동짓달에는 인제 농사 다 지어놓고 편하지요.

˹ 동지섣달은 편하잖습니까?

그 특히 인제 동짓달에는 마 마 팥죽을 아마 끓여 가지고 그랬잖습니까?

˹ 예.

팥죽은 어떻게 끓이는지요?

˹ 동짓달에 팥죽 끓인다고 그리해 쌓습니다.

팥죽도 뭐 뭐 여러 가지 있을 것 같은데.

˹ 예.

그 팥죽 끓이는 것.

˹ 예.

어머니 끓여 보셨던 그 경험담 한 번 들려 주십시오.

(웃음)

- 엔나레느 식꾸가 마느~이.[146]

- 식꾸가 마느~이.

- 엔날 조선 소치 조선솥 조선시[147]소치 이서싰습니더.

- 그: 소테다가 주글한:소서 이래파틀쌀마 그래 끼리마.

- 언자 새알로[148] 비비:서[149] 수지비로[150] 마:니 비비노코.

- 그레언자 주글 끼림니더.

- 그레끼리노오마 모다 식꾸대로 그래 퍼다묵꼬.

- 머 이우사람도 갈라묵꼬.

- 그랜데 지끔은 팥쭉도앙끼림니더.

- 팥쭉끼리는 사람도 업슴니더.

그땐머 팥쭉 새알 그: 무우메는 또머 나한살 더뭉는다사코 그런말.

- 나한살 더묵꼬. (웃음)

그래서 새알머 멕께 더무우가:꼬 나한살 더무울끼라 이런 그 그런얘기도 이서찌예?

- 그어 사앟슴니더.

그렁거 얘기쫌 해주이소.

- 이새알 작끼무우모 나 작끼뭉는데이[151] 이사코.

- 그을 얼서근너믄 고지득꼬.

- 그 머 또 앙고지든는너믄 앙고지득꼬.

- 그래모도 주글끼리가주고 그래 마~이퍼노코 엔나레는그래.

- 퍼다무우산:데 지끄믄 파죽또안묵꼬.

- 무울사람도 업꼬.

- 그얼또 멩절아임니꺼 동지.

그라모 섣따레는 우째슴니까?

- 서딸도머 그럭저럭고마 섣딸한달마 핑키 안 너머감니꺼?

- 그래머 일려니머 그래 퍼뜩거슴니더.

― 옛날에는 식구가 많으니.

― 식구가 많으니.

― 옛날 조선솥이 조선솥 조선쇠솥이 있었습니다.

― 그 솥에다가 죽을 한 솥씩 이렇게 팥을 삶아 그렇게 끓이면.

― 인제 새알심을 비벼서 수제비를 많이 비벼 놓고.

― 그렇게 인제 죽을 끓입니다.

― 그렇게 끓여 놓으면 모두 식구대로 그렇게 퍼다 먹고.

― 뭐 이웃 사람(과)도 나눠 먹고.

― 그랬는데 지금은 팥죽도 안 끓입니다.

― 팥죽 끓이는 사람도 없습니다.

그때는 뭐 팥죽 새알심 그것 먹으면 또 뭐 나이 한 살 더 먹는다고 하고 그런 말.

― 나이 한 살 더 먹고. (웃음)

그래서 새알심 뭐 몇 개 더 먹어 가지고 나이 한 살 더 먹을 거야 이런 그 그런 얘기도 있었지요?

― 그렇게 해 쌓았습니다.

그런 것 얘기 좀 해 주십시오.

― 이 새알심 적게 먹으면 나이 적게 먹는다이 이렇게 해 쌓고.

― 그것을 어리석은 사람은 곧이듣고.

― 그 뭐 또 곧이듣지 않는 사람은 곧이듣지 않고.

― 그렇게 모두 죽을 끓여 가지고 그렇게 많이 퍼 놓고 옛날에는 그렇게.

― 퍼다 먹어 쌓았는데 지금은 팥죽도 안 먹고.

― 먹을 사람도 없고.

― 그것도 명절이잖습니까, 동지.

그러면 섣달에는 어떻게 했습니까?

― 섣달도 뭐 그럭저럭 그냥 섣달 한 달 뭐 편하게 넘어가잖습니까?

― 그래 뭐 일년이 뭐 그렇게 퍼뜩 같습니다(재빨리 지나갑니다).

저: 서딸그뭄나레는 머 잠자모 머 머리가 세:진다사코.

ᐨ 예예.

머::.

ᐨ 눈서비 시니.

아: 눈서비 신다 캐슴니까?

그래서 우 그렁거 안이서슴 잠 몬자거 하고.

고렁거 한말씀.

ᐨ 엔나레 저거모도 여 여러시크마.

ᐨ 그래 장난할라꼬 그래 앙그래사아심니꺼?

저 섣달 그믐날에는 뭐 잠자면 머리가 세진다고 하고.

⁻ 예, 예.

뭐.

⁻ 눈썹이 세니.

아 눈썹이 센다고 했습니까?

그래서 우(리) 그런거 있었잖습{X니까X}, 잠 못자게 하고.

그런 것 한말씀.

⁻ 옛날에 자기들 모두 여 여럿이 크면.

⁻ 그렇게 장난하려고, 그렇게 그렇게 해 쌓았잖습니까?

■ 주석

1) ‘게시마’[LLH]. 계시면. 표준어 ‘계시다’의 경남방언은 ‘게시다, 기시다’[LLH]이
   다. ‘-마’는 창녕지역어의 조건을 나타내는 연결어미의 하나이다.
2) 정울딸내:[HLLH시]. 정월달 내내. ‘내:’는 일반적으로 저조 장음인 [L:]로 발음되
   는데, 여기에서는 하강조로 발음되었다.
3) 무슨 말을 시작하려다 멈춘 발음이다.
4) ‘수하드리’[HHHL]. 아랫사람들이.
5) ‘시수로’[LLH]. 세수를. ‘로’는 ‘르’이나 모음으로 끝난 체언 뒤에 오는 대격조
   사의 하나이다. ‘시수’는 ‘세수’에서 변한 말인데, 창녕지역어에서는 ‘(ㅓ〉〉ㅔ〉
   ㅣ’ 고모음화가 매우 생산적으로 일어난다.
6) ‘엔날’[LH]. 옛날. ‘옛날’은 보통 ‘엔날’로 발음되지만, ‘옌날’로도 발음된다.
7) ‘지우로’[LLH]. 제사를. 경남방언에서 ‘제사’는 ‘지사’[LH], 또는 ‘지우’[LH]라 한
   다. 아래의 발화를 보면, ‘지사’도 나온다.
8) ‘마네~잉께네’[LLLHH]. 많으니까. ‘-잉께네’는 ‘-응께네’에서 온 것인데, 이유나
   원인을 나타내는 연결어미의 하나이다.
9) ‘덕서김니더’[LHLLL]. 멍석입니다. ‘멍석’을 경남방언에서는 ‘덕석’[LH]이라고
   한다.
10) ‘음부글’[LLH]. 음복을. ‘음복’(飮福)을 경남방언에서는 ‘음북’[LH]이라고 한다.
11) ‘기차찝’[HLL]. 지찻집. ‘지차’가 ‘기차’로 발음되는 것을 가리켜 ‘과도 교정’이
   라 한다.
12) ‘여:도’[H시]. 여가도, 사이도. ‘여가’는 경남방언에서 하강조인 ‘여:’[H시]로 발음
   된다.
13) ‘여게’[HL]. 여기에. ‘여기에’를 뜻하는 경남방언에는 ‘여:’[H시]와 ‘여게’[HL]가 있
   다. 공시론적으로 볼 때, ‘여게’는 ‘여기+에’로 분석 가능하지만, ‘여:’에 대한
   설명은 쉽지 않다. 이론적으로 말하면, ‘여’가 ‘여기’의 뜻이고 장음(하강조)은
   처격조사 ‘에’가 앞 모음에 완전 동화한 결과이다. ‘여기’가 ‘여’로 되는 과정이
   설명하기 어려운 부분이다. 경남방언 처격조사 ‘에’가 체언의 끝소리가 ‘ㅇ’이
   거나 모음이면 앞 체언의 마지막 모음에 완전 동화되는 일은 유명하다.
   ‘거:’[H시]/거게’[HL], 저:’[HL]/저게’[HL]’도 같은 양상을 보인다. ‘이, 그, 저’와 관련

되면서도 모음이 변이하는 '요:/요게, 고:/고게, 조:/조게'도 성조까지 동일한 양상을 보인다.

14) '하~이께네'[HLLL]. 하니까. '-이께네'는 '-잉께네'에서 'ㅇ'이 탈락한 것인데, 'ㅇ'은 'ㄴ'에서 기원한 것이다. 따라서 그 최대형은 '하니이ㄴ께네'가 된다. '하-'는 어간이고 '-니'는 연결어미인데, 그 뒤에 '-ㄴ께네'가 덧붙은 것이다. 이 '-ㄴ께네'는 표준어 '까'에 해당하는 것이다.

15) '사래도'[HLL]. 살아도. '사래도'도 아니고 '사라도'도 아닌 그 중간쯤 되는 발음이다.

16) '저럼'[HL]. '정올'(=정월)을 발화하려다 잘못한 발음이다.

17) '자원'[LH]. '자원'의 정확한 의미 파악은 쉽지 않다. 이것이 한자어 '資源'의 뜻이라면, 그것은 [HH]처럼 두 음절 다 고조로 실현되어야 한다. 문맥으로 본 뜻은, '잘 되기를 빎' 정도이다.

18) '할라꼬'[LLH]. 하려고. 의도를 나타내는 '-으려'는 경남방언에서 '-을라'로 실현된다.

19) '새부게'[LHL]. 새벽에. '새벽'은 경남방언에서 '새북'[LH]으로 실현된다.

20) '이찌기'[HLL]. 일찍이.

21) '넘머~이'[HHL]. 남보다 먼저. '넘'[H]은 '남'이고 '머~이'[LH]는 '먼저'라는 뜻의 경남방언이다. '남(보다) 먼저'의 뜻으로는 언제나 '넘머~이'가 쓰인다.

22) '끼리가주고예'[HLHLLL]. 끓여 가지고요. '끓이다'의 경남방언은 '끼리다'[HLL] 이다. '예'는 청자 높임의 조사 '요'의 경남방언형이다.

23) '아:고'[H^L]. 애고. '애'의 경남방언은 '아:'[H^]이다. '(이)고'는 접속조사의 하나.

24) 이 문장은 통사적으로 잘못된 것이다. '와::'(=왜)와 같은 의문사가 나오면, 문말은 '-습니꺼'와 같은 의문형으로 호응해야 하는데도 여기에서는 '-습니더' 형식으로 끝났기 때문이다. 의문문으로 하려다 도중에 평서형으로 문형을 바꾼 예가 될 것이다.

25) '기밝:개'[LH:L]. 귀밝이술.

26) '아:들미미'[H^LLH]. '애들 면면이'의 뜻인 것으로 보인다. '아:들'[H^L]은 '애들, 아이들'이라는 뜻이고, '아들'[HL]은 '아들'이라는 뜻이다. 하강조 성조 여부가 결정적인 의미 차이를 유발하는 예라 할 수 있다. '미미'[LH]는 '면면(이)'의 뜻인 것으로 보인다. 따라서 이 말은 '애들 모두에게' 정도의 의미로 받아들여진다.

27) '그래다'[LLH]. 그러지도, 그렇게도. '다'는 보조사 '도'의 경남방언형이다. '먹

지도 않는다'를 경남방언에서는 '묵따 안한다'[HL LHL]라고 한다.

28) '수시'[LH]. 수수.

29) '조비'[HL]. 조.

30) '디딜빠~아:다가'[HLLLLL]. 디딜방아에다가. 장음은 처격조사 '에'가 '바~아'의 '아'에 완전 동화된 결과로 나타난 것이다. 경남방언 처격조사 '에'는 체언이 'ㅇ'으로 끝나거나 모음으로 끝나면, 체언의 마지막 모음에 완전 동화된다는 특색이 있다.

31) '씰거마'[HLL]. 쓿면. '쓿다'를 경남방언에서는 '쐃다'[HL]라고 한다.

32) '씨꺼서'[HLL]. 씻어서. '씻다'는 경남방언에서 '씪다'[HL]로 실현된다.

33) '밥버텅'[HHL]. 밥부터. '버텅'[HL]은 '부텅'으로도 실현되는, '부터'의 경남방언형이다.

34) '주모'[HL]. 주면. '조건'을 나타내는 연결어미 '-면'은 창녕지역어에서 '-마'인데, 여기에서는 '-모'에 가깝게 실현되었다. '-모'는 중부 경남방언형이다.

35) '파래~이'[LHL]. 파리. '파리'는 경남방언에서 '포리'[HH], '포래~이'[HHL]와 같이 '오'로 실현되는 지역과 '파래~이'[HHL][LHL]와 같이 '아'로 실현되는 지역으로 대별된다. 함양, 산청 지역 일부에서는 '퍼리'[HH]로 발음되기도 한다.

36) '너도'[HL]. 너도. 구술발화 녹취 중에, 제보자 할머니의 막내아들인 성기각 박사(시인)도 함께 있었다.

37) '야:야'[H:H]. 애야.

38) '하:항기:'[L:HH^]. 하얀 것이. '하얗다'의 경남방언은 '하:핳다'[L:HH]이다. '기:'[H^]는 '것이〉거이〉게:〉기:'로 변화한 것이다. 따라서 주격조사가 포함된 형태이다.

39) '노르짱:하~이'[LLL:HL]. 노르스름하게.

40) 무슨 뜻인지 알기 어려운 말이다.

41) '어부'[HL]. 제법. '제법'은 경남방언에서 '어부, 어북'[HL] 등으로 실현된다.

42) '개기::'[LH::]. 개에게. 이 지역어 이른바 여격조사의 한 특징은, 기원적으로 속격조사인 '에'('에게'의 '에')를 지배하지 않고 그냥 '게'를 체언 뒤에 통합한다는 점이다. 중세국어에서는 절대 다수의 예가 속격조사 '-싀/의, ㅅ'을 지배했지만, 다음과 같이 속격조사를 요구하지 않고 체언 뒤에 바로 통합하는 '게'도 있었다. 〈보기〉 五百釋女ㅣ … 華色比丘尼게 出家ᄒᆞ야 (월석 10:23). 몰게 두 쌜 나고 (남명, 상:67). 그런데 여기에서는 '게'가 고모음화된 '기'로 실현되었다. 장음들은 제보자의 감정이 이입된 인상적인 것이다.

43) ‘비룩또’[HLL]. 벼룩도. ‘벼룩’은 경남방언에서 ‘베룩, 비룩’[HL] 등으로 실현된다.

44) ‘간능고’[HHL]. 갔는지. ‘가-+-앗-+-능고’로 분석된다. ‘-능고’는 간접 의문문에 쓰인 복합 의문형 어미이다. 의문사(어데로)가 있어서 ‘고’ 형식으로 끝났다. ‘간능고’는 ‘간능공’으로도 실현된다.

45) ‘개패리가’[LLHL]. 개파리가. 여기에서는 ‘개파리’가 움라우트된 발음인 ‘개패리’[LLH]로 실현되었다.

46) ‘아리’[HH]. 알이.

47) ‘씰코’[HL]. 슬고. ‘슬다’는 경남방언에서 ‘쓿다’[HL]로 실현된다.

48) ‘논는’[LH]. 낳는. ‘낳다’를 경남방언에서도 ‘낳다’[HL]라고 하지만, ‘놓다’로 실현되기도 한다. ‘놓다’(置)는 ‘놓다’로 실현되기도 하지만, 많은 경우 ‘낳다’로 실현돼 두 어형은 문맥을 보고 해석해야 할 경우가 많다.

49) ‘절므니’[HLL]. 젊은이. ‘니’는 부분적으로 비모음화한 ‘~이’로 들리기도 한다. 경남지역에서는 ‘젊은이’를 ‘절므니’라고 말하는 경우는 드물다. 제보자 할머니의 개인어로 볼 수 있다.

50) ‘짜다라’[LHL]. (숫자가) 매우 많이. ‘짜다라’의 성조는 일반적으로 [HHL]이지만, 여기에서처럼 [LHL]로 발음되기도 한다. 수가 매우 많을 때 이 표현을 쓴다. “짜다라 이: 싸터라”[HHL H^ LHL](=매우 많이들 웃어 쌓더라)와 같은 데서 그 전형적인 표현을 발견할 수 있다.

51) ‘산만대~이’[LLHL]. 산꼭대기. ‘꼭대기’를 뜻하는 말로, ‘꼭대기’[LHL]도 있고, ‘만대~이, 먼대~이’[LHL]도 있다. 두 말 사이의 차이점을 발견하기란 쉬운 일이 아니다.

52) ‘해마지’[HHL]. 해마다. ‘마다’에 해당하는 창녕지역어는 ‘마지, 마중’[HL]이다.

53) ‘다리비’[LHL]. 다리미.

54) ‘지불로리’[HHLL]. 쥐불놀이.

55) ‘발꼬’[LH]. 밟고. 표준어 ‘밟다’는 경남방언에서 ‘밟다’ 지역과 ‘볿다’ 지역으로 나뉘는데, 창녕지역어는 전자에 속한다.

56) ‘윤노리’[LHL]. 윷놀이.

57) ‘메구도’[LHH]. 풍물놀이도. ‘풍물놀이한다’를 경남방언에서는 ‘메구친다’[LLHH]라고 한다. ‘꽹과리’를 ‘메구’라고 한다는 말도 있으나, 이는 잘못된 것이다. 경남방언에는 ‘메구친다’와 구별되는 ‘쎄친다, 씨친다, 쇠친다, 시친다’[HHL]라는 말이 있는데, 후자는 ‘꽹과리’나 ‘징’과 같은 ‘쇠’로 된 악기를 친다는 것이다. 그러니까 ‘메구치는’ 것은 풍물놀이를 하는 것 전체를 말하는 것이고, ‘쎄치는’

것은 '메구치는' 한 부분을 이루는 꽹과리나 징을 친다는 뜻이다. 상황에 따라 '쎄친다'는 말을 풍물놀이한다는 의미로 쓰기도 하지만, 원론적으로는 이렇게 구별되는 것이다.

58) '함ː[Lˇ]. 한 번.

59) '발브모'[HLL]. 밟으면. 정상적인 창녕지역어로는 '발브마'가 되는데, 여기에서는 '-마'가 '-모'로 발음되었다. 제보자 할머니의 경우, 절대 다수는 '-마'이지만 간혹 '-모'도 등장한다.

60) '쪼깰쩌'[LLH]. 조그마할 적, 어릴 적. '작다, 적다, 조그맣다' 등으로 대역되는 말로 경남방언에 '쪼깰타(←쪼깷다)'[LLH]라는 말이 있다. '쪼깰하다'[LLHL]에서 온 말일 것이다. 본문의 '쪼깰쩌'는 '쪼깰하+-ㅭ(관형사형어미)+저(=적)'로 분석되는데, '하-'와 함께 어간에 있는 'ㄴ'까지 탈락한다는 점이 특이하다.

61) '삽짜게'[LHL]. 사립문에.

62) '쐬르'[HL]. 쇠를. '쇠'는 꽹과리나 징과 같은 것을 말한다. '쇠친다'는 말은 의미가 확대되어 풍물놀이를 한다는 뜻으로도 쓰인다. 창녕지역어는 단모음 [ø]나 자음 뒤에 이중모음 [wɛ]가 발음되지 않는 지역인데, 제보자 할머니는 이 대목에서 정확하게 [sˈø]라고 발음하였다. 그러나 아래에서는 '씨'와 '쒸'[sˈwi]로도 발음되었다.

63) '구카미'[HLL]. 그렇게 말하며. 아래에서는 '그카미'로 실현되었다. '구/그'는 지시사와 관련된 것이고, '카'는 '-고 하-', 또는 '-게 하-'에서 줄어든 것이다. 이 경우는 '-게 하-'에서 줄어든 것으로 이해된다. '-미'는 동시 동작을 나타내는 '-며'의 창녕지역어이다.

64) '나그네'[HLL]. 나그네.

65) '성주'[HL]. 성주. '성주'는 가정에서 모시는 신의 하나인데, 집의 건물을 수호하며 가신(家神) 가운데 맨 윗자리를 차지하는 신이다.

66) '어는'[HL]. 어느. 관형사 '어느'가 경남방언에서는 종종 '어는'으로 실현된다.

67) '모신노'[LHH]. 모셨나. 서술어가 용언이고 의문사(어는)가 있으면, 의문형 어미는 '-노'가 된다.

68) '씨톱태톱'[HHLH]. 쇠톱대톱. '씨톱'은 '쇠톱'. '태톱'은 '대톱'(큰 톱)에서 발음이 강하게 된 결과이다.

69) '조앙'[HH]. 조왕(竈王). '조왕'은 부엌을 맡는다는 신인데, 늘 부엌에 있으면서 모든 길흉을 판단한다고 한다.

70) '문서가'[LHL]. 문서가. 여기에서 말하는 '문서'는 '구전해 오던 여러 가지 문

구'이다.

71) ‘쒸'[H]. 쇠. ‘쒸'의 발음은 [sʼwi].

72) ‘서낭님'[LHL]. 서낭신. ‘서낭신'은 토지와 마을을 지켜 준다는 신을 말한다.

73) ‘불써노코'[LLHL]. 불 켜 놓고. 경남방언에서 ‘켜다'는 ‘씨다'[HH]와 ‘케다'[HL]로 실현된다. 다음 발화에서는 ‘케다'가 실현되었다.

74) ‘케:노코'[HˑHL]. 켜 놓고. ‘켜다'가 여기에서는 ‘씨다'가 아닌 ‘케다'로 실현되었다.

75) ‘장바다'[LLH]. ‘잔 받아'로 대역했으나, 이 의미라면 성조는 [HHL]로 되어야 하는데 그러지 않아 이상하다. 그리고 ‘잔'은 경남방언에서 ‘잔'이지 ‘장'이 아니다. ‘장'으로 실현된 점과 성조로 보면, ‘장을 봐다' 즉, ‘시장을 보아'로 해석하는 것이 더 합리적이다. 그러나 문맥으로 보면, ‘잔 받아'로 해석할 수밖에 없다.

76) ‘지줌'[LH]. 각자. 경남방언 재귀대명사의 한 특징은, ‘각자'에 해당하는 재귀대명사 ‘지줌'과 ‘지끼미'[LHL]가 있다는 점이다. 나머지 재귀대명사의 체계는 표준어 ‘저'에 대당하는 것은 ‘지'[L], ‘자기들'에 대당하는 것은 ‘저거'[LH](복수), ‘당신'에 대당하는 것은 ‘자기'[HH]이다.

77) ‘땅코'[HL]. 땋고. ‘땋다'의 경남방언은 ‘땅다'[HL]이다.

78) ‘궁초댕기'[LLHL]. 궁초(宮綃)댕기.

79) ‘디리고'[HHL]. 드리고.

80) ‘몬떠는'[LHH]. 못 뛰는. 부사 ‘못'의 경남방언은 ‘몬'[L]이다.

81) ‘군데도'[LHL]. 그네도. ‘그네'의 경남방언은 ‘군데'[LH]이다.

82) ‘기르믈'[HLL]. 기름을. ‘기름'의 경남방언은 ‘지름'[HL]이었지만, 이제는 표준어의 영향으로 상당 부분 ‘기름'이 되었다.

83) ‘여언능가'[HLLL]. 넣었는가. ‘넣다'의 경남방언은 ‘옇다'[HL]이다. ‘-능가'는 의문사 없는 간접 의문문에 쓰이는 어미이다.

84) ‘딩가'[LH]. 댕겨. ‘댕기다'는 경남방언에서 ‘뎅가다, 딩가다'[LHL]로 실현된다.

85) ‘큰서라임니꺼?'[HHLLLL]. 큰 설이잖습니까? ‘큰설+아이-(=아니-)+-ㅁ 니꺼(=-ㅂ 니까)'로 분석된다. 경남방언 부가의문문의 형식은 독특하다. 해라체의 경우는 ‘X이다 아이가?'(=X이잖니? X는 체언), ‘X아이가?'(=X이잖니?)'와 같은 두 형식이 가능하고, 하이소체의 경우도 ‘X이다 아임니꺼?'(=X이잖습니까?), ‘X아임니꺼?'(=X이잖습니까?)와 같은 두 형식이 가능하다. 여기에서는 후자의 형식이 선택되었다.

86) ‘집찜마중'[LLHL]. 집집마다. ‘마다'의 경남방언은 ‘마중, 마정'[HL]이다.

87) ‘디딜빠~아’[HLLL]. 디딜방아.

88) ‘쩌~어가:’[HLH^]. 찧어 가지고, 찧어서. ‘찧다’의 경남방언은 ‘쩡따(←쩛다)’[HL]이다. ‘가:’[H^]는 ‘가지고’로 대역되는 말이지만, 그 형성 과정에는 적잖은 의문점이 있다.

89) ‘온:’[L^]. 온, 전부의.

90) ‘무시로’[LHL]. 무를. ‘무’는 ‘무시’[LH]이고, 대격조사 ‘를’은 ‘르’ 뒤나 모음 뒤에서 ‘로/르’로 실현된다.

91) ‘사우오’[LHL]. 사구고. ‘사구’[LH]는 용기의 하나이다. ‘오’는 접속조사 ‘고’에서 ‘ㄱ’이 약화된 것이다.

92) ‘버지기고’[LLHL]. 자배기고. ‘버지기’[LHL]도 용기의 하나이다. ‘버지기고’에 있는 두 ‘ㄱ’도 약화된 발음으로 들린다.

93) ‘사그르게다가’[LHLLLL]. 사기그릇에다가. ‘그릇’은 경남방언에서 ‘그륵’[HL]으로 실현된다.

94) ‘얼:베데기’[L:LHH]. 푸짐하게, 많이. 푸짐하게 많은 것을 두고 창녕지역어에서는 ‘얼버덕하다’[LLLHL]라고 한다.

95) ‘도~이’[HL]. 동이. ‘동이’는 모음이 완전 동화한 ‘도~오’[HL]로 실현되는 것이 일반적이다.

96) ‘영거미’[HLL]. 영험이, 영검이. 한자어 ‘영험’(靈驗)은 경남방언에서 언제나 ‘영검’[HL]으로 발음된다.

97) ‘소지쪼~오로’[LLHLL]. 소지종이를. ‘종이’는 경남방언 ‘조~오’[HL]로 실현된다. ‘로’는 대격조사. ‘소지’는 부정(不淨)을 없애고 신에게 소원을 빌기 위하여 흰 종이를 태워 공중으로 올리는 일을 말하거나 그런 종이를 말한다.

98) ‘백지’[HL]. 백지. 바로 위에서는 ‘백찌’와 같은 된소리로 발화되었으나, 여기에서는 예사소리로 발화되었다.

99) ‘꺼정’[HL]. 까지. ‘까지’의 경남방언은 ‘꺼정’이 가장 보편적으로 쓰인다. 이번 조사에서 제보자 할머니는 ‘꺼정’을 제일 많이 사용했지만, ‘꺼지’[HL]와 ‘까지’[HL]도 일부 사용했다.

100) ‘호미’[HL]. 호미. 이전에 경남방언에서 ‘호미’는 ‘호매~이’[LHL]였으나, 이제는 상당 부분 ‘호미’로 바뀌고 말았다.

101) ‘지시미’[HLL]. 김(잡초)이.

102) ‘문중마장’[LLHL]. 문중마다. ‘마다’의 경남방언은 ‘마중, 마장, 마정’[HL] 등으로 실현된다. 제보자 할머니는 이 발화 외에 ‘마잠, 마점’[HL]으로도 발음하였다.

103) '문주~우'[LHL]. 문중에. 경남방언에서 처격조사 '에'는 체언의 끝소리가 'ㅇ'
    받침이거나 모음이면 체언의 마지막 모음에 완전 동화된다는 특색이 있다.
    여기에서는 체언의 끝소리가 '문중'[LH]과 같은 'ㅇ'이므로 '우' 소리에 '에'가
    완전 동화하여 '우'로 실현되었다. 그러나 바로 위 발화를 보면 '문중에'[LHL]
    가 나오는데, 이는 표준어의 영향을 받은 결과다.

104) '개모에'[HLL]. 개모에. '개모'는 조상을 모셔 놓은 곳을 말한다.

105) '향:이를'[L˘HL]. 무슨 뜻인지 알기 어렵다. 제보자 할머니는 '여러 손님이 모
    이는 것'이라고 했는데, 그렇다면 '향의'(鄕議)에서 온 말인지도 모른다.

106) '초열:끼'[LH˘L]. 초열흘께. '열흘'이 경남방언에서는 '열:'[H˘]로 실현된다. '무
    렵'의 뜻인 '께'는 고모음화가 실현되어 '끼'로 발음된다. 경남방언 전반에 걸
    쳐서 그렇다.

107) '문중:마잠'[LL:HL]. 문중마다. '마잠'은 '마다'의 뜻인 경남방언 '마장'[HL]의 변
    이된 발음이다. 아래에서는 '마점'으로 실현되기도 한다.

108) '창오슬'[HLL]. 창옷을. '창옷'은 예전에, 중치막 밑에 입던 웃옷의 하나였다.
    두루마기와 같은데 소매가 좁고 무(윗옷의 양쪽 겨드랑이 아래에 대는 딴 폭)
    가 없다.

109) '추룹불'[HHL]. 나들이를. '추룹+울(대격조사)'로 분석된다. '추룹'[HH]의 본래
    뜻은 '출입'인데, '출입을 한다'는 것은 그냥 나들이를 하는 것이 아니고, 향교
    나 재실 등 공적인 공간으로 나들이를 한다는 뜻이다. 지체 있는 집안 사람
    이 아니면, 함부로 '추룹불' 할 수 없었다.

110) '동네:'[LH:]. 동네에. 장음은 처격조사 '에'가 앞 모음에 완전 동화한 결과이다.

111) '댕김니더'[HLLL]. 다닙니다. '다닌다'를 경남방언에서는 '댕긴다'[HLL]라고 한다.

112) '옌날버텅'[LLHL]. 옛날부터. '옛날'은 주로 '엔날'[LH]로 발음되지만, '옌날'로도
    발음된다. '부터'의 창녕지역어은 '버텅'[HL]이다.

113) '쟁피는'[LHL]. 창포는. '쟁피'[LH]는 '창포'를 말한다.

114) '거:'[H˘]. 거기에. 경남방언에서 처격조사 '에'는 체언의 끝소리가 'ㅇ'이거나
    모음이면 체언의 마지막 모음에 완전 동화한다는 점은 여러 번 지적되었다.
    '여:, 거:, 저:'(=여기에, 거기에, 저기에) 말고도, '요:, 고:, 조:'(=요기에, 고기에,
    조기에)도 생산적으로 쓰인다.

115) '질:겁끼'[H:HL]. 즐겁게. 연결어미의 하나인 '-게'는 경남방언에서 '-기'로 실현
    된다.

116) '꼬따리'[HHL]. 꽃달이, 꽃을 다는 것. '꼳달-(=꽃달-)+-이(명사화 접미사)'로 구

성된 특이한 말이다.

117) '청해'[HH]. 청해, 청하여.

118) '안춥:떠더'[LH^LL]. 앉힙디다. '앉히다'를 경남방언에서는 '안차(:)다'(←앉+-하-+-다), 또는 '안추(:)다(←앉+-후+-다)'[LH(^)L]라고 한다.

119) '가는사람마정'[HHHLHL]. 가는 사람마다. '마정'은 '마다'의 경남방언이다. 위에서는 '마잠, 마점'으로도 실현되었다.

120) '시니미'[HLL]. 스님이.

121) '안주'[HL]. 아직. 음소와 성조가 꼭 같은 것으로 '(술)안주'가 더 있다.

122) '나도'[HH]. 나이도. 표준어 '나이'의 경남방언은 '나'[H]이다.

123) '미살'[HH]. 몇 살. '몇〉멫〉멫〉믿'으로 변화하고, 받침 'ㄷ'이 약화되면 이런 발음이 된다.

124) '우엔능고'[LLHL]. 어떻게 했는지. '어떻게'는 경남방언에서 '우째'[LH]로 발음되는 지역이 있고, '우예, 우웨'[LH](또는 [HH])로 발음되는 지역이 있다. '-능고'는 의문사(우예) 있는 간접 의문문에 쓰이는 어미이다.

125) '모심기로'[LHLL]. 모내기를, 모심기를. '모심기'는 '모심기'로도 발화되지만, 조음위치 비음화가 실현된 '모싱기'로도 발화된다. 아래에서는 후자로 발음되었다.

126) '넝간:능공'[LH^LL]. 넘겼는지. 간접 의문문인데, 의문사(어째)가 있을 때 의문형 어미는 '-능공'이 호응한다.

127) '고데'[HL]. 곳에. '곳'의 경남방언은 '곧'이다.

128) '빌로'[LH]. 빌러. 경남방언에서 '목적'을 나타내는 연결어미는 '-로'이다.

129) '욕뽀지'[HHL]. 고생하지. 경남방언에서 '욕보다'는 '고생하다, 애쓰다'의 뜻이다.

130) '바꼬기'[HLL]. 밭곡이, 밭곡식이.

131) '비사두룩'[HLLL]. 비싸도록, 비쌀 때까지. '-두룩'은 표준어 '-도록'에 해당하는 경남방언 연결어미의 하나이다.

132) '가비지'[HLL]. 가위지. '(한)가위'에 해당하는 말이 아래에서는 '가우'[HL]로 실현되었다.

133) '지소로'[LLH]. 제수를.

134) '낭게다가'[HLLL]. 나무에다가. '나무'는 '나무'[LH]로도 실현되고, '낡'으로도 실현된다. '낡+에+다가'로 분석되는데, '낡'은 '낡'의 변이형이다.

135) '빠사서'[LHL]. 빨아서. 표준어 '빨다'는 경남방언에서 '빠사다, 빠수다'[LHL]로 실현된다.

136) '소로'[HH]. 속을. '속'이 '소'로 실현되었다. '로'는 '르'이나 모음 뒤에 오는 경남방언 대격조사의 하나이다.

137) '항거석'[LHL]. 한껏, 많이.

138) '동비:라꼬'[LLˇHL]. 동부라고. '동비:'는 콩 종류의 식물 이름이다. 경남에서는 이를 흔히 '양대'[LH]라고 한다. 다음 발화에 '양대'가 바로 나온다.

139) '지줌'[LH]. 각자. 경남방언 재귀대명사의 하나이다. '각자'의 뜻을 지닌다. '지끼미'[LHL]라고 부르는 지역도 있다.

140) '다마내기'[LLHL]. 양파. 일본말이다. 창녕은 이전에 양파로 수입을 올렸던 대표적인 지역인데,(창녕은 양파 시배지이다.) 지금은 마늘을 특용작물로 많이 재배하고 있다.

141) '뽀루꼬도'[LLHL]. 블록도.

142) '모아듭니더'[HLLLL]. 모여듭니다. '모여들다'를 경남에서는 '모아들다'[HLLL]라고 한다. '모이들다'[LLHH]라 하기도 한다.

143) '버텅'[HL]. 부터. 보조사 '부터'에 해당하는 경남방언은 '부텅, 버텅' 등으로 발화된다.

144) '모사'[LH]. 묘사. 경남의 많은 지역에서는 '모사' 외에 '시사'[HL]라고도 한다.

145) '맥산:서'[LHˇL]. 맥산에서. '맥산'은 고유명사이다.

146) '마느~이'[LHL]. 많으니. '마느~이'는 '많-+-으니'로 분석되는데, '마느니〉마느~이'의 변화를 거친 것이다. 'ㅣ' 모음 앞에서 'ㅇ'이나 'ㄴ'은 비모음화하는 것이 경남방언의 특색이다.

147) '조선시'[LHL]. 조선쇠. '쇠'를 두고 제보자 할머니는 '시' 외에도 '씨, 쐬, 쉬' 등 다양한 발음을 들려 주었다.

148) '새알로'[LHH]. 새알심을.

149) '비비:서'[LHˇL]. 비벼서. '비비어서〉비비:서'로 변화한 것이다. '아/어'계 어미는 경남방언에서 앞 말의 모음에 완전 동화한다는 특색도 있다.

150) '수지비로'[LLHL]. 수제비를.

151) '뭉는데이'[LHLL]. 먹는다이. '이'는 문장 끝에 오는 일종의 문말 끝 요소인데, 경남방언에서는 '데이'가 하나의 어미처럼 굳어, '-다'와 구별된다. '뭉는데이'는 '뭉는다'보다 훨씬 부드럽게 인식된다.

제 6 장

전통 놀이법과 마을의 고가(古家)

에 지금까지 어머~이그: 일련열두다레 어떤: 노리가 이서꼬 어떤: 풍소기 이서꼬 그 이렁거쭝:말쓰믈 해주셔슴니다.

어: 인제부터는녜 그: 노는 노리 트키 노리 중에서 언자 그 여자드리 주로 노는 노리 안 이슴니까?

남자드른: 머 씨르믈핸다거나: 머:.

또먼 줄다리기를 핻따 이렁기 읻따그러며는 여자드른언자 머 고무줄 노리라든지 또먼.

사방치기라든지.

⁻ 머 고무줄 노리라고 해사슴떠더.

머 여러가지 안이섣겓슴니꺼 그러며는.

그: 여자드리 또 어릴때 어릴때: 주로 노랃떤노리는 어떵기 이선는지예?

⁻ 응 깔래도[1] 박꼬.

⁻ 고무줄도 하고.

짤레는 우째함니까?

⁻ 깔래는녜?

⁻ 머: 깔래는 돌미~이[2] 따드머가주고.

⁻ 지끄믄 자갈도마는데.

⁻ 그때느 또 깔래르 따드머가주고.

⁻ 그기 다석깨그라야 마쩨.

⁻ 그래 다선나틀[3] 가지고.

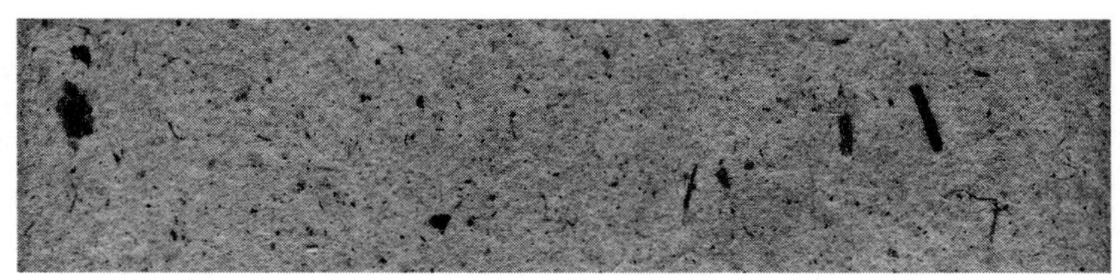

에, 지금까지 어머니 그 일년 열두 달에 어떤 놀이가 있었고 어떤 풍속이 있었고 그 이런 것 쭉 말씀을 해 주셨습니다.

어, 이제부터는요, 그 노는 놀이, 특히 놀이 중에서 인제 그 여자들이 주로 노는 놀이 있잖습니까?

남자들은 뭐 씨름을 했다거나 뭐.

또 뭣 줄다리기를 했다 이런 게 있다 그러면은, 여자들은 인제 뭐 고무줄놀이라든지 또 뭣.

사방치기라든지.

⎯ 뭐 고무줄놀이라고 해쌓습디다.

뭐 여러 가지 있잖았겠습니까, 그러면은.

그 여자들이 또 어릴 때 어릴 때 주로 놀았던 놀이는 어떤 것이 있었는지요?

⎯ 응, 공기도 받고.

⎯ 고무줄도 하고.

공기는 어떻게 합니까?

⎯ 공기는요?

⎯ 뭐 공기는 돌멩이 다듬어 가지고.

⎯ 지금은 자갈도 많은데.

⎯ 그때는 또 공기를 다듬어 가지고.

⎯ 그게 다섯 개라야 맞지.

⎯ 그렇게 다섯 낱을 가지고.

⎺ 그래 깔래로 바다사슴니더.

⎺ 그 또: 남자애:드른 자치기로하고.

⎺ 그래 노라사티~이.

깔래라능게 다석깨 돌매이그거로 해가지고 요오레 반능거.

⎺ 그래 바슴니더.

고: 그래.

머 안 이슴니까? 하나식 무꼬 둘식 무꼬 산는거 안이슴니꺼?

⎺ 또 이 이 이래도 하고.

⎺ 머 그: 여르: 가짐니더.

머 머 그 이름들 안 이슴니꺼?

이러함 머 ***.

⎺ 예 머 그 뭗.

⎺ 또 자새고 머시고 그걸 다이저뿌슴니더.

⎺ (웃음) 그 다 이르미이심니더.

에: 고무주른 어떠케 해슴니까?

⎺ 고기는 즈그 그거 저그 펄쩍펄쩍 띠:싸테예.

⎺ (웃음) 따라:들 그으 키율쩌게머 그거할라꼬 지베 드로다아날라쿠고.

그럼 그거는 어때슴니꺼?

마당에 금끄어가지고.

⎺ 예.

돌멩이거틍거가꼬 차고가능거 고:러 그:르멀캐씀니꺼?

⎺ 그래해써습띠더.

⎺ 그거는 머 빵노링가?

예:.

그래 빵노리그으는 우째:씀니까?

⎺ 그래언자 기리노코.

ﹶ 그렇게 공기를 받아 쌓습니다.

ﹶ 그 또 남자애들은 자치기를 하고.

ﹶ 그렇게 놀아 쌓더니.

공기라는 것이 다섯 개 돌멩이 그것으로 해 가지고 요렇게 받는 것.

ﹶ 그렇게 받습니다.

거기에 그렇게.

뭐 있잖습니까? 하나씩 먹고 둘씩 먹고 하는 것 있잖습니까?

ﹶ 또 이 이 이렇게도 하고.

ﹶ 뭐 그것 여러 가지입니다.

뭐 뭐 그 이름들 있잖습니까?

이름 한 번 뭐 ***.

ﹶ 예, 뭐 그 뭣.

ﹶ 또 공기고 뭣이고 그것 다 잊어 버렸습니다.

ﹶ (웃음) 그 다 이름이 있습니다.

에 고무줄은 어떻게 했습니까?

ﹶ 그것은 저거 그거 저거 펄쩍펄쩍 뛰어 쌓데요.

ﹶ (웃음) 딸애들 그 키울 적에 뭐 그것 하려고 집에 들어오지도 않으려
고 하고.

그럼 그것은 어땠습니까?

마당에 금 그어 가지고.

ﹶ 예.

돌멩이 같은 것 가지고 차고 가는 것 그것 그것을 뭐라고 했습니까?

ﹶ 그렇게 해 쌓습디다.

ﹶ 그것은 뭐 빵놀이인가?

예.

그래 빵놀이 그것은 어떻게 했습니까?

ﹶ 그래 인제 그려 놓고.

- 돌미~이떤지노코 그노믈차서.

- 군녕군녀~이[1] 그거로 연는모애~이지.

- 고래 그언자 빵에 걸리마 안데고.

- 고래 고래가:꼬 노는 모야~입띠더.

- 우리들 클쩌게는: 점:부그거로 일뿜말로 해따.

- 일뿜말로 점::부 이거머: 자새반능기:다 머:시다.

- 이거 하나하나 시아리능기다 점:부 일뿜말해씀:더.

기억나심니까?

- 그걸또 안하~이 다 인저뿌스미꺼 ****.

- 그 이이 일뿜말 요새는 하나둘 이리시지 이러는데.

- 그때는 이거러미 일리삼사라 쿠고 이찌 니: 산 시 이리 치고.

- 추 주:꺼지~이 인자 여리고.

- 그래 해사:심니더 이:래 머.

- 그거 다 자새 반는 거거또.

- 도노도노 마~이요 캐사아미.

- 일뿜말로 그리해:꼬.

- 우리는 다: 일뿜말하고 커씀니더.

- 우리 클쩌~으이는.

그때 일본말 하라꼬 교유글 그때 바다슴니꺼?

- 예:.

- 교육 마:~이 바다슴니더.

- 조선마른 절때 몬하구로하고.

만야게 조선말 하모 우째:슴니까?

- 조섬말하마 벌시우고 머.

- 이래 지~으글 야핵하는데도가마 점:부 일뿜글로배우고.

- 이 조선 조선 이거 요새는 구거지예?

˭ 돌멩이 던져 놓고 그놈을 차서.

˭ 구멍 구멍에 그것을 넣는 모양이지.

˭ 그래 그 인제 빵에 걸리면 안 되고.

˭ 그렇게 그렇게 가지고 노는 모양입디다.

˭ 우리들 클 적에는 전부 그것을 일본말로 했다.

˭ 일본말로 전부 이것 뭐 공기 받는 것이다 뭣이다.

˭ 이것을 하나하나 세는 것이 다 전부 일본말로 했습니다.

기억나십니까?

˭ 그것도 안 하니 다 잊어버렸지 뭡니까 ****.

˭ 그 이 이 일본말, 요새는 하나 둘 이렇게 세지, 이러는데.

˭ 그때는 이것을 뭐 일이삼사라고 하고, 이찌 니 산 시 이렇게 치고.

˭ 추 주우까지 인제 열이고.

˭ 그렇게 해 쌓았습니다, 이렇게 뭐.

˭ 그거 다 공기 받는 그것도.

˭ 도노도노 마~이요라고 해 쌓으며.

˭ 일본말로 그렇게 했고.

˭ 우리는 다 일본말 하고 컸습니다.

˭ 우리 클 적에는.

그때 일본말 하라고 교육을 그때 받았습니까?

˭ 예.

˭ 교육 많이 받았습니다.

˭ 조선말은 절대 못하게 하고.

만약에 조선말 하면 어떻게 했습니까?

˭ 조선말 하면 벌세우고 뭐.

˭ 이렇게 저녁으로 야학하는 데도 가면 전부 일본글을 배우고.

˭ 이 조선 조선(X말X) 이것 요새는 국어지요?

예.

‾ 조오셍고도 익카고.

‾ 그때는 첨:부 일붐말로 해씀니더.

만야게 우리말로하다가: 누가 어데 저 우리말한다꼬 고 어데머 찔러 이러하메는머 벌도박꼬 이래따멘서예?

그렁거를 한번 여페서 보셔슴니꺼 직쩝 그런:.

‾ 우리도 해:찌예.

‾ 그래가:꼬 어 시보시너믄사람 시집앙가고인는처재는 빼:가고.

‾ 그 그리마:~이 앙가슴니꺼?

‾ 그리 우리드른 시집또 일찍오고.

‾ 그 그때는 모도 그래슴니더.

‾ 싱냥도 말:키 일쩡시대.

‾ 지베와서 다 들초가가고.

‾ 아:무리숭카:도[5] 들키모 다가주가뿌고.

‾ 이 무밍[6] 질삼도[7] 엔나레는 바테다가점:부 모카로 숭거슴니더.

‾ 모카로 심머가지고 그 점:부 질사믈해야 오슬 해임는데.

‾ 이넘 밍 명도따노마 공출디이라.[8]

‾ 예 머 오또 몬해익끼 하고.

‾ 질삼도몬하고 가마~이 해가:꼬언자 오슬해익꼬.

‾ 머 그때는 싱냐~이고 모카고 머 다들며:가고.

‾ 이래 명:도 하나하나 손토블이래 까가주고 멩씨르까가주고.

‾ 어 어른 게시는 사라믄 언자 질사믈 하고.

‾ 맘:대로 몬해:서.

‾ 그래언자 목쎄기로[9] 요래 저 나무로가주고 쎄기르 여목쎄기르해서 안차노코.

‾ 그래 고거로 점:부 모카로 이리둘러서 그 씨를까심니더.

예.

˝ 조오셍고도 이렇게 말하고.

˝ 그때는 전부 일본말로 했습니다.

만약에 우리말을 하다가 누가 어디 저 우리말 한다고 그 어디 뭐 찔러 이렇게 하면은 벌도 받고 이랬다면서요?

그런 것을 한 번 옆에서 보셨습니까, 직접 그런 것.

˝ 우리도 했지요.

˝ 그래 가지고 어 십오세 넘은 사람 시집 안 가고 있는 처녀는 빼 가고.

˝ 그 그렇게 많이 갔잖습니까?

˝ 그래 우리들은 시집도 일찍 오고.

˝ 그 그때는 모두 그랬습니다.

˝ 식량도 전부 일정시대.

˝ 집에 와서 다 들추어 가고.

˝ 아무리 숨겨도 들키면 다 가져가 버리고.

˝ 이 무명 길쌈도 옛날에는 밭에다 전부 목화를 심었습니다.

˝ 목화를 심어 가지고 그 전부 길쌈을 해야 옷을 해 입는데.

˝ 이놈 명 명도 따 놓으면 공출 들여라.

˝ 예, 뭐 옷도 못해 입게 하고.

˝ 길쌈도 못하고 가만히 해 가지고 인제 옷을 해 입고.

˝ 뭐 그때는 식량이고 목화고 뭐 다 들춰가고.

˝ 이렇게 명도 하나하나 손톱으로 이렇게 까 가지고 명씨를 까 가지고.

˝ 어 어른 계시는 사람은 인제 길쌈을 하고.

˝ 마음대로 못해서.

˝ 그래 인제 나무씨아를 요래 저 나무를 가지고 씨아를 여기 나무씨아를 해서 앉혀 놓고.

˝ 그래 그것으로 전부 목화를 이렇게 둘러서 그 씨를 깠습니다.

‾ 그 씨를 까가주고 그래언자 소느로 할로 탱가가주고 그거로언자.

‾ 할머니가 물리:다[10] 자사서[11] 그래질사물하고.

‾ 질사물 해고: 오슬해익꼬 아:들또 해이피고.

예:

‾ 그래 안사라슴니꺼?

‾ 일쩡시대느 사람도빼:가고.

‾ 곡석 모콰 전::치 다:갸:가고.

‾ 인능거 엄스심니더.

‾ 그러~이 몬무꼬 사라찌 머.

‾ 그때는 처 숭년도[12] 저사코예.

‾ 이 지그믄 점:부 전수지로 무를 퍼서 농사르 이래진는데.

‾ 물함빠~알[13] 나올떼가업스~이 숭녀~이 안지고맘니꺼?

‾ 언자 우리 하라부지거튼 사라믄 밤낱업씨 한도가리 구해가 무울라꼬.

‾ 무를퍼서 그래가:꼬 싱냐~을장망코 이래씸니더.

‾ 그래가주고 우째 참.

‾ 참 참 저:게 그부니 와안새앵키:노?[14]

‾ 대통냥.[15]

‾ 박대통냥.

‾ 받 박대통녕 드러서고 고마 살기가 안데:심니꺼?

예::.

‾ 그리 살기가 데:가주고.

‾ 어 모도:: 이 첨:부 창녕천지 여:.

‾ 땅이 첨:부 이집 부자찝 땅임니더.

‾ 이 동네 집터고 이 근방에 점:부집터고 점:부부자찝 땅임니더.

‾ 이집 부자찝땅임니더.

‾ 이래 이러~이 농사지:노:마 수구글 마:.

⁻ 그 씨를 까 가지고 그렇게 인제 손으로 활을 퉁겨 가지고 그것을 인제.

⁻ 할머니(시어머니)가 물레에다 자아서 그렇게 길쌈을 하고.

⁻ 길쌈을 해서 옷을 해 입고 아이들도 해 입히고.

예.

⁻ 그렇게 살았잖습니까?

⁻ 일정시대에는 사람도 빼어 가고.

⁻ 곡식 목화 전부 다 가져가고.

⁻ 있는 것 없었습니다.

⁻ 그러니 못 먹고 살았지, 뭐.

⁻ 그때는 저 흉년도 져 쌓고요.

⁻ 이 지금은 전부 저수지에 물을 퍼서 농사를 이렇게 짓는데.

⁻ 물 한 방울 나올 데가 없으니 흉년이 안 지고 맙니까?

⁻ 인제 우리 할아버지(시아버지) 같은 사람은 밤낮없이 한 도가리 구해서 먹으려고.

⁻ 물을 퍼서 그렇게 해서 식량을 장만하고 이랬습니다.

⁻ 그래 가지고 어떻게 참.

⁻ 참 참 저기, 그 분이 왜 생각이 안 나지?

⁻ 대통령.

⁻ 박 대통령.

⁻ 박 박 대통령 들어서고 그만(이제) 살 수 있게 되었잖습니까?

예.

⁻ 그렇게 살기가 돼 가지고.

⁻ 어 모두 이 전부 창녕 천지 여기에.

⁻ 땅이 전부 이 집 부잣집 땅입니다.

⁻ 이 동네 집터고 이 근방에 전부 집터고 전부 부잣집 땅입니다.

⁻ 이 집 부잣집 땅입니다.

⁻ 이렇게 이러니까 농사 지어 놓으면 수곡을 마.

˜ 엔나레는예 지끔 삼심말 나능거 그 엔나레는 열말도 몬내 무습니더.

˜ 비료가 이심니꺼? 야기 이심니꺼?

˜ 이래 진는 농사 그걷또.

˜ 뚜디리가주고 부자찜 수국 가따주마 목떠리째~이마 드고 들고드론다
캐슴니더.

˜ 그:래 곡시기 나야지.

˜ 그 다아다가 일쩡시대르 대이노옹게네.

˜ 말:키[16] 들마가 가뿌지.

˜ 이 그 참 그때 궁:근 안사라슴니꺼?

˜ 그때 이승만시댐니더.

˜ 이승만시대 그러키 요글바:심니더.

˜ 그래 여여 박쩡이시대 드로가주고.

˜ 마 이 인는사람 엄는사람 포업시사래야덴다.

˜ 고마 부자찌베다가 상환농이라꼬 으 땅깝쓴 모두주고.

˜ 부자찌베다가 땅깝쓸주고.

˜ 내 쥐고인는전답 말:키 내아프로 이저~이데:가꼬.

˜ 그래 지끔 지줌 머 토지가 안대:씹니꺼?

˜ (제보자 보호) 영골덜판[17]나뿌지 고마.

˜ 그래언자 이 집 집터도 고만 도늘쪼매서[18]주고 고마점:부 내아프로 다
하고.

˜ 이래가: 살기가 데에심니더.

(제보자 보호)

˜ 효요~이 내가 저 저 지베 멩창[19] 함:가봄니더.

˜ 가보마 야: 요: 밍기가[20] 요고 요온데.

˜ 이 이 밍기가 어떤 밍기긴데여:는 이리키저:게 참 살리미 부기하능공?

˜ 그래시퍼예.

¯ 옛날에는 지금 삼십 말 나는 것 그 옛날에는 열 말도 못나게 먹었습니다.

¯ 비료가 있습니까? 약이 있습니까?

¯ 이렇게 짓는 농사 그것도.

¯ 두드려 가지고 부잣집 수곡 갖다 주면 목도리짝만 들고 들고 들어온다고 했습니다.

¯ 그렇게 곡식이 나야지.

¯ 거기에다가 일정시대를 당해 놓으니까.

¯ 말끔 공출해 가 버리지.

¯ 이 그 참 그때 근근이 살잖았습니까?

¯ 그때 이승만 시대입니다.

¯ 이승만 시대 그렇게 고생을 했습니다.

¯ 그래 여여 박정희 시대 들어와 가지고.

¯ 마 있는 사람 없는 사람 표없이 살아야 된다.

¯ 그만 부잣집에다가 상환용이라고 어 땅값은 모두 주고.

¯ 부잣집에다가 땅값을 주고.

¯ 내 쥐고(짓고) 있는 전답 모두 내 앞으로 이전이 돼 가지고.

¯ 그래 지금 각자 뭐 토지가 되잖았습니까?

¯ (제보자 보호) 거덜 나 버렸지 그냥.

¯ 그래 인제 이 집 집터도 그만 돈을 조금씩 주고 그만 전부 내 앞으로 다 하고.

¯ 이렇게 해서 살기가 되었습니다.

(제보자 보호)

¯ 간혹 내가 저 저 집에 그냥 한번 가봅니다.

¯ 이 보면 야 요 명기가 여기 여긴데.

¯ 이 이 명기가 어떤 명기이건데 여기는 이렇게 저기 참 살림이 부귀하는가?

¯ 그래 싶어요.

그 머 차이가 이씁디까? (웃음)

⎺ 어이 저런사라믄머그 전잘떼[21]엄는 부자 아임니꺼?

그 그러니까 밍기가 이습띠까?

⎺ 밍:기가 이따 안컴니꺼?

⎺ 그런데 이 서리[22] 지니서리람니더.

⎺ 지네서린데 지네 대가리:라카네 저:가.

(제보자 보호)

저 가볼라카모머 그냥 가볼쑤이슴니까 아이모 허라글바꼬?

⎺ 가볼쑤 이심니더.

⎺ 머 저:게 언주 이 이 지베 구겡꾼 마~이들낌니더 요새도 마~이드는데 언자.

⎺ 무~이 열리:서마: 언자드가바도 데는데.

⎺ 저: 무~이 점:부 도라가밈 대끼슬낌니더[23] 쟁기슬낌니더.[24]

⎺ 뭉끄니:가[25] 이슬쩨에는 마:~이 드감니더.

⎺ 인데 아프로머머 이지베.

⎺ 마~이 마겡꾼 마~이 끄러낌니더.

그런데 운 무는 운제: 열림니꺼?

⎺ 무~이 인자 이 지비 지블지:야.

⎺ 지블 지이마 봄:내 지습떠더.

⎺ 봄내진는데 짐마:~이 지이나심니더.

⎺ 지:난:는데 인지 여서채로 더진는다커네.

⎺ 그 그 집 일련:[26] 집찔찌기는 무~이 확:열림니더.

⎺ 그래머머 대목또와서 이꼬 요새는 더부노옹께네 일로 안하능갑습떠더.[27]

⎺ 그래가 인지[28] 참바람 나모머 문여러노코.

⎺ 웨국 손님도 마:~이끌코 그러심니더.

그 뭐 차이가 있습디까? (웃음)

⁻ 어이, 저런 사람은 뭐 그 견줄 데 없는 부자잖습니까?

그 그러니까 명기가 있습디까?

⁻ 명기가 있다고 하잖습니까?

⁻ 그런데 이 설이 지네설이랍니다.

⁻ 지네설인데 지네 대가리라고 하네, 저기가.

(제보자 보호)

저 보려고 하면 뭐 그냥 가 볼 수 있습니까, 아니면 허락을 받고?

⁻ 이 볼 수 있습니다.

⁻ 뭐 저기 인제 이 집에 구경꾼 많이 들 것입니다, 요새도 많이 드는데 인제.

⁻ 문이 열렸으면 인제 들어가 봐도 되는데.

⁻ 저 문이 전부 돌아가면서 닫혔을 것입니다, 잠겼을 것입니다.

⁻ 문이 열려 가지고 있을 적에는 많이 들어갑니다.

⁻ 이렇는데 앞으로 뭐 뭐 이 집에.

⁻ 많이 구경꾼이 많이 끓을 것입니다.

그런데 언(제) 문은 언제 열립니까?

⁻ 문이 인제 이 집이 집을 지어야.

⁻ 집을 지으면 봄내 짓습디다.

⁻ 봄 내 짓는데 집 많이 지어 놓았습니다.

⁻ 지어 놓았는데 지금 여섯 채를 더 짓는다고 하네.

⁻ 그 그 집 ?? 집 지을 적에는 문이 확 열립니다.

⁻ 그래 뭐 뭐 대목도 와서 있고 요새는 더우니까 일을 안 하는가 봅디다.

⁻ 그래 가지고 인제 찬바람 나면 뭐 문 열어 놓고.

⁻ 외국 손님도 많이 끓고 그렇습니다.

- 이집정가기²⁹⁾ 저: 우에도 정가기이꼬.

- 우에도 골짜글하나 이 마 옹:간 나무로 다숭구노코.

- 이 부자찝 골짜글하나 차지해가이심니더.

예: 골짜기 그거 음식점임니꺼?

- 음식쩌미아이고.

- 골짜글하나머 그지베 옹:간 나무로시므고.

- 그: 머: 조:키함니더 지끔.

- 그리 해사슴니더.

그:도 이 지바~임니까?

- 네 네 이 지비 이 집 그리해사슴니더.

(제보자 보호)

- 그 대목또언자 한동네거치³⁰⁾ 사~잉께네.

- 잘 알지예 큰대목 저근대목.

- 그리 이래가마 막 할머~이들 온다고 방가:하고 작찌도³¹⁾ 따드마주고
이:사씀니더.

- 그라마언자 그: 이래 도라보고.

- 세:상에 여거여언데 다미 샌:데.

- 이지븐 우째 이리키 도~이 마능코쿠마.

- 동네 할머~이드리 그:캄니더.

- 와 대동때기는³²⁾ 이집카마³³⁾ 몬하나?

- (웃음) 너문³⁴⁾ 그: 캄니더.

대동때기 어무~이 태콤니까?

- 예 대동때이가 태 태꿈니더.³⁵⁾

- 대동때기는머 이집뽀다 몬하나?

마씀니더.

마씀니더 몬함니꺼 어데.

˘ 이 집 정자가 저 위에도 정자가 있고.

˘ 위에도 골짜기를 하나 이 뭐 온갖 나무를 다 심어 놓고.

˘ 이 부잣집 골짜기를 하나 차지해 있습니다.

예 골짜기 그것 음식점입니까?

˘ 음식점이 아니고.

˘ 골짜기를 하나 그 집에(서) 온갖 나무를 심고.

˘ 그 뭐 좋게 합니다, 지금.

˘ 그렇게 해 쌓습니다.

거기도 이 집안입니까?

˘ 이 네, 이 집이, 이 집이 그렇게 해 쌓습니다.

(제보자 보호)

˘ 그 대목도 인제 한동네(사람)처럼 사니까.

˘ 잘 알지요, 큰대목 작은대목.

˘ 그래 이렇게 가면 할머니들 온다고 반가워하고 지팡이도 다듬어 주고
이렇게 해 쌓습니다.

˘ 그러면 인제 그 이렇게 돌아보고.

˘ 세상에 여기가 여긴인데, 담이 (하나) 사이인데.

˘ 이 집은 어떻게 이렇게 돈이 많은가라고 하면.

˘ 동네 할머니들이 그렇게 말합니다.

˘ 왜? 대동댁은 이집보다 못하느냐?

˘ (웃음) 남은 그렇게 말합니다.

대동댁이 어머니 댁홉니까?

˘ 대동댁이 댁 댁홉니다.

˘ 대동댁은 뭐 이 집보다 못하느냐?

맞습니다.

맞습니다, 못합니까, 어디.

ˉ 알고 보모머 이집뽀다 알몬하다.

ˉ 그 대밑샌:데 서러 이 밍기가 너머다 댕길낀:데. (웃음)

그렁께 우리 성박사도 나오고 앙그랍니까?

ˉ 그어 사아머 인는마느.

성박새!

＝ 예!

인제 밍기가 서: : 설: 너머오는 중이거든.

ˉ 너머오는 중이 아니고 머 본대 여: 확: 티이가: 이서슴니더 우리이지비.

ˉ 이 지비 확:티이가: 이선는데.

성박사 잘 데거든 내 너무 갈세하지 마소.

(일동 웃음)

ˉ 그래 다 이지베서 나스~잉께네.

ˉ 머: 밍기바다 낟:찌.

ˉ 그래 언자 이 지비 본냐~아 욷때: 욷때 우리 하이 우리 시어른.

ˉ 저: 살림지비람니더 이지비.

ˉ 이 지베서 그래 우리 하라부지드른 그: 이지베서 다: 태:낟땀니더.

ˉ 이런는데 고마마 우리 살 살리미 들파~이나서.

ˉ 마 고마 집터르 저 지베다 파라뿌고 그래땀니더.

ˉ 우리 하라부지도 엔나레 참: 학짜어르~임:니더.

ˉ 그 마를 타고 참 재시레 예 참 학짱어르~이 안자서모도.

ˉ 공부도 가르치고 이래따커는데.

(제보자 보호)

ˉ 그래 머 우리집또안 조슴니꺼?

ˉ 머 이만하마 데지예.

*** 지니서린데 그 도를 마~이 가따 나앋따.

˙ 알고 보면 뭐 이 집보다 안 못하다.

˙ 그 대 밑 사인데 서로 이 명기가 넘어다 다닐 것인데. (웃음)

그러니까 우리 성 박사도 나오고 그렇잖습니까?

˙ 그렇게 해 쌓으면서 웃건만은.

성 박사!

˙ 예!

인제 명기가 설설 넘어오는 중이거든.

˙ 넘어오는 중이 아니고 뭐 본데 여기에 확 트여 있었습니다, 우리 이 집이.

˙ 이 집이 확 트여 있었는데.

성 박사, 잘 되거든 내 너무 괄세하지 마소.

(일동 웃음)

˙ 그래 다 이 집에서 났으니까.

˙ 뭐 명기 받아 났지.

˙ 그래 인제 이 집이 본데 윗대 윗대 우리 시어른.

˙ 저 살림집이랍니다, 이 집이.

˙ 이 집에서 그래 우리 할아버지들은 그 이 집에서 다 태어났답니다.

˙ 이렇는데 그만 마 우리 살 살림이 거덜이 나서.

˙ 마 그만 집터를 저 집에다 팔아 버리고 그랬답니다.

˙ 우리 할아버지도 옛날에 참 학자 어른입니다.

˙ 그 말을 타고 참 재실에 예, 참 학자 어른이 앉아서, 모두.

˙ 공부도 가르치고 이랬다고 하는데.

(제보자 보호)

˙ 그래 뭐 우리 집도 좋잖습니까?

˙ 뭐 이만하면 되지요.

*** 지네설인데 그 돌을 많이 갖다 놓았다.

¯ 예 지베다가 크:래 도를 마~이 가따나코.

¯ 그래~잉께네 마 옹:가 팔또 석스~이.

= 그 지베 고인돌까지 가따*.

(제보자 보호)

¯ 저 드가메예 지도로가주오 모슬 돌로가: 싸노코.

¯ 아네 지도모시익꼬 그러심:더.

¯ 모시이꼬 그게 고기가나고.

¯ 고디~이가[36] 짜다라 익꼬.

¯ 머: 그: 아네드가보마 볼만함니더.

¯ 우리 이 여: 담안싸서는 한지비라서 이 쪼차댕기심:더.

그: 나무도 큼:거 만치예?

¯ 예: 나무도쿵거 만심니더.

¯ 망코머 대바또 유멩하기[37] 해노코.

얼마나 너림니까?

¯ 예?

얼마나 너름니까 저기.

¯ 너르지예.

= 구천평.

¯ 너름니더.

¯ 옌나레는 저 아네서 저: 동네 이래 지내댕기고 질로 지내댕기고 이래
슴니더.

¯ 지끄믄 이리모도 조온지릴 나사:서그러코.

¯ 그 질도:머 이지베서 질도 동네질도 마~이내주고.

¯ 참 동네 부자가 이스~웅께네마 인심도 써사심니더.

¯ 그: 아부지가 참: 인시미 조아심니더.

¯ 아부지엄마가 참: 인시미 조아심니더.

¯ 예, 집에다가 그래 돌을 많이 갖다 놓고.

¯ 그러니까 마 온갖 팔도 석상이.

= 그 집에 고인돌까지 갖다 (X놓았습니다X).

(제보자 보호)

¯ 저 들어가면요, 지도로 가지고 못을 돌로 싸 놓고.

¯ 안에 지도 못이 있고 그렇습니다.

¯ 못이 있고 거기에 고기가 나고.

¯ 우렁이가 많이 있고.

¯ 뭐 그 안에 들어가 보면 볼 만합니다.

¯ 우리 이 여기에 담 안 쌓아서는 한 집이라서 쫓아다녔습니다.

거기에 나무도 큰 것 많지요?

¯ 예, 나무도 큰 것 많습니다.

¯ 많고 뭐, 대밭도 유명하게 해 놓고.

얼마나 너릅니까?

¯ 예?

얼마나 너릅니까, 저기.

¯ 너르지요.

= 구천 평.

¯ 너릅니다.

¯ 옛날에는 저 안에서 저 동네 이래 지나다니고 길로 지나다니고 이랬습니다.

¯ 지금은 이렇게 모두 좋은 길이 나 쌓아서 그렇고.

¯ 그 길도 뭐 이 집에서 길도 동네 길도 많이 내 주고.

¯ 참 동네 부자가 있으니까 마 인심도 써 쌓습니다.

¯ 그 아버지가 참 인심이 좋았습니다.

¯ 아버지 어머니가 참 인심이 좋았습니다.

ˉ 그래갸:꼬머 저래 시상베리고도 엄마아부지모도 들미:사코 그래사심
니더 우리일가로 그래조아하고.

ˉ 그래 인시미 조아심니더. 이어르는 머 핑소에 저: 드레가서 이래조석
간따 나안데도.

ˉ 허이 그 만니께따 저 좀 내 머거보자.

(제보자 보호)

- 그래 가지고 뭐 저래 세상 떠나고도 어머니 아버지 모두 들먹여 쌓고 그렇게 해 쌓습니다. 우리 일가를 그렇게 좋아하고.

- 그렇게 인심이 좋았습니다. 이 어른은 뭐 평소에 저 들에 가서 이렇게 조석 갖다 놓았는 데도.

- 어이 그 맛있겠다, 저것 좀 내 먹어 보자.

(제보자 보호)

1) '깔래도'[LHL]. 공기도. '공기(놀이)'는 경남방언에서 '짤래, 깔래, 짜새, 자새'[LH]라고 하는데, 공기놀이하는 것은 '짤래/깔래/짜새/자새 반는다(←받는다)'라고 한다.

2) '돌미~이'[LHL]. 돌멩이. '돌멩이〉돌밍이〉돌미~이'로 변화한 것이다. 'ㅇ' 받침은 'ㅣ' 모음 앞에서 비모음화한다.

3) '다선나틀'[HLL]. 다섯 낱을, 다섯 개를. '나틀'은 '낱+을'로 된 말이다.

4) '군녕군녀~이'[LLLHL]. 구멍 구멍에. '구멍'의 보편적인 경남방언은 '군녕, 군늉'[LH]이다. 더러 '구뭉'[LH]이라고도 한다.

5) '숭카:도'[LH^L]. 숨겨도. 표준어 '숨기다'의 경남방언은 '숭카(:)다, 숭쿠(:)다'[LH(^)L]이다.

6) '무밍'[LH]. 무명.

7) '질삼도'[HHL]. 길쌈도.

8) '디이라'[HHL]. 들여라, 바치라. 공출을 바치라는 명령형이다. 명령하는 주체는 일본제국주의자들이다.

9) '목쎄:기로'[HH^LL]. 나무씨아를.

10) '물리:다'[LH^L]. 물레에다. 'ㅇ'이나 모음으로 끝난 체언에 처격조사 '에'가 오면 경남방언에서 그것은 앞 체언의 마지막 모음에 완전 동화한다. '물레〉물리'로 고모음화가 일어나 '물레'는 '물리'가 된다. 따라서 '에'는 모음 'ㅣ'에 완전 동화하여 '이'가 되고, 결국 장음으로 실현된다.

11) '자사서'[HLL]. 자아서. 표준어 '잣다'는 'ㅅ' 불규칙 활용을 하는 말이지만, 경남방언의 '잣다'는 규칙 활용을 하는 말이다.

12) '숭년도'[LHL]. 흉년도.

13) '물함빠~알'[HHHL]. 물 한 방울. '방울'과 같은 어휘 요소도 'ㅇ' 받침이 있으면, 그 뒤 음절은 앞 음절의 모음에 동화하는 경향이 강한 것이 경남 방언이다. 그리고 그 'ㅇ'은 비모음화하여 '빠~알'[HL]로 되는 것이다.

14) '안새앵키:노'[LLLH^L]? 생각이 안 나지? 이는 '생각나지 않는다'의 독특한 경남방언형인데, 어떨 때는 '새앵킨다'가 '생각킨다'[LLHL]로 발화되기도 한다. 둘 다 표준어에는 없는 조어법인데, '생각킨다'에서 '새앵킨다'로 바뀌는 과정을 설명하는 일은 쉽지 않다.

15) ‘대통냥’[LHH]. 대통령. ‘대통령’의 전형적인 경남방언은 ‘대통냥’이다.

16) ‘말:키’[L:H]. 말끔.

17) ‘영골덜판’[LLHL]. 거덜.

18) ‘쪼매서’[LLHL]. 조금씩. ‘서’는 표준어의 ‘씩’에 해당하는 경남방언이다.

19) ‘멩창’[LH]. 그냥, 생각없이 그냥.

20) ‘밍기가’[HLL]. 명기가.

21) ‘전잘떼’[LHL]. 견줄 데.

22) ‘서리’[HH]. ‘설+이’로 분석되지만, ‘설’의 정확한 의미는 적기 어렵다. 풍수에서 말하는 ‘명당’ 선택과 관련 있는 말이다.

23) ‘대끼슬낌니더’[LHLLLL]. 닫겼을 것입니다.

24) ‘쟁기슬낌니더’[LHLLLL]. 잠겼을 것입니다.

25) ‘뭉끄니:가’[LLH^L]. 문이 열려 가지고. 문이 열리거나 옷고름 등이 풀어지는 것을 경남방언에서는 ‘끌리:다’[LH^L]라는 피동 표현을 쓴다. 여기에서 말하는 ‘끄니:가’는 ‘끌리:가’에서 변한 표현이다.

26) ‘일련:’[HL:]. 무슨 뜻인지 알 수 없는 말이다.

27) ‘안하능갑습떠더’[LLLHHLL]. 안 하는가 봅다. 경남방언 ‘-능갑다’는 표준어로 ‘-는가 보다’의 뜻이다.

28) ‘인지’[HL]. 이제. 발화에서 수없이 나온, 디딤말 ‘인자, 언쟈’[LH]와 ‘인지’[HL]는 다른 말이다. ‘인지’는 ‘이제, 이제 곧’의 뜻이다. ‘인지’는 [HL]와 같은 성조 외에, [HH]와 같은 성조로 더 많이 쓰인다.

29) ‘정가기’[HLL]. 정자가.

30) ‘한동네거치’[HLLLL]. 한동네같이.

31) ‘작찌도’[HLL]. 지팡이도.

32) ‘대동때기는’[LLHLL]. 대동댁은. 제보자 할머니의 택호가 ‘대동댁’이다. ‘댁’을 경남방언에서는 ‘때기’[HL]라고 한다. ‘댁+-이’에서 온 말이다.

33) ‘이집카마’[HHHL]. 이 집보다. ‘카마’는 차등 비교를 나타내는 표준어 ‘보다’의 경남방언이다. 그러나 아래에서는 ‘뽀다’(=보다)[HL]가 사용되었다.

34) ‘너문’[HH]. 남은. 경남방언에서 ‘남’은 ‘넘’[H]으로 발음된다.

35) ‘태꿈니더’[HHHL]. 택홉니다. 표준어 ‘택호’를 경남방언에서는 ‘태꾸’[HH]라고 한다.

36) ‘고디~이가’[LHLL]. 우렁이가.

37) ‘유멩하기’[LLHL]. 유명하게. 표준어 어미 ‘-게’는 경남방언서 ‘-기’로 실현된다.

"갱단지야, 너랑 나랑 같이 살자"

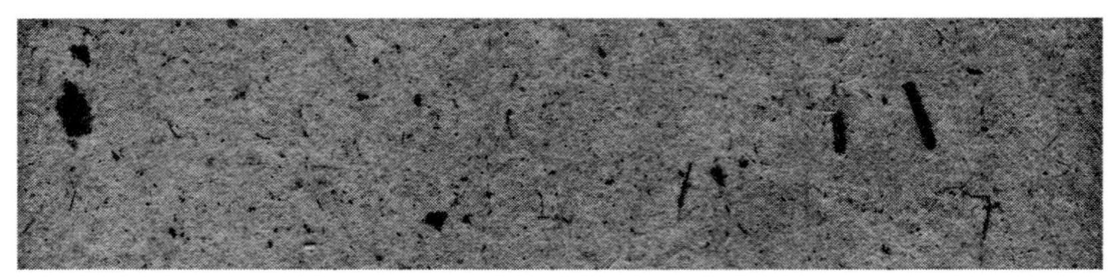

ˉ 콩을 단말도 장을 당고.[1]

ˉ 단말 장을 달 다므마.

ˉ 무른 멘말로 분나하마.

ˉ 콩 한마예 물 두말석 부:마.

ˉ 콩 단마리 무리 열말아임니꺼?

예.

ˉ 예 그래가 장을 다마서.

ˉ 그장을 다먹꼬.

ˉ 모다 일꾼대:고.

ˉ 일꾼도 마~이디리고.[2]

ˉ 그래 애:들모도 저거키울쩌게 그래머.

ˉ 마~이 드러슴니더 그거도.

ˉ 큰도가지는 그래도당고.

ˉ 서말도 당 콩서말도 당고.

ˉ 또 두말 담는:데도이꼬.

ˉ 그래:매 지끄먼자 말가굳담는데 고건 고오다 다마묵씸:니더.

ˉ 언냐 고게당고.

ˉ 도가지도 말:키 거친:다꼬.[3]

ˉ 머 지:[4] 파라뿌고.

ˉ 다버새:뿌고 나뚤떼도 업꼬 그러슴니더.

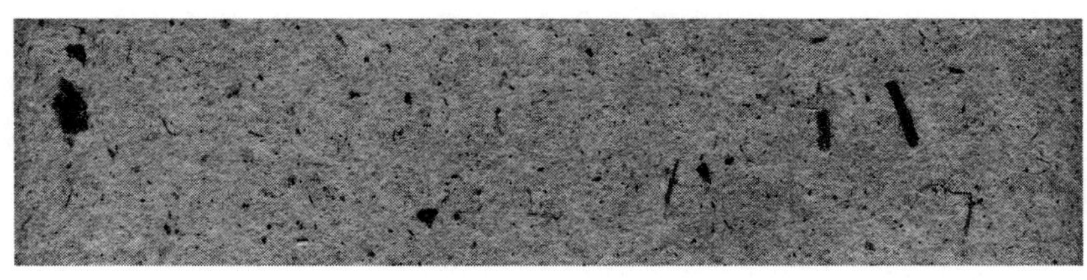

˗ 콩을 닷말도 장을 담그고.

˗ 닷말 장을 담 담그면.

˗ 물은 몇 말을 붓느냐 하면.

˗ 콩 한 말에 물 두 말씩 부으면.

˗ 콩 닷말이 물이 열 말이잖습니까?

예.

˗ 예, 그래 가지고 장을 담아서.

˗ 그 장을 다 먹고.

˗ 모두 일꾼 대고.

˗ 일꾼도 많이 들이고.

˗ 그래 애들 모두 자기들 키울 적에 그래 뭐.

˗ 많이 들었습니다, 그것도.

˗ 큰 도가지는 그렇게도 담그고.

˗ 세 말도 담, 콩 세 말도 담그고.

˗ 또 두 말 담그는 데도 있고.

˗ 그랬는데(?) 지금은 인제 말가웃 담는 데 그것 거기에다 담가 먹습니다.

˗ 인제 거기에 담그고.

˗ 도가지도 전부 거추장스럽다고.

˗ 뭐 있는 것 몽땅 팔아 버리고.

˗ 이 없애 버리고 놓아 둘 데도 없고 그렇습니다.

도갈 때.

도가지 그래 도가지 도가지는 배가 부릅니까?

‑ 예.

‑ 도가지[5]는 미치 평평하고.

‑ 이리 중가~이 부르고 우에는[6] 솔고 예.

‑ 그렁기인자 도가지고.

‑ 큰:: 떠꿍이[7] 인자 이만:치 너른 떠꿍으로 우:덕꼬.

‑ 그래 그래 생기씸니더 도가지는.

도가지키느 얼마나 뎁니까?

‑ 키느언자머 머 물로여남:말석 더 분는 그렁거로 키가머 장고리[8]키만 하지.

‑ 키가큼니더.

‑ 키가 쿠고.

‑ 또 굳뽀다 자궁거는또 물 연말도 부꼬.

‑ 그래 똠머 너말도부꼬 그래모다 장을당고.

연말도부꼬 너말도분는거또 도가지라캐슴니꺼?

‑ 예.

큰:: 도가지 **** 자근 도가지 **.

‑ 예 지끔:예.

‑ 이지베 앙가보시서그러치.

‑ 그어 가보시마 머 옹::가꺼 다이씸니더.

‑ 옹:각 도가지도머 머 옹:간도가지 다이씸니더 예나레사덩거.

‑ 만서꾼 살리미마 자브스레:::[9]머 채리노코 이심니더.

‑ 구경하라꼬.

그게 도가지 다 그: 보시고어머~이그 이거는 이르미 머:고 이거는 머:고머고 다 기억하시게씀니까 도가지 보시모.

???

도가지 그래 도가지 도가지는 배가 부릅니까?

ᄀ 예.

ᄀ 도가지는 밑이 평평하고.

ᄀ 이렇게 중간이 부르고 위에는 솔고, 예.

ᄀ 그런 것이 인제 도가지고.

ᄀ 큰 뚜껑이 인제 이만큼 넓은 뚜껑으로 위 덮고.

ᄀ 그래 그래 생겼습니다, 도가지는.

도가지 키는 얼마나 됩니까?

ᄀ 키는 인제 뭐 뭐 물을 여남은 말씩 더 붓는 그런 것으로 키가 뭐 장골 키만하지.

ᄀ 키가 큽니다.

ᄀ 키가 크고.

ᄀ 또 그것보다 작은 것은 또 물 엿 말도 붓고.

ᄀ 그래 또 뭐 네 말도 붓고 그렇게 모두 장을 담그고.

엿 말도 붓고 네 말도 붓는 것도 도가지라고 했습니까?

ᄀ 예.

큰 도가지 **** 작은 도가지 **.

ᄀ 예, 지금요.

ᄀ 이 집에 안 가보셔서 그렇지.

ᄀ 거기에 가 보시면 뭐 온갖 것 다 있습니다.

ᄀ 온갖 도가지도 뭐 뭐 온갖 도가지 다 있습니다. 옛날에 살던 것.

ᄀ 만석꾼 살림이 마 잡스레 뭐 차려놓고 있습니다.

ᄀ 구경하라고.

거기 있는 도가지 다 그 보시고 어머니 그 이것은 이름이 뭐고 이것은 뭐고 뭐고 다 기억하시겠습니까, 도가지 보시면.

˹ 어 그:언자 큰도가지 자근도가지 모도 그러치예.

˹ 두가지가 자근도가지고 큰도가지고 그러코.

˹ 언자 무를 저다가 물 버어가:꼬 이래 담 넙 다마뭉는그거는 늘비기고.[10]

아 예.

˹ 늘 늘비기.

물담능거는 늘비기예.

˹ 예.

˹ 예 옌나레는 무를 저다무꼬 여다무꼬 이래씀니더.

˹ 그런머리[11] 그거는 늘비기는 이만:치 너르고.

˹ 너러기생기고 우에다가 떠꿍은 옌나레는 이자로[12]가주고 떠꿍을 맨드러가주고.

˹ 그래 언자.

머로 가지고예?

˹ 이다 이런 이다로 가지고.

아 이다로 가지고: 예.

˹ 그래 떠꿍을 인자더푸노코.

그거는 언자 그:.

옹구로 덴 떡 떡 뚜껑은 뚜껑은 **** 나무로 가:.

˹ 예 떠꿍은 떠꿍은 나무로 가: 덕꼬.

그 노피도 얼마안데겐네 그라모.

˹ 노푸기도[13] 노푸지예 그: 부자찌베는.

노푸고도 너름니까?

˹ 예.

˹ 노푸고도 너르고 또 자긍거또이꼬.

˹ 이 부자찌베 가모머 옹:가꺼 다 이심니더.

˹ 어 그 인제 큰 도가지 작은 도가지 모두 그렇지요.

˹ 두 가지가 작은 도가지고 큰 도가지고 그렇고.

˹ 인제 물을 져다가 물 부어 가지고 이렇게 담 넓 담아 먹는 그것은 늘
배기고.

아, 예.

˹ 늘 늘배기.

물 담는 것은 늘배기요.

˹ 예.

˹ 예, 옛날에는 물을 져다 먹고 여다 먹고 이랬습니다.

˹ 그렇기 때문에 그것은 널배기는 이만치 너르고.

˹ 너르게 생기고 위에다가 뚜껑은 옛날에는 판자를 가지고 뚜껑을 만들
어 가지고.

˹ 그래 인제.

뭣을 가지고요?

˹ 판자, 이런 판자를 가지고.

아, 판자를 가지고, 예.

˹ 그렇게 뚜껑을 인제 덮어 놓고.

그것은 인제 그.

옹기로 된 뚜 뚜 뚜껑은 뚜껑은 **** 나무를 가지고.

˹ 예, 뚜껑은 뚜껑은 나무로 갖고 덮고.

그 높이도 얼마 안 되겠네, 그러면.

˹ 높기도 높지요, 그 부잣집에는.

높고도 너릅니까?

˹ 예.

˹ 높고도 너르고 또 작은 것도 있고.

˹ 이 부잣집에 가면 뭐 온갖 것 다 있습니다.

음: 예:.

ᵀ 그렁거 다이슴니더.

예: 늘비기도 이꼬.

ᵀ 엔나레 이래 물 자사서[14] 무군 폼포도[15] 이꼬 머.

ᵀ 다이심니더.

그라모 지금 어무~이 그지예 도가지 말씀해주시꼬.

늘비기 말씀해주셔꼬.

그라모 무를 이고 오가지고 분는거.

ᵀ 그거 예.

ᵀ 그거는 부리 버지기.[16]

버지기로 물: 이고 옴니꺼?

ᵀ 예.

ᵀ 버지기.

아 예.

예: 말씀하시소:.

ᵀ 또 찔:쭘항거는[17] 도~오라[18] 커기도 해슴니다.

아 그 버지기는 그람 우째생기슴니꺼?

ᵀ 예 버지기는 평퍼하~이 이래.

ᵀ 이 이래 꼭따리[19] 달리고 이래 이능기 버지기고.

ᵀ 도~오는 이리 지: 찌뻬타~이[20] 찔쭘하~이 생깅기 토~오고 그러슴니다.

예::.

ᵀ 구래 언자이.

도~오나 버지기를 가지고 무를 이가지고 늘비기에 부슴니까?

ᵀ 예.

ᵀ 엔나레는 그래여다 무슴니더.

ᵀ 구울코 부자찌베에는언자 잉 아래껀 아래싸람드리 모더 여다부코.

음, 예.

¯ 그런 것 다 있습니다.

예, 늘배기도 있고.

¯ 옛날에 이렇게 물 자아서 먹은 펌프도 있고 뭐.

¯ 다 있습니다.

그러면 지금 어머니 그죠, 도가지 말씀해 주셨고.

늘배기 말씀해 주셨고.

그러면 물을 이고 와 가지고 붓는 것.

¯ 그것 예.

¯ 그것은 버리 버지기(자배기).

버지기로 물을 이고 옵니까?

¯ 예.

¯ 버지기.

아, 예.

예, 말씀하십시오.

¯ 또 길쭉한 것은 동이라고 하기도 했습니다.

아, 그 버지기는 그러면 어떻게 생겼습니까?

¯ 예, 버지기는 평평하니 이렇게.

¯ 이 이래 꼭지 달리고 이렇게 이는 것이 버지기고.

¯ 동이는 이렇게 길 뾰족하게 길쭉하게 생긴 것이 동이고 그렇습니다.

예.

¯ 그래 인제.

동이나 버지기를 가지고 물을 여 가지고 늘배기에 붓습니까?

¯ 예.

¯ 옛날에는 그렇게 여다 먹었습니다.

¯ 그렇고, 부잣집에는 인제 아랫것 아래사람들이 모두 여다 붓고.

˥ 이 이 이 중가네 여게 전:치 이전 저집 종드리 사라슴니더.

음 예:.

˥ 지금 그런 사아미 양반질할라꼬 다 나가심:더.

˥ 근: 그러때는 그 사람들로 이 도 동네 일가드를 대우로 안해조어서예.

˥ 저 점:부 니가 머 이래 홀때하고.

˥ 이래잉께네 말:키양반질할라꼬 다나가고 엄슴니더 지끔.

˥ 하나떠업슴니더.

˥ 이 양반 들판나잉께 다나가뿌예.

그라모 그: 늘비기 버지기 도~오: 그래아까.

˥ 예 그: 언자 또~오 다 예.

도 도 도 도가지:.

˥ 단지도.[21]

단지는우뚜슴니꺼?

˥ 단지도언자 어오 큰단지이꼬 자근단지이꼬.

˥ 요오 고거또 저 옹기단지고렁기 여:러칭임니더.

예 단지는 우째 생기슴니꺼?

˥ 단지는:자.

우게가 솔쪽함니 널쩍함니?

˥ 예 우에가 솔쪽하고 미튼좀 부르고.

˥ 고래 이:.

˥ 우에 떠꿍이 딱:더피고.

˥ 고렁기 단지고.

단지는 키가 얼마만함니꺼?

˥ 예 머 킁:거또이꼬 또 그거또또 중강거또이꼬 또 쪼끄매는 머:.

˥ 갱:딴지라[22] 커능거는 쪼끄망:코.

그람: 단지가 크몬녜:.

⁻ 이 이 이 중간에 여기에 전부 이전 저 집 종들이 살았습니다.

음, 예.

⁻ 지금 그런 사람(들)이 양반질하려고 다 나갔습니다.

⁻ 그 그럴 때는 그 사람들로 이 동 동네 일가들로 대우를 안 해 주었어요.

⁻ 저 전부 네가 뭐 이렇게 홀대하고.

⁻ 이러하니까 모두 양반질하려고 다 나가고 없습니다, 지금.

⁻ 하나도 없습니다.

⁻ 이 양반 거덜 나니까 다 나가 버려요.

그러면 그 늘비기, 버지기, 동이 그렇게 아까.

⁻ 예, 그 인제, 동이 다, 예.

도 도 도 도가지.

⁻ 단지도.

단지는 어떻습니까?

⁻ 단지도 인제 어 큰 단지 있고 작은 단지 있고.

⁻ 요, 그것도 저 옹기단지 그런 것이 여러 층입니다.

예, 단지는 어떻게 생겼습니까?

⁻ 단지는 인제.

위가 솝니{X까X}, 넓적합니{X까X}?

⁻ 예, 위가 솔고 밑은 좀 부르고.

⁻ 그래 이.

⁻ 위에 뚜껑이 딱 덮이고.

⁻ 그런 것이 단지고.

단지는 키가 얼마만합니까?

⁻ 예, 뭐 큰 것도 있고 또 그것도 중간 것도 있고 또 조그마한 뭐.

⁻ 갱단지라고 하는 것은 조그맣고.

그러면 단지가 크면요.

￢ 예 단지도 여:러질아임니꺼?

여러지린데 단지중에서 제일큰단지가 도가지중에서 제일자근 도가지하고 **

하머느.

어떵기 더 큼니꺼?

￢ 그리 비스름함니더.

그라먼 도가지는 제:일 자근 도가지고.

￢ 예.

단지는 제일 큰단지는 거이 비슫하다 말임니꺼?

그라모 도가지하고단지는 단지에도 도가지는 요: 꼭다리가 이슴니까 업슴니

까 손재비가.

￢ 도가지는 꼭다리가어꼬.

그라모 단지에는녜?

￢ 예 단지에는 꼭다리이슴니더.

이찌예?

그라모 예.

￢ 또 추무리라꼬²³⁾ 이슴니더.

에 또 말씀해 주이소. 자우지 온: 생각나시는대로 얘기{X해 주이소X}.

￢ 예.

￢ 예 추무리는 둥구룸:하~이이래 둥구룸:한데다가.

￢ 미튼평평하고 우에는솔고.

￢ 고거또또 떠꿍이 더피:고.

￢ 추무리라꼬.

추무리는 머하능김니까?

￢ 구굳또 머 옹:가꺼 당고²⁴⁾ 살리메 머그거또머 씨능거아임니꺼?

추무리는 어데 여 여:나코 보간하능김니?

아이모 이동 그 옹기는데 쓰능김**?

˅ 예, 단지도 여러 종류잖습니까?

여러 종류인데 단지 중에서 제일 큰 단지가 도가지 중에서 제일 작은 도가지하고 {X비교X}하면은.

어떤 것이 더 큽니까?

˅ 그렇게 비슷합니다.

그러면 도가지는 제일 작은 도가지고.

˅ 예.

단지는 제일 큰 단지하고 거의 비슷하다 말입니까?

그러면 도가지하고 단지는 단지에도 여기 꼭지가 있습니까, 없습니까, 손잡이가.

˅ 도가지는 꼭지가 없고.

그러면 단지에는요?

˅ 예, 단지에는 꼭지 있습니다.

있지요?

그러면, 예.

˅ 또 추마리라고 있습니다.

에 또 말씀해 주십시오. 좌우지간 오늘 생각나시는 대로 얘기{X해 주십시오X}.

˅ 예.

˅ 예, 추마리는 둥그스럼하게 이렇게 둥그스럼한 데다가.

˅ 밑은 평평하고 위에는 솔고.

˅ 그것도 또 뚜껑이 덮이고.

˅ 추마리라고.

추마리는 뭐하는 것입니까?

˅ 그것도 뭐 온갖 것 담그고 살림에 뭐 쓰는 것이잖습니까?

추마리는 어디 넣 넣어 놓고 보관하는 것입니{X까X}?

아니면 이동 그 옮기는 데 쓰는 것입{X니꺼X}?

˚ 그 머 저젇.

˚ 장 장또까~이라꼬 장또까~이라꼬 이래.

˚ 머 난는데그게 옹:가꺼 그런 단지르모다이래 기물로나아나슴니더.

그러니까: 추무리는 그아네 머 머 다마가꼬 일단 간장을 당가.

˚ 예 예.

˚ 간장도 당:고[25] 머 옹:가꺼 그래 머 다마[26]무꼬.

다마가꼬 그래 고 아네 집아네 언자 그 보간해 논는김니꺼?

˚ 예.

아니메는 어데 질머지고 댕기는?

˚ 안질머짐니더.

˚ 안 질머지고 그: 보간해나코.

˚ 엔나레느예 모도 농부드리 저 추무리 그그러가주고.

˚ 구디기물도[27] 퍼:서 저 전다베 가따주고.

˚ 지게지고.

˚ 지고.

지고 그럼 그거는 찌고와 옹기야 델꺼 아임니꺼?

*지고.

˚ 예.

˚ 지고가서 그래 가따가 그래거러가:고[28] 모도 곡시글하고 그래심니더.

˚ 비료도업꼬 이래노~이.

그기: 똥추무림니꺼?

˚ 예 그기: 똥추무리[29] 아임.

그라모 간장추무리가 이어씀니꺼?

˚ 예 간장추무리[30] 이꼬:.

¯ 그 뭐 저저.

¯ 장 장독간이라고 장독간이라고 이렇게.

¯ 뭐 놓는 데 거기에 온갖 것 그런 그런 단지를 모두 이렇게 기물을 놓아 놓습니다.

그러니까 추마리는 그 안에 뭐 뭐 담아 갖고 일단 간장을 담가.

¯ 예 예.

¯ 간장도 담고 뭐 온갖 것 그래 뭐 담아 먹고.

담아 갖고 그래 그 안에 집안에 인제 그 보관해 놓는 것입니까?

¯ 예.

아니면은 어디 짊어지고 다니는 {X것입니까X}?

¯ 안 짊어집니다.

¯ 안 짊어지고 거기에 보관해 놓고.

¯ 옛날에는요 모두 농부들이 저 추마리 그것을 가지고.

¯ 똥물도 퍼서 전 전답에 갖다 주고.

¯ 지게(에) 지고.

¯ 지고.

지고 그럼 그것은 지고 와 옮겨야 될 것 아닙니까?

*지고.

¯ 예.

¯ 지고 가서 그래 갖다가 그래 기름지게 해 가지고 모두 곡식을 (생산)하고 그랬습니다.

¯ 비료도 없고 이러니까.

그것이 똥추마리입니까?

¯ 예, 그것이 똥추마리{X잖습니꺼X}.

그러면 간장추마리가 있었습니까?

¯ 예, 간장추마리 있고.

술추무리는녜?

¯ 술추무리도[31] 이꼬.

¯ 머 술 다므마 술추무리고.

¯ 간장 다므마 간장추무리고 앙그러슴니꺼?

구디기 그: 퍼모 똥추무리고:.

예: 그기 추무리고 그지예?

그라모 또 또 머가 이서슴니거?

그 사구는 멈니까?

¯ 사구는.[32]

예.

¯ 사 사구는 작심니더.

¯ 버지기다아메 사구 저:게 사구라 컴니더.

¯ 버지기 다아메 꼭따리사구[33]라컴니더 그거느.

꼭따리사구는 꼭따리 이서 그러슴니꺼?

¯ 예.

¯ 꼭따리가 이심니더.

그 꼭따리 사구는 우게가 너리고.

¯ 예 버지기 몬냥으로 생긴는데 작찌예.

음: 예:.

그라먼 아까 버지기는: 물 이고 온:데 씨꼬.

¯ 예.

그라모 사구느어데: 씀니까?

¯ 사구는 옌나레 보살로[34] 씩거심:더.

아:: 예:.

¯ 보살로가 예 퍼퍽 이래 사구대고 씨꺼심니더.

요래가: 씽능거.

술추마리는요?

⁻ 술추마리도 있고.

⁻ 뭐 술 담으면 술추마리고.

⁻ 간장 담으면 간장추마리고 그렇잖습니까?

구덩이 그것 퍼면 똥추마리고.

예, 그것이 추마리고 그죠?

그러면 또 또 뭐가 있었습니까?

그 사구는 뭡니까?

⁻ 사구는.

예.

⁻ 사 사구는 작습니다.

⁻ 버지기 다음에 사구 저것이 사구라고 합니다.

⁻ 버지기 다음에 꼭지사구라고 합니다, 그것은.

꼭따리사구는 꼭지(꼭따리) 있어 그렇습니까?

⁻ 예.

⁻ 꼭지가 있습니다.

그 꼭지 사구는 위에가 너르고.

⁻ 예, 버지기 모양으로 생겼는데 작지요.

음, 예.

그러면 아까 버지기는 물 이고 오는 데 썼고.

⁻ 예.

그러면 사구는 어디에 씁니까?

⁻ 사구(로)는 옛날에 보리쌀을 씻었습니다.

아, 예.

⁻ 보리쌀을 가지고 예, 퍽퍽 이렇게 사구(에) 대고 씻었습니다.

이렇게 해서 씻는 것.

⁻ 버지기는 더크고.

그럼 지끔꺼지예 말씀하싱거 제가 한 참참 *** 빠징거 먼지 **.

도가지 이꼬예.

⁻ 예.

늘비기 이꼬.

버지기 이꼬.

⁻ 단 단지 이꼬.

단지 이꼬.

추무리 이꼬.

사구 이꼬 또 또 어떵기 이슴.

⁻ 툭파리[35] 이꼬.

예?

⁻ 툭파리라꼬 또 요고맨:항거또.

툭빠리 예.

예.

⁻ 옌나레 장도찌지묵꼬.

⁻ 요런 툭빠리다가.

⁻ 예 고렁기 이심니더.

예 요는 장찌지뭉능거예.

⁻ 또른 요 요 요거만:한 또 옹기단지 그렁거또 또 쪼끄마난 갱딴지라꼬 또 그렁거또 이꼬.

머슨 단지예?

⁻ 갱딴지라캄니더 고렁거는.

갱딴찌는 어데 씀니꺼?

⁻ 그렁거는 또 요레 작끼 씨는데.

⁻ 꼬치장도[36] 당고.[37]

⌐ 버지기는 더 크고.

그럼, 지금까지는요 말씀하신 것 제가 한 참참 *** 빠진 것 뭔지 **.

도가지 있고요.

⌐ 예.

늘배기 있고.

버지기 있고.

⌐ 단 단지 있고.

단지 있고.

추마리 있고.

사구 있고, 또 또 어떤 것이 있습{X니꺼X}?

⌐ 뚝배기 있고.

예?

⌐ 뚝배기라고 또 요것만한 것도.

뚝배기, 예.

예.

⌐ 옛날에 장도 지져 먹고.

⌐ 이런 뚝배기에다가.

⌐ 예, 그런 것이 있습니다.

예, 이것은 장지져 먹는 것요.

⌐ 또는 이 이 이 이것만한 또 옹기단지 그런 것도 또 조그마한 갱단지라
고 또 그런 것도 있고.

무슨 단지요?

⌐ 갱단지라고 합니다, 그런 것은.

갱단지는 어디에 씁니까?

⌐ 그런 것은 또 이렇게 작게 쓰는데.

⌐ 고추장도 담고.

ᐨ 머: 그래쪼끄마:석 씨는데 고런데 씨능기고.

ᐨ 음 살림사리머 한저~이이심니꺼?

또 갱딴찌 이꼬 또 어떵기 이서슴니까?

ᐨ 그 머 단지 종 종뉴는 머 그 그렁김니더.

머 수티~이라든지 중두리라든지 이렁거는 업서슴니꺼?

ᐨ 예?

수티~이 중두리 산는거는.

ᐨ 수티~이[38] 중두리.[39]

ᐨ 수티~이러 머:러 수티~이라카머 하지마는.

ᐨ 그: 수티~이라커능거는 저:게 머 물도저버코.

ᐨ 물도 여다부코 저바다 저다부코.

ᐨ 그래 마 늘비기도 씨고.

ᐨ 수티~이도 씨고 그래심니더.

수티~이도 그라모 아까.

ᐨ 예 내나 그거또 단짐니더.

수티~이도 단지 종늡니까?

ᐨ 예.

단지 종뉴모 그라모 수티~이는 그 저 손자비가 이슴니까?

수티~이.

ᐨ 수티~이가 손자비 인는거또 이꼬 엄는거또 이꼬 그러심니더 도가지맨
치로.

도가지는 잔 단 그 손.

ᐨ 도가지 수티~이 저 그거 수티~이는 꼭따리 엄슴니더.

수티~이도 업찌예?

ᐨ 예:.

예:.

⁻ 뭐 그래 조그마하게 쓰는 데 그런 데 쓰는 것이고.

⁻ 음, 살림살이 뭐 한정이 있습니까?

또 갱단지 있고 또 어떤 것이 있었습니까?

⁻ 그 뭐 단지 종 종류는 뭐 그 그런 것입니다.

뭐 수팅이라든지 중두리라든지 이런 것은 없었습니까?

⁻ 예?

수팅이 중두리라고 하는 것은.

⁻ 수팅이, 중두리.

⁻ 수팅이를 뭐를 수팅이라고 하는가 하면.

⁻ 그 수팅이라고 하는 것은 저기 뭐 물도 져 붓고.

⁻ 물도 여다 붓고 져(다) 받아 져다 붓고.

⁻ 그렇게 마 늘배기도 쓰고.

⁻ 수팅이도 쓰고 그랬습니다.

수팅이도 그러면 아까.

⁻ 예, 아는 바와 같이 그것도 단지입니다.

수팅이도 단지 종류입니까?

⁻ 예.

단지 종류면 그러면 수팅이는 그 저 손잡이가 있습니까?

수팅이.

⁻ 수팅이가 손잡이 있는 것도 있고 없는 것도 있고 그렇습니다, 도가지
처럼.

도가지는 잔 단 그 손.

⁻ 도가지 수팅이 저 그거 수팅이는 꼭지 없습니다.

수팅이도 없지요?

⁻ 예.

예.

　　그라모 어무~이 그지예 음: 도가지하고 수티~이하고가 그라모 우째 우째
우째 다름니까?

- 그 수티 수티~이라커능거는 단지모양으로 생기꼬.
- 늘비기는 버지기 모양으로 생긴닝기 크고.
- 언자 옌나레 떡시리가이꼬.
- 떡시리가 이부자찝커튼데는 자궁거이꼬 쿵거인는데.
- 떡시리는 우예 생긴나하모.
- 미치 두러벙:하~이 달거치이래 두러벙:하~이 미치 빠진데다가.
- 이레 니군데 구늉 구뭉이 이심니더.
- 그 구멍에언자 지미 올라가가 떠기 익심니더.
- 크: 큰: 떡시리에.
- 그: 이래 지미⁴⁰⁾ 올라가가꼬.
- 그래언자 그 떡 떠글 그어서 이카심니더 옌나레는.
- 자근 떡시리도이꼬 큰 떡시리도이꼬.

예:.

- 그 옌나레 모더 그렁거로 가지고 안사라슴니꺼?

그라문네 옌나레 콩지르믄 어데서 나아무우슴니꺼?

- 예?

콩지름.

- 콩지름?

예.

- 콩지름지라:서⁴¹⁾ 뭉능거?

고오또.

- 그거또 도~오가 이슴니더.
- 예: 콩지름또~오가 따리이심니더.

아: 그언 콩지름또~오라 캄니꺼?

그러면 어머니 그죠, 음 도가지하고 수팅이하고가 어떻게 어떻게 어떻게 다릅
니까?
﹣ 그 수팅 수팅이라거 하는 것은 단지 모양으로 생겼고.
﹣ 늘배기는 버지기 모양으로 생긴 것이 크고.
﹣ 인제 옛날에 떡시루가 있고.
﹣ 떡시루가 이 부잣집 같은 데는 작은 것 있고 큰 것 있는데.
﹣ 떡시루는 어떻게 생겼느냐 하면.
﹣ 밑이 두렷하게 달같이 이래 두렷하게 밑이 빠진 데다가.
﹣ 이렇게 네 군데 구멍 구멍이 있습니다.
﹣ 그 구멍에 인제 김이 올라가서 떡이 익습니다.
﹣ 그 큰 떡시루에.
﹣ 거기에 이래 김이 올라가서.
﹣ 그래 인제 그 떡 떡을 거기에서 익혔습니다, 옛날에는.
﹣ 작은 떡시루도 있고 큰 떡시루도 있고.
예.
﹣ 그 옛날에 모두 그런 것을 가지고 살았잖습니까?
그러면요, 옛날에 콩나물은 어디서 놓아 먹었습니까?
﹣ 예?
콩나물.
﹣ 콩나물?
예.
﹣ 콩나물 길러서 먹는 것?
그것도.
﹣ 그것도 동이가 있습니다.
﹣ 예, 콩나물동이가 따로 있습니다.
아, 그건 콩나물동이라고 합니까?

- 예.

아:.

- 콩지름또~오가 자궁거이꼬 콩거이꼬.

- 엔나레는 콩나물로 지사째마정 따리 어른드리 지라라 컵띠더.

- 한도~오콩지름가: 두분안지낸다꼬.

- 하 엔나레 그래사라서예.

- 이래 올쩌녀게 여: 팍: 부우무꼬 쪼깨:는 도~오다가 나아가꼬.

- 올빠메 요래 팍:버어무꼬.

- 우리드른 또 한사날이스모 또 지산데.

- 고때또 잡술 콩지르믈또.

- 이 이콩지름 더러묵꼬또 저콩지르믈 지루:고[42] 이래슴니더.

- 그렁게 콩지름또~오가 사:시로 안자가이찌예.

- 그 그래 정성으로 지라:가주고 그래 지사씨고.

- 그래 콩지름또~오도 여러가짐니더.

예: 콩지름또~오 콩지름또~오도 이꼬.

- 콩지름또~오가 여러개로 노코.

- 지사쩌마장 새로 시: 콩지르믈 지라:고.

- 술:도 한단지술 두분씨지 마라캐서.

- 또 또 새단지 술 떠노코.

- 또 해서 새단지 술 떠노코 그래안써심니꺼?

혹시 여개 드 뜨무 드무라 카능거 업서슴니까?

- 물드무: 물 저본: 그기: 드무[43] 아임니꺼?

- 아까 거: 씨이심니더.

그거는 늘비기고예.

- 그 늘비기가 드무미:더.

늘비기가 바로 드뭄니꺼?

﹁ 예.

아.

﹁ 콩나물동이가 작은 것 있고 큰 것 있고.

﹁ 옛날에는 콩나물을 제사 때마다 따로 어른들이 길러라고 합디다.

﹁ 한 동이 콩나물을 가지고 두 번 안 지낸다고.

﹁ 하 옛날에 그렇게 살았어요.

﹁ 이렇게 오늘 저녁에 여기에 팍 부어 먹고 조그마한 동이에다가 놓아 갖고.

﹁ 오늘 밤에 이렇게 팍 부어 먹고.

﹁ 우리들은 또 한사날 있으면 또 제산데.

﹁ 그때 또 잡술 콩나물을 또.

﹁ 이 콩나물 채 덜 먹고 또 저 콩나물을 기르고 이랬습니다.

﹁ 그러니까 콩나물동이가 사철로 앉아 있지요.

﹁ 그 그래 정성으로 길러 가지고 제사 쓰고.

﹁ 그래 콩나물동이도 여러 가지입니다.

예, 콩나물동이, 콩나물동이도 있고.

﹁ 콩나물동이가 여러 개를 놓고.

﹁ 제사 적마다 새로 시 콩나물을 기르고.

﹁ 술도 한 단지 술 두 번 쓰지 말라고 해서.

﹁ 또 또 새 단지 술 떠 놓고.

﹁ 또 해서 새 단지 술 떠놓고 그렇게 썼잖습니까?

혹시 여기에 드 드무 드무라고 하는 것 없었습니까?

﹁ 물드무 물 저 본 그것이 드무잖습니까?

﹁ 아까 거기에 쓰였습니다.

그것은 늘배기고요.

﹁ 그 늘배기가 드무입니다.

늘배기가 바로 드무입니까?

⎯ 예 늘비기가 물늘비기고 물드무고 그러슴니더.

아:.

⎯ 기 이르미 두가짐니더.

이에 가틍김니까?

⎯ 예.

⎯ 가튼 이르미**.

늘비기라카기도카고 드무라카기도카고.

⎯ 예.

⎯ 그 늘비기는 주루 떠꿍이 주로 나무떠꿍을 덕꼬.

또 머 머 옹구가 또 머 업서슴니까?

옹구그릇.

⎯ 머 옹기그릉: 그렁김니더.

⎯ 그종늄니더.

아 참 사구라 아 아.

⎯ 사구가.

아까 그 보:쌀 씽능거예.

⎯ 사구가 보쌀씽능그기: 사굼니더.

⎯ 꼭따리사구 그 아까 씨이심니꺼? 버지기다아메.

⎯ 버지기다:메 그기: 사굼니더.

⎯ 보쌀씽능기: 사굼니더 보쌀사구. (웃음)

혹씨 사구 중에서 도랑사구라카능기 이서슴?

⎯ 도랑사구⁴⁴⁾도이찌예.

도랑사구는 멈니까?

⎯ 도랑사구는 또 도러방하~이 꼭따리 업시 그래 도랑사구지, ** 도러방하~이.

⎯ 자긍기: 도랑사구고.

작:꼬:.

˹ 예, 늘비기가 물늘배기고 물드무고 그렇습니다.

아.

˹ 그것이 이름이 두 가지입니다.

이것이 같은 것입니까?

˹ 예.

˹ 같은 이름{X입니다X}.

늘비기라고 하기도 하고 드무라고 하기도 하고.

˹ 예.

˹ 그 늘배기는 주로 뚜껑이 주로 나무 뚜껑을 덮고.

또 뭐 뭐 옹기가 또 뭐 없었습니까?

옹기그릇.

˹ 뭐 옹기그릇은 그런 겁니다.

˹ 그 종릅니다.

아 참 사구라 아 아.

˹ 사구가.

아까 그 보리쌀 씻는 것이요.

˹ 사구가 보리쌀 씻는 그것이 사굽니다.

˹ 꼭따리사구 그 아까 쓰였습니까? 버지기 다음에.

˹ 버지기 다음에 그것이 사굽니다.

˹ 보리쌀 씻는 것이 사굽니다, 보리쌀사구. (웃음)

혹시 사구 중에서 도랑사구라고 하는 것이 있었습{X니까X}?

˹ 도랑사구도 있지요.

도랑사구는 뭡니까?

˹ 도랑사구는 또 도렷하게 꼭지없이 그래 도랑사구지, ** 도렷하게.

˹ 작은 것이 도랑사구고.

작고.

⌐ 예 그 꼭따리사구카마 자긍기 도랑사구고.

요 요 요 요:또 소 꼭따리가 손자비업꼬.

⌐ 요 소자비이찌예.

손자비 이슴니꺼?

⌐ 예.

⌐ 또 이꼬.

⌐ 고 또 툭 툭빠리 툭빠리 이꼬.

툭빠리가 멈니꺼?

⌐ 툭빠리 여 여 여 언자 또 쪼끄매:는.

⌐ 툭빠리 아까 그: 쓰시 쓰이슴니더.

툭빠리는 써꼬예.

도랑사구 함분 더.

⌐ 도랑사구는 머:.

⌐ 엔나레 죽또 퍼묵꼬.

⌐ 도랑사구 근머 옹가꺼 씨고.

⌐ 가:댕기머[15] 씨고.

⌐ 바치뿌모 깨:지고.

음: 도랑사구.

그기: 도랑사구다 그지예?

⌐ 엔나레는 모더 그렁걸 가: 살리믈 안 사라심니꺼?

⌐ 지금: 옹:가끼 조웅기 나와사:서 그러치.

⌐ 엔나레는 그렁가: 살리믈 사라심니더.

어무~이 그: 두리미가 멈니꺼?

⌐ 예?

두리미.

⌐ 두리미?

˜ 예, 꼭따리사구보다 작은 것이 도랑사구고.

이 이 이것도 소 꼭지가 손잡이가 없고.

˜ 이 손잡이 있지요.

손잡이 있습니까?

˜ 예.

˜ 또 있고.

˜ 그 또 뚝 뚝배기 있고.

뚝배기가 뭡니까?

˜ 뚝배기 여 여 여 인제 또 조그마한.

˜ 뚝배기, 아까 거기에 쓰시, 쓰였습니다.

뚝배기는 썼고요.

도랑사구 한 번 더.

˜ 도랑사구는 뭐.

˜ 옛날에 죽도 퍼 먹고.

˜ 도랑사구 그것 뭐 온갖 것 쓰고.

˜ 가지고 다니며 쓰고.

˜ 받혀 버리면 깨어지고.

음, 도랑사구.

그것이 도랑사구다, 그죠?

˜ 옛날에는 모두 그런 것을 가지고 살림을 살았잖습니까?

˜ 지금은 온갖 것이 좋은 것이 나와 쌓아서 그렇지.

˜ 옛날에는 그런 것을 가지고 살림을 살았습니다.

어머니, 그 두루미가 뭡니까?

˜ 예?

두루미.

˜ 두루미?

예.

‾ 두리미⁴⁶⁾는 두리미는 또.

‾ 요 오구당::하고.

‾ 미튼 팡팡하고.

‾ 조디~이가⁴⁷⁾ 요레 솔쪽함니더.

‾ 조디~이요레 솔쪽한데다가 우에 여:.

‾ 또 구비 이심니더.

‾ 나발맨치로.

‾ 나발맨치로 요레 요 우에다가 구비인는데.

‾ 고따:다가언자 수를 여어가주고.

‾ 여: 조디~이 땅:막꼬.

‾ 그령에 그래씨는 그기: 두리밈니더.

‾ 이 엔나레는 상두리미 이래 큰상 시른데.

‾ 그: 두러미르 술로 보내야 부자찝거튼데 두러미르술로 보내야데지.

‾ 요새:는 병에다가 안 보냄니꺼 이런데.

‾ 벼~에 보내는거는 아나라주고.

‾ 두레미르 하나석 보내슴니더.

두루미 아네는 그라메는 머 수리 드러가능김니꺼?

‾ (웃음) 예.

‾ 그: 언자 조은 술로 떠가주고 그 두리미다: 한 두리미석 그래 보내마.

‾ 그 부자찌븐 그래언자 상수로 보내:고.

‾ 비~이 오는 술그거느마 누네비이다 아나고 그래심니더.

‾ 언자 또 그 상수에 보내능거는또 초행에.

‾ 채당새기⁴⁸⁾라꼬.

‾ 채당새기가 이심니더.

예.

⌐ 두루미는 두루미는 또.

⌐ 요 오긋하고.

⌐ 밑은 펑퍼짐하고.

⌐ 주둥이가 이렇게 숩니다.

⌐ 주둥이 이렇게 좁은 데다가 위에 여기에.

⌐ 또 굽이 있습니다.

⌐ 나팔처럼.

⌐ 나팔처럼 이렇게 이 위에다가 굽이 있는데.

⌐ 그기에다가 인제 술을 넣어 가지고.

⌐ 여기 주둥이 딱 막고.

⌐ 그렇게 그렇게 쓰는 그것이 두루밉니다.

⌐ 이 옛날에는 상두루미 이렇게 큰상 실은 데.

⌐ 그 두루미로 술을 보내야, 부잣집 같은 데 두루미로 술을 보내야 되지.

⌐ 요새는 병에다가 보내잖습니까, 이런데.

⌐ 병에 보내는 것은 안 알아주고.

⌐ 두루미를 하나씩 보냈습니다.

두루미 안에는 그러면은 뭐 술이 들어가는 것입니까?

⌐ (웃음) 예.

⌐ 거기에 인제 좋은 술을 떠 가지고 그 두루미에다 한 두루미썩 그렇게
보내면.

⌐ 그 부잣집은 그렇게 인제 상술을(?) 보내고.

⌐ 병에 오는 술 그것은 마 눈에 보이지도 안 하고 그랬습니다.

⌐ 인제 또 그 상술에(?) 보내는 것은 또 초행에.

⌐ 채당새기라고.

⌐ 채당새기가 있습니다.

- 그: 수양버들로 맨드른 채당새기가.

- 채당새기로 사가주고 그:다가 언자.

- 연뉴과[49] 당고.

- 이래 언자 이 지베 저 지베 채당새기그기:

- 이너무 엔나레는 하이구 일도 만치.

- 한해 머리로 언지마.

- 우리가 이월따레 이월 초열:랄 머리로언진는데.

- 도라오는 시 시비뤌 이십이릴랄 시지블오는데.

- 일려~이 다안데:습니꺼?

- 그래 한해썩 무캬:야[50] 시지블가심니더 엔나레는.

- 그래언자 시지블 그래 옹:께네.[51]

- 이 이눔 저:게 사멀따레 춘부글[52] 함니더, 또.

- 상에다가 이 크 이 혼수 비로[53] 여어줌니더.

- 비르 여어주마 그 비로 가지고 마::키 어른들 오슬 지이서 시대기.

- 오슬 지이가주고 민미:~이 오슬 지이서 언자 봄 춘보글 보냄니더.

- 봄 춘보글보내마 사멀따레 사멀삼진나리나.

- 조은날바:서 춘보글보내마.

- 초행에 채당새기 보내찌예.

- 채당새기 그기: 또 치 저:기 친정갈쩨 철친정갈쩨 따라감니더, 또.

- 따라가마 그게언자 또 이 시대게서 또 머.

- 옹:가머 떠글하기나머 유물가리[54]해서 채당새기 그: 여어가주고.

- 그리언자 또 두리미 초행에 가떤 두리미 그따:다또 수를떠가주고.

- 또 친정갈때는 근해~임니더.

- 근해~이라컴니더.

- 그래언자 서 건처늘[55] 석달건천도 보내고.

- 일런건천도 보내고 이랜는데.

- 그 수양버들로 만든 채당새기가.
- 채당새기를 사 가지고 거기에다가 인제.
- 엿유과 담고.
- 이래 인제 이 집에 저 집에 채당새기 그것이.
- 이놈의 옛날에는 하이구 일도 많지.
- 한해 머리를 얹으면.
- 우리가 이월달에 이월 초열흘날 머리를 얹었는데.
- 돌아오는 십 십일월 이십일일날 시집을 오는데.
- 일년이 다 됐잖습니까?
- 그래 한해씩 묵혀야 시집을 갔습니다, 옛날에는.
- 그래 인제 시집을 그렇게 오니까.
- 이 이놈 저기 삼월달에 춘복을 합니다, 또.
- 상에다가 이 크 이 혼수 베를 넣어줍니다.
- 베를 넣어주면 그 베를 가지고 모두 어른들 옷을 지어서, 시댁이.
- 옷을 지어 가지고 면면이 옷을 지어서 인제 봄 춘복을 보냅니다.
- 봄 춘복을 보내면 삼월달에 삼월 삼짇날이나.
- 좋은 날 봐서 춘복을 보내면.
- 초행에 채당새기 보냈지요.
- 채당새기 그것이 또 친 저기 친정갈 때 따라갑니다, 또.
- 따라가면 거기에 인제 또 이 시댁에서 또 뭐.
- 온갖 뭐 떡을 하거나 뭐 유과가래(?) 해서 채당새기 거기에 넣어 가지고.
- 그래 인제 또 두루미 초행에 갔던 두루미 거기에다가 또 술을 떠 가지고.
- 또 친정갈 때는 근행입니다.
- 근행이라고 합니다.
- 그래 인제 석 근행을 석 달 근행도 보내고.
- 일년 근행도 보내고 이랬는데.

˞ 건처늘 보내마 그기또 해:서 그래 또 하이늘 지우고.

˞ 그래 건처늘 가심니더.

˞ 그래언자 그래 봄 춘보글 ** 해보낸:데 그게.

˞ 하: 옹가 모도 머 예물 당고.

˞ 술떠고 이래가:꼬언자 또 하이늘 지야가:꼬또 시대글 보내심니더.

˞ 이 일도 만치.

˞ 그래보내마 그 춘북바꼬 그 실랑이 옴니:더.

˞ 신행저네.

˞ (웃음) 그래.

˞ 그 춘보게 그게언자 춘보글언자 모도다 해보낸:데.

˞ 실랑 일시벌 다 안 보냄니꺼? 그게.

˞ 이래 해보내마.

˞ 모수로⁵⁶⁾ 써서 또 모수두루막또 하고.

˞ 모수두루막또 하고 이래 해보내노:마 그오슬익꼬 실랑이옴니더.

˞ (웃음) 춘보게 오슬 입꼬

예.

˞ 머: 어른도 언자 배행⁵⁷⁾을 서고.

˞ 이고 미느리 갈쩌마저 배형을 서고.

˞ 그래언자 보내노:마.

˞ 또 이지베서 날로 바다가와야 또 시지블 옴니더.

˞ 오고집따고 오능거또 아이고.

˞ (웃음) 아이고 일도 만치.

˞ 그래 그래가:꼬또 이지베서 날로바더다보내야 머 그래또 그날옴니더.

˞ 하이고 그:사:습니더 엔나레느.

‾ 근행을 보내면 거기에 또 해서 그래 또 하인을 지우고.

‾ 그렇게 근행을 갔습니다.

‾ 그래 인자 그렇게 봄 춘복을 ** 해 보낸 데 거기에.

‾ 하 온갖 모두 뭐 예물 담고.

‾ 술 떠고 이래 가지고 인제 또 하인을 지어 가지고 또 시댁으로 보냈습니다.

‾ 이 일도 많지.

‾ 그렇게 보내면 그 춘복 받고 신랑이 옵니다.

‾ 신행 전에.

‾ (웃음) 그래.

‾ 그 춘복에 거기에 인제 춘복을 인제 모두 다 해 보냈는데.

‾ 신랑 일시벌 다 해 보내잖니까? 거기에.

‾ 이렇게 해 보내면.

‾ 모시를 써서 또 모시두루막도 하고.

‾ 모시두루막도 하고 이렇게 해 보내 놓으면 그 옷을 입고 신랑이 옵니다.

‾ (웃음) 춘복에 옷을 입고.

예.

‾ 뭐 어른도 인제 배행을 서고.

‾ ?? 며느리 갈 적마다 배행을 서고.

‾ 그래 인제 보내 놓으면.

‾ 또 이 집에서 날을 받아 가지고 와야 또 시집을 옵니다.

‾ 오고 싶다고 오는 것도 아니고.

‾ (웃음) 아이고 일도 많지.

‾ 그래 그래 가지고 또 이 집에서 날을 받아다 보내야 뭐 그래 또 그날 옵니다.

‾ 아이구 그렇게 해 쌓았습니다, 옛날에는.

⁻ 안주꺼정 나랑 시집온 단지가하나 이심니더.

⁻ 두리미는 깨:저꼬.

⁻ 단지야 너랑나랑 가치살래 내가 이카는마는.

그 단지를 머슨 단지라캄니까?

⁻ 갱딴지라꼬.

⁻ 그따아다 예 갱딴지라 컴니더 쪼그마난 갱단지다가.

⁻ 그그이언자 우째 단지가완노호마.

⁻ 시지블올때 어른들 반차늘 다장마내가:옴니더.

⁻ 그따:다가 머: 칼치르[58] 찌진다 물꼬기르찌진다.

⁻ 바::라 가즌반찬 장마내가: 시지블 보냄니더.

⁻ 그래보내마 그반차늘 가주고 소고기사서언자 국꺼리도 보내고 이래
마.

⁻ 사밀마네 각시가 가:나와서 아치믈함니더.

⁻ 그래 아치믈 하모 대소가사람 다오라꼬.

⁻ 아치믈해가:꼬모도 그 반찬하고 그래언자 갈라묵심니더.

⁻ 그** 인나레는 그래 시지비 이리 마내슴니더.

⌐ 아직까지 나랑 시집온 단지가 하나 있습니다.

⌐ 두루미는 깨어졌고.

⌐ 단지야 너랑 나랑 같이 살래, 내가 이렇게 말하건만은.

그 단지를 무슨 단지라고 합니까?

⌐ 갱단지라고.

⌐ 거기에다가 예, 갱단지라고 합니다, 조그마한 갱단지에다가.

⌐ 그것이 어떻게 단지가 왔나 하면.

⌐ 시집을 올 때 어른들 반찬을 다 장만해 가지고 옵니다.

⌐ 거기에다가 뭐 갈치를 지진다, 물고기를 지진다.

⌐ ?? 갖은 반찬 장만해 가지고 시집을 보냅니다.

⌐ 그렇게 보내면 그 반찬을 가지고 쇠고기 사서 국거리도 보내고, 이렇게 하면.

⌐ 삼일 만에 각시가 가지고 나와서 아침을 합니다.

⌐ 그렇게 아침을 하면 대소가 사람 다 오라고.

⌐ 아침을 해 가지고 모두 그 반찬하고 그렇게 인제 나눠 먹습니다.

⌐ 그** 옛날에는 그렇게 시집이 일이 많았습니다.

■ 주석

1) '당고'[HH]. 담그고. 표준어 '담그다'는 경남방언에서 '담다'[HH]라고 한다.
2) '디리고'[HHL]. 들이고.
3) '거친:다꼬'[LH^LL]. 거추장스럽다고.
4) '지:'[H:]. 표준어 대역이 쉽지 않은 경남방언이다. '강조'의 뜻을 갖는 부사로 분류된다. 본문에 나오는 "지: 파라뿌고"는 "때리(또는 '쎄리') 파라뿌고"라고 할 수도 있다. '있는 것 몽땅/모두' 정도의 뜻이다.
5) '도가지'[LHL]. 도가지.
6) '우에는'[HLL]. 위에는. '위에'의 표현으로 경남방언에서는 '우에, 우게'[HL]라고 한다.
7) '떠꿍이'[LHL]. 뚜껑이.
8) '장고리'[LHH]. 장골(壯骨).
9) '자브스레:::'[LLHH:::]. 잡스레, '있는 것, 없는 것 모두 갖추어'와 같은 뜻이다. 장음은 제보자 할머니의 감정이 들어간, 인상적인 장음이다.
10) '늘비기고'[LHLL]. 늘배기고. 표준어로 '늘배기, 늘비기'[LHL] 등은 사정되어 있지 않다. 물을 담아 먹는 데 사용되는 용기의 하나이다. 높이는 낮고 둘레는 넓은 것이 특징이다.
11) '그런머리:'[HLLL:]. 그렇기 때문에. '그런머리'는 '그렇기 때문에'라는 뜻을 갖는, 일종의 연어이다.
12) '이자로'[HLL]. 판자로. '이자'는 일본어에서 온 것으로 알려진 '이다'[HL]의 변이음이다. 아래에서는 '이다'가 바로 나온다.
13) '노푸기도'[LLHL]. 높기도. '높다'를 경남방언에서는 '노푸다'[LHL]라고 한다.
14) '자사서'[HLL]. 자아서. 표준어 '잣다'는 불규칙 활용을 하는 용언이지만, 경남방언에서는 규칙 활용을 하는 용언이다.
15) '폼포도'[HLL]. 펌프도.
16) '버지기'[LHL]. 버지기, 자배기.
17) '찔:쭘항거는'[H:HLLL]. 길쭉한 것은.
18) '도~오라'[HLL]. 동이라(고). '동이'를 경남방언에서는 '도~오'[HL]라고 한다. 형태소 내부에서도 'ㅇ' 받침 아래에서는 완전 동화가 일어나는 한 예로 꼽힌다.
19) '꼭따리'[LHL]. 꼭지.

20) ‘찌뻐타~이'[LLHL]. 뽀족하게, 뽀족하니.

21) ‘단지도'[HHL]. 단지도.

22) ‘갱:딴지라'[L:HHL]. 갱단지라, 작은 단지라.

23) ‘추무리라꼬'[HHHHL]. 추마리라고. ‘추마리, 추무리'는 간장이나 술 등을 저장
하는 데 사용되기도 하고, 똥오줌 등을 이동할 때 사용되기도 하는 용기이다.
배가 부르고 아가리가 솔다는 특징이 있다.

24) ‘당고'[HH]. 담그고. 표준어 ‘담그다'를 경남방언에서는 ‘담다'[HH]라고 한다.
‘당고'의 ‘ㅇ'은 ‘ㅁ'이 ‘ㄱ' 앞에서 비음화한 결과이다. ‘당고'가 [LH]처럼 성조
가 바뀌면, ‘(어디에 물건을) 담고'라는 뜻이다. 아래의 발화에서 후자의 ‘당고'
가 나온다.

25) ‘당:고'[LH]. 담고. ‘당고'[HH]는 ‘담그고'의 뜻이다.

26) ‘다마'[HL]. 담아.

27) ‘구디기물도'[LHLHH]. 똥물도. ‘구디기'[LHL]는 ‘구덩이'를 말한다. 옛날 화장실
은 구덩이를 파고 그 속에 도가지를 묻은 것이었기 때문에 이런 말이 나온
것이다.

28) ‘거라가:고'[LLH^L]. 기름지게 해 가지고. ‘거라가:고'의 ‘고'는 ‘꼬'로 발음되는
것이 정상적인 것이다. 경남방언 ‘거라다'[LHL]는 ‘기름지게 하다'라는 뜻이다.

29) ‘똥추무리'[LLHL]. 똥추마리. 똥오줌을 나를 때 쓰이는 추마리. 이동용이다.

30) ‘간장추무리'[HHLHL]. 간장추마리. 간장을 보관할 때 쓰이는 추마리. 보관용
이기도 하고 이동용이기도 하다.

31) ‘술추무리도'[LLHLL]. 술추마리도. 술을 보관할 때 쓰는 추마리. 역시 보관용
이기도 하고 이동용이기도 하다.

32) ‘사구는'[LHH]. 사구는.

33) ‘꼭따리사구'[LHLLH]. 꼭지사구.

34) ‘보살로'[LHL]. 보리쌀을. ‘보리쌀'을 경남방언에서는 ‘보오쌀, 보오살'[LHL], ‘보
쌀, 보살'[LH]이라 한다.

35) ‘툭파리'[LHL]. 뚝배기.

36) ‘꼬치장도'[LHHL]. 고추장도.

37) ‘당고'[HH]. 담고. 성조로 보면, ‘담그고'가 되어야 하나 문맥으로 보아 ‘담고'
의 뜻이다. 그렇게 되려면, 성조는 [LH]가 되어야 한다.

38) ‘수티~이'[LHL]. 수텅이. 큰 도가지와 같은 것을 말한다.

39) ‘중두리'[LHL]. 중두리. 수텅이보다 좀 작은 도가지를 말한다.

40) ‘지미’[LH]. 김이.

41) ‘지라:서’[LH^L]. 길러서. 표준어 ‘기르다’를 경남방언에서는 ‘지라(:)다, 지루(:)다’[LH(^)L]라고 한다. 아래 발화에서는 ‘지루:다’가 바로 나온다.

42) ‘지루:고’[LH^L]. 기르고.

43) ‘드무’[LH]. 드무. 물을 저장하는 용기이다. 제보자 할머니는 앞에서 말한 ‘늘비기’가 바로 ‘드무’라고 증언해 주었다.

44) ‘도랑사구’[LHLH]. 도랑사구. ‘꼭다리사구’보다 작다.

45) ‘댕기머’[HLL]. 다니며. ‘다니다’를 경남방언에서는 ‘댕기다’[HLL]라고 한다.

46) ‘두리미’[LHL]. 술두루미.

47) ‘조디~이개[LHLL]. 주둥이가.

48) ‘채당새기’[LLHL]. 채당새기. ‘당새기’는 표준어로 사정되어 있지 않은 말이다. 주로 수양버들을 사용하여 반지그릇처럼 만든 것으로, 여러 가지 음식을 담는 데 사용하였다. ‘채’는 껍질을 벗긴 싸릿개비나 가는 나무오리를 가리키는데, 바구니, 광주리 따위를 만드는 데 쓴다. 경남방언에서는 ‘채’가 접두사처럼 쓰임을 발견할 수 있다. ‘채당새기’ 외에 ‘채소구리’[LLHL](=삼태기)를 예로 추가할 수 있다. ‘채소구리’는 싸리를 재료로 하여 만든 것이다. 17세기 전반기에 작성된 편지글인 ‘현풍 곽씨 언간’을 주해한 『현풍곽씨언간 주해』(백두현, 2003, 태학사) 63쪽에는 ‘당숡’이 나오는데, 경남방언 ‘당새기’는 이것의 후대형이다.

49) ‘연뉴과’[HHL]. 엿유과, 엿으로 만든 유과.

50) ‘무카:야’[LH^L]. 묵혀야.

51) ‘옹:께네’[H^LL]. 오니까.

52) ‘춘부글’[HLL]. 춘복을.

53) ‘비로’[HH]. 베를.

54) ‘유물가리’[HLHL]. ‘유과가래’를 가리키는 것으로 보인다.

55) ‘건처늘’[LHL]. 근행을. ‘근행’을 위에서는 ‘근행’이라 했으나, 여기에서부터 아래에서는 ‘건천’이라고 했다.

56) ‘모수로’[LHL]. 모시를.

57) ‘배행’[LH]. 배행(陪行).

58) ‘칼치르’[HLL]. 갈치를.

찾아보기